2018—2019 年中国工业和信息化发展系列蓝皮书

2018—2019 年
中国战略性新兴产业发展蓝皮书

中国电子信息产业发展研究院　编著
卢山　主　编
乔标　副主编

電子工業出版社
Publishing House of Electronics Industry
北京 · BEIJING

内 容 简 介

2018—2019年，我国战略性新兴产业成为稳增长、调结构、促改革的重要力量，亟待把握住新一轮科技革命和产业变革的契机，在国内外的激烈竞争中不断向产业链、价值链的中高端跃迁。本书为总结我国战略性新兴产业过去一年的进展，展望未来发展前景和方向编写而成，分为综合篇、产业篇、热点篇、展望篇，共13章。综合篇，刻画了全球新兴产业发展的新特征，分析了发达国家新兴产业发展的新动向，介绍了我国战略性新兴产业新进展。产业篇，围绕节能环保产业、新一代信息技术产业、生物产业、高端装备制造产业、新能源产业、新材料产业、新能源汽车产业、数字创意产业，系统介绍国内外发展最新动态、年度热点事件及重点领域和企业的有关进展情况。热点篇，关注战略性新兴产业的发展前沿，聚焦人工智能、绿色低碳、数字经济等进行深入分析，探讨了战略性新兴产业的发展模式。展望篇，对2019年战略性新兴产业发展的总体形势进行分析，并对各大产业的发展方向进行研判。本书力求为各级战略性新兴产业应用和管理部门决策、学术机构研究提供参考和支撑。

图书在版编目（CIP）数据

2018—2019 年中国战略性新兴产业发展蓝皮书 / 中国电子信息产业发展研究院编著；卢山主编. —北京：电子工业出版社，2019.12
（2018—2019 年中国工业和信息化发展系列蓝皮书）
ISBN 978-7-121-38159-1

Ⅰ. ①2… Ⅱ. ①中… ②卢… Ⅲ. ①新兴产业—产业发展－研究报告－中国－2018-2019
Ⅳ. ①F279.244.4

中国版本图书馆 CIP 数据核字（2019）第 274534 号

责任编辑：秦　聪
印　　刷：天津画中画印刷有限公司
装　　订：天津画中画印刷有限公司
出版发行：电子工业出版社
北京市海淀区万寿路 173 信箱　　邮编：100036
开　　本：720×1 000　1/16　印张：14.5　字数：279 千字　彩插：1
版　　次：2019 年 12 月第 1 版
印　　次：2019 年 12 月第 1 次印刷
定　　价：128.00 元

凡所购买电子工业出版社图书有缺损问题，请向购买书店调换。若书店售缺，请与本社发行部联系，联系及邮购电话：（010）88254888，88258888。
质量投诉请发邮件至 zlts@phei.com.cn，盗版侵权举报请发邮件至 dbqq@phei.com.cn。
本书咨询联系方式：（010）88254568，qincong@phei.com.cn。

前　言

2018 年，战略性新兴产业的发展风起云涌。各发达国家加快了在新能源、新材料、人工智能、量子技术、生物医药等新兴领域的战略布局，带来了技术的群体性突破，加速了产业的跨界融合发展。我国战略性新兴产业在经济下行压力下，呈现逆势增长，成为稳增长、调结构、促改革的重要力量。从发展增速看，我国规模以上工业战略性新兴产业增加值比 2017 年增长 8.9%，高于整个规模以上工业 2.7 个百分点。从企业活力看，战略性新兴产业的企业盈利能力和发展潜力不断提高，平均营业收入和净利润均提高了 20%以上。从产业集聚看，形成了一批具有较强竞争优势的战略性新兴产业集群，如湖南长沙的轨道交通、湖北武汉的光电产业、安徽合肥的智能语音、福建泉州的集成电路等。从政策支持看，战略性新兴产业重点产品和服务指导目录的出台、战略性新兴产业发展基金的设立、研发费用加计扣除额的提高等，都为战略性新兴产业发展注入了动力。

战略性新兴产业的大发展对加快我国新旧动能转换、实现经济高质量发展意义重大。但随着我国竞争力的持续提升及中美贸易摩擦，美国等发达国家对我国高技术领域进行了封锁和打压，我国战略性新兴产业的发展面临更加复杂的国际环境。国内鼓励发展节能环保、新一代信息技术等八大战略性新兴产业，却普遍存在关键设备核心技术供给能力不足、高层次技术技能型人才缺口较大等问题。在严峻的国内外形势影响下，我国战略性新兴产业发展亟待把握住新一轮科技革命和产业变革的战略契机，通过夯实产业基础、共建协同创新、鼓励成果转换、实施双向开放、建立公平市场等手段措施，不断提高战略性新兴产业的发展质量和效益，在国内外的激烈竞争中不断向产业链、价值链的中高端跃迁。

为总结我国战略性新兴产业过去一年的进展，展望未来发展前景和方向，中国电子信息产业发展研究院编著了《2018—2019 年中国战略性新兴产业发展蓝皮书》，全书分为 4 篇共 13 章。其中：

综合篇，刻画了全球新兴产业发展的新特征，以美国、德国、日本为例分析了发达国家新兴产业发展的动向，介绍了我国战略性新兴产业的发展形势。

产业篇，围绕节能环保产业、新一代信息技术产业、生物产业、高端装备制造产业、新能源产业、新材料产业、新能源汽车产业、数字创意产业这八大产业，系统介绍了各个产业的国内外发展动态、年度热点事件，以及重点领域和企业的有关进展情况。

热点篇，关注战略性新兴产业的发展前沿，聚焦人工智能、绿色低碳、数字经济等进行深入分析。从微笑曲线、集群发展、产学研合作等方面，探讨了战略性新兴产业的发展模式。

展望篇，分析了 2019 年战略性新兴产业发展的总体形势，并对节能环保产业、新一代信息技术产业、生物产业、高端装备制造产业、新能源产业、新材料产业、新能源汽车产业、数字创意产业这八大产业的发展方向进行研判。

希望本书的出版能够为工业和信息化主管部门提供参考。鉴于战略性新兴产业涉及领域广、热点问题多，本书的研究和编写难免有欠妥和疏忽之处，欢迎广大读者批评指正。

目　录

综 合 篇

产 业 篇

热点篇

展望篇

综合篇

第一章

2018 年全球新兴产业发展概况

第一节　全球新兴产业发展新特征

2018 年，美国、德国、日本等主要发达国家加快布局战略性新兴产业，纷纷制定战略，加快前沿技术研究，特别是对共性技术高度重视、重点突破。积极促进跨学科、跨行业的交叉融合，抢占战略性新兴产业发展先机。其中，人工智能成为全球战略竞争的新焦点，并在战略、投资和研究等方面持续加大力度。

一、战略计划引领产业发展新方向

2018 年，全球很多国家纷纷通过制定战略规划，引领新兴产业发展方向，涵盖网络、生物技术、新能源、新材料、人工智能、量子技术等诸多领域。

（1）综合性科技战略。2018 年，韩国发布了第四个五年科学技术计划——《第四期科学技术基本计划（2018—2022）》，该战略选定了 120 个重点科技项目，其中，智慧城市、人工智能和 3D 打印等 12 个项目为首次入选。2018 年，韩国发布了《2019 政府研发投资创新方案》，明确了政府未来科研预算的使用方向，完善了重点领域和重大研发计划，以及政府资助的方向，列出了韩国重点投资的 12 个研发领域。2018 年 9 月，南非发布《科学技术与创新》白皮书草案，强调要在生物技术、纳米技术、先进制造研究和创新等领域加快突破进程。

（2）生物医疗。在健康和护理领域，2018 年，德国发布了《高科技战略 2025》，提出要实施“德国十年”抗癌计划及针对“预防和个性化医疗”的信息化解决方案。

（3）量子科学。2018 年 12 月，美国发布了《国家量子计划法案》，全面加速量子技术的发展和应用，并努力确保美国成为量子信息科学的世界领导者。2018 年，英国政府拨出 2 亿多英镑重点支持 2019 年量子技术的研发，并于 11 月宣布拨款 2000 万英镑，支持研发微型原子钟原型、量子传感器，以及高级接收器和低成本集成芯片。2018 年，德国的《高科技战略 2025》中，提出将重视数字安全，利用量子通信实施新的“整体 IT 安全解决方案”。

（4）节能发展。2018 年，德国的《高科技战略 2025》将可持续气候保护和能源领域作为重点，提出大幅减少塑料使用，降低对环境的污染。2018 年 11 月，英国宣布将在 2025 年之前投入运营首个碳捕捉、储存及利用项目。

（5）其他战略。2018 年 3 月，美国颁布了《国家太空战略》，以加强美国在太空竞争力方面的领先优势。2018 年 9 月，美国发布了《国家网络战略》，提出未来将巩固美国在网络空间的利益，并表明美国有意扩大其在网络空间的国际影响力。

二、前沿基础研究不断取得新突破

2018 年，量子通信、信息技术、粒子加速等前沿技术领域不断取得新突破，在相关基础研究领域涌现了一大批新成果，新技术已经成为全球各主要国家抢占未来发展机遇的重要抓手。

（1）生物医疗技术。2018 年，美国癌症免疫疗法研究取得新突破，推出了当前世界上最为综合的癌症基因组图谱，该图谱为提高癌症疗法疗效和研发新药提供了路线，对抗癌药物的研发具有重要意义。

（2）新一代信息技术。2018 年 3 月，英国国家物理实验室研制出一种可用于微型光子电路的全光二极管，该二极管成本低、效率高，对光子芯片和光子通信领域有重要影响。2018 年 3 月 26 日，日本物理化学研究所成功开辟了一种模拟人脑全脑回路的算法，该算法可以应用于下一代超级计算机领域，应用该算法能够有效提高计算效率，对于计算机发展具有重大意义。

（3）新材料技术。以色列和英国科学家合作发现了新的原子级加热机制，有望推动石墨烯材料的发展。

（4）核应用技术。2018 年 3 月，来自美国、德国、俄罗斯、以色列和法国的科学家使用“重离子超导同步加速器”在俄罗斯杜布纳成功进行首次实验。为此，俄罗斯计划在符拉迪沃斯托克建设同步加速器，以借此机会建立亚太地区新的高科技产业中心。2018 年，俄罗斯科学院西伯利亚分院推出了一种新型开放式螺旋磁阱装置，该装置具有简单的结构和较低的成本，并且可以在不使用氚作燃料的情况下进行诸如氘—氚的聚变反应，在降低等离子体温度方面非常有效。

三、跨界融合形成产业发展新模式

2018 年，新兴产业的发展表现出多行业、多学科交叉融合的特征，特别是材料科学、信息技术、新能源等应用广泛的共性技术之间加速融合，衍生出新的产业形态，有效提升了产业效率。

（1）信息技术与材料科学融合。随着量子计算、人工智能等技术的发展和成熟，新材料模拟和预测的速度不断加快。IBM 公司的科学家利用新算法，成功模拟了氢化铍 7 量子位系统（beh12）分子。美国哈佛大学和普渡大学利用人工智能可以预测制备亚硒酸钠晶体的反应条件，预测结果比拥有十年以上经验的材料化学家更准确。

（2）新能源技术加速应用推广。随着环境问题日益严重，许多国家正在努力发展绿色经济，促进可持续发展。全球科研机构与科技企业在开发低能耗、可循环使用及环境负荷低等性能的新能源方面不断加大研究力度，加快推进与绿色经济和可持续发展直接相关的新能源技术商业化，节能环保和生物医用等新材料的开发受到广泛重视。

（3）军民结合技术。为加强军事和民用技术的整合，以色列加强国家情报机构与民间企业的合作，如军工企业拉斐尔公司和航空航天领域民企 ELTA 加入新的创新计划，为以色列国家安全部门开放应用型技术。

四、人工智能成为全球竞争新焦点

2018 年，全球人工智能产业进入快速发展时期，人工智能成为许多国家重点发展的战略性新兴产业。多个国家纷纷制定了人工智能国家战略，增加了投资、加强了研究等，亚洲国家高度重视人工智能，日本、印度、韩国等国家纷纷加入人工智能发展的全球竞争。

（1）制定国家战略引领发展。美国制定了一系列的人工智能战略统领发展，2018 年 4 月，美国制定了《国防部人工智能战略》，加快在国防领域的人工智能部署，促进人工智能关键核心技术和市场应用的发展。在欧洲，法国于 2018 年 3 月发布了《法国人工智能发展战略》，英国在 4 月发布了《英国人工智能发展的计划、能力与志向》。在亚洲，日本在《综合创新战略》中提出要支持人工智能的重点措施，韩国发布了《人工智能研发战略》，印度发布了《人工智能国家战略》。

（2）成立专门的推进机构。2018 年 5 月，美国成立人工智能特别委员会，加强在人工智能发展中各利益相关者之间的统筹协调；在国家安全方面，美国成立人工智能国家安全委员会，专门处理人工智能可能引发的国家安全问题。2018 年 6 月，欧盟委员会成立人工智能高级小组，负责推进欧洲人工智能投资进程，积极推动欧盟人工智能政策的制定、立法等。

（3）加大人工智能资金支持力度。2018 年 8 月，美国白宫发布的《2020 财年政府研究与开发预算优先事项》中，人工智能被列为优先投资的重点领域。在欧洲，2018 年，欧盟提出要在 4 年时间内投资 200 亿欧元；英国和法国分别宣布投资 13 亿美元和 18.5 亿美元用于开发人工智能。在亚洲，2018 年，韩国计划 5 年投资 20 亿美元用于人工智能应用，加强专业人才培养，培训 5 000 名人工智能专业人才；印度投资 4.77 亿美元用于人工智能、机器学习等技术发展，亚洲的竞争表现尤为激烈。

（4）开展人工智能专题研究。2018 年 7 月，新美国安全中心发布了《人工智能与国际安全》，全面研究了人工智能对信息、经济、国防等领域的安全影响。而欧盟则更加关注人工智能可能引发的伦理、道德等方面的问题，2018 年 3 月，欧洲政治战略中心发布了《人工智能时代：确立以人为本的欧洲战略》，重点介绍全球人工智能发展概况，对比欧洲各国与全球其他国家的人工智能发展，分析人工智能可能引发的道德问题等。2018 年 4 月，英国提出通过加强研发、强化 STEM 教育、提升数字基础设施等，推动英国成为全球人工智能领导者。

第二节　发达国家新兴产业发展动向

一、美国

（一）优势领域的最新动向

（1）新一代信息技术。美国继续在新一代信息技术的研究和应用方面突破创新。在量子计算方面，2018 年 1 月，英特尔公司成功开发出了 49 量子位测试芯片 Tangle Lake，该成果被认为是实现“量子霸权”目标的重要进展。同时，美国科学家在固态量子计算平台、模块化量子计算关键架构等基础研究领域取得了系列研究成果。在超级计算方面，2018 年 4 月，美国能源部推出用于开发新的百亿亿次级超级计算机的 18 亿美元投资计划；6 月，美国超级计算机“顶点”重回全球超级计算机榜首，该计算机以每秒 12.23 亿亿次的浮点运算速度，在全球超级计算机500强中排名第一。在5G推广应用方面，2018年10月，美国运营商Verizon宣布将在美国4个城市推出5G Home，随后，运营商AT&T宣布将在美国19个城市正式提供“5G+”服务。

（2）人工智能。美国牢牢占据人工智能方面的领先地位，在2018年继续领跑。2018年3月，微软对外宣布，公司研发的新型机器翻译系统在通用新闻的汉译英上达到了人类水平，实现了自然语言处理的突破；7月，在2018国际人工智能联合会会议上，包括DeepMind创始人在内的2000多名学者共同签署《禁止致命性自主武器宣言》，共同应对人工智能发展可能产生的道德、伦理及相关现实风险；10月，DeepMind开源了基于Tensorflow和Sonnet的图深度学习工具包Graph Nets，同时，来自Google大脑、MIT等的专家学者在关系型RNN、图卷积神经网络、关系性深度强化学习等领域取得研究进展；11月，来自美国华盛顿大学和卡耐基梅隆大学的研究人员宣布成功建立了多人脑对脑接口合作系统BrainNet，参与者能够仅仅通过意念进行《俄罗斯方块》游戏，并且准确率高达81.25%，真正实现人脑“社交网络”。

（3）新能源。美国历来重视新能源发展，2018年持续加大对核能、生物能、太阳能等新领域能源的研发力度，尤其是在新型电池研发方面取得重大成果。美国先后研发出纸基生物电池、新型锂空气电池、可充电水基锌电池，并在提高电池性能方面取得新的进展，研发出将电池容量提高40%的锂离子，能够将有机太阳能电池的光电转化效率提高至15%。2018年10月，布朗大学的科学家开发出了新型燃料电池合金催化剂，其反应性和耐久性都超过了美国能源部制定的2020年的目标。

（4）增材制造。美国积极推动在增材制造领域的关键技术研发。2018年7月，明尼苏达大学研究人员研制出可直接在真人手上打印电子元件的3D打印技术，该项技术有望用于战场，帮助士兵检测生化制剂。同时，增材制造技术在生命科学领域也有新进展；8月，明尼苏达大学研究人员利用3D打印设备成功制出生物工程脊髓，有望帮助脊髓损伤患者恢复某些身体功能；8月，America Makes和美国国家标准协会（ANSI）联合发布“增材制造标准化路线图（2.0版）”，为增材制造技术标准奠定了基础，也成为美国在该领域布局的重要依据；10月，华盛顿大学工程师开发出可跟踪和存储使用方式的3D打印器件，实现无需使用电池或电子设备即可达到共享信息的目的。此外，美国在光热合成石墨烯纳米带、声波制造超微型光二极管等技术方面取得了新的突破。

（二）政府采取的主要举措

（1）加大政策扶持和资金投入力度。2018 年 5 月，美国政府组织谷歌、亚马逊等 38 家公司代表、学术界代表和政府相关人员召开人工智能研讨会，并积极成立人工智能特别委员会，该机构负责协调各部门在人工智能领域的投资；6 月，美国国防部宣布成立联合人工智能中心，并计划在未来 5 年内投入 17 亿美元，用于加速项目研发和扩大技术应用范围；9 月，美国国家科学基金会和国防高级研究计划局宣布将在未来 5 年内投资 20 亿美元，用于开发新一代人工智能技术；12 月，美国白宫拟投资 12 亿美元用于支持量子科学技术研发。

（2）推出多项科技战略。2018 年 11 月，美国国际战略研究中心发布了《美国机器智能国家战略》研究报告，重点分析了美国机器智能在国防、经济、社会等方面的策略，并提出了相关发展建议；12 月，美国计划在 2019 年年初出台最新版的人工智能研究战略，主动适应新形势、新变化，替换之前的人工智能战略计划，用于引导美国人工智能发展，特朗普于同期签署《国家量子倡议法案》，旨在维持美国在量子科学领域的世界领导地位。特朗普要求有关部门抓紧制定国家频谱战略，加快布局美国 5G 通信网络，为产业发展提供网络基础。

二、德国

（一）优势领域的最新动向

（1）新一代信息技术。德国高度重视信息技术研究，于 2018 年取得了显著成效。2018 年 1 月，德国凯泽斯劳滕应用技术大学的科学家用磁子（又称玻尔磁子）取代电子，并在集成振幅回路中使用这些磁子形成电流，与电子相比，磁子可以以更少的能量传输更多的信息，使计算机实现速度等性能的提升，为未来磁子芯片的研发提供了可能；8 月，德国卡尔斯鲁厄理工学院的研究团队开发出世界上最小的晶体管——单原子晶体管。它是在固态凝胶电解质中利用电流控制单个原子位移实现开关的量子电子元件，可以在室温下操作，将极大地减少电能消耗，为未来信息技术开辟了新的应用前景，德国科学家在量子传感器和量子计算机等领域也取得突破性进展，例如，康斯坦茨大学的研究人员成功开发出基于硅双量子位系统的稳定的量子门，为量子计算机的研发提供了坚实基础。

（2）新材料。德国在新材料领域的研发取得了突破性进展。2018 年 8 月，德国埃朗根-纽伦堡大学爱德曼 · 斯比克教授研究团队在石墨烯中成功找了可以直接接触和错位的方法，为石墨烯纳米结构材料的研发和应用奠定基础；11

月，德国于利希研究中心利用不同类型的磷酸盐化合物研制出固态电池的阴阳极和电解质，充电效率比传统固态电池快10倍；德国亚琛工业大学与IBM公司合作开发出基于玻璃态金属锑的新型单元素相变存储器，该成果在“脑启发计算”等前沿领域具有巨大的应用价值。

（3）智能制造。随着德国“工业4.0”的持续推进，德国智能制造实现了快速发展。2018年3月，慕尼黑工业大学和慕尼黑大学联合组织科研团队，研发出新型的纳米机器人，可以适应纳米颗粒，同时该微型机器人还可对分子施力，能够在复杂的生物体系中起到诊断医疗作用，将极大地提高工作效率；德国弗劳恩霍夫协会所属研究所成功研发出具有感知、导航、交互等功能的ANNIE移动操作平台，该平台可适用于人与机器人协作的复杂生产场景，通过在该平台中的运用，拥有认知能力的机器人可独立执行相关生产协作任务。

（二）政府采取的主要举措

（1）出台高科技战略。2018年7月，德国发布了《联邦政府人工智能战略要点》，提出重视人工智能相关领域的研发投入，并提出与法国等国家在该领域进行合作，促进共同发展；10月，德国政府发布了《高技术战略2025》，围绕提升人民福祉和生活质量、促进可持续发展等目标，从提升适应未来挑战能力、应对重大社会挑战和营造创新文化等方面，确定了12个重点工作领域，为未来7年科研及创新政策制定提供战略框架；11月，德国政府通过了《量子技术：从基础到市场》计划，这是德国第一个系统推进量子技术研究的战略框架。

（2）加大投资力度。2018年11月，德国宣布将在2025年前投资30亿欧元，重点用于人工智能发展，并高度重视人才建设，计划在该领域培养至少100名教授，重视研发平台建设，建立由12个人工智能研发中心组成的创新网络，希望通过人工智能促进本国传统制造业转型升级，提升“德国制造”品牌；同月，德国政府宣布将在本届政府内投资6.5亿欧元，重点研究量子计算、量子卫星等技术，期望打下牢固的量子科学基础。同时，德国政府将在2018年以后的3年，投入64亿欧元用于“能源转型创新”计划，加大对可再生能源、能源效率提升、能源转型等领域的研究。

三、日本

（一）优势领域的最新动向

（1）机器人。日本机器人市场一片繁荣。日本机器人工业协会（Japan Robot

Association，JARA）发布的数据显示，2018 年，日本工业机器人的订单金额比 2017 年增长了 7%，首次突破 1 万亿日元大关。同时，日本在机器人领域不断突破创新，推出多款新型机器人。2018 年 10 月，索尼（Sony）推出新型 Aibo 机器狗，该机器狗可以利用超紧凑的单轴和双轴执行器实现摇尾巴、动耳朵等更为自然的动作。日本先进工业科学与技术研究所研发出新型机器人，命名为 HRP-5P，该机器人可以通过使用物体和环境监测，运用全身运动执行任务，具有极强的动手能力，该机器人可以用来帮助人类完成复杂的危险任务，是在类人机器人工作化研究领域的新突破。

（2）新能源汽车。日本加快氢能源汽车的推广应用。2018 年 1 月，日本新能源和相关研究机构研究制定了氢能源汽车的推广计划。根据规划，日本将在 2040 年实现氢燃料汽车的普及，市场保有量从现有的 2000 辆增加到 300 万至 600 万辆，并且实现续航里程 1000km。同时，日本在氢燃料新能源汽车的基础研究领域取得重要进展，日本产业技术综合研究所与早稻田大学、东京都市大学等高校研究人员合作开发出全球首款可以实现高热效率和低碳氧化物的火花点火氢燃料发动机，在小型发动机的基础实验中确立了新的燃烧方式。

（3）人工智能。日本通过协调组织政府、企业、学术界各方力量，持续推进人工智能发展。2018 年 6 月，日本召开人工智能技术战略会议，研究制定了推动人工智能普及的实行计划；同月，《综合创新战略》强调利用政府力量加强对人工智能的支持力度：在投资预算上，提出在 2019 年的概算中，预算金额达到 4.351 万亿日元，重点支持包括人工智能在内的科学技术领域，以及投资人工智能相关的技术开发和人才培养等相关领域。同时，日本在人工智能应用推广方面积极探索。例如，日本电信巨头研制出一款名为“AI Guardman”的新型人工智能安全摄像头，这款摄像头可以提前对人类动作意图进行预测，利用该设备能准确判断潜在的盗窃行为，从而提前识别扒手，避免犯罪活动发生。

（二）政府采取的主要举措

（1）加强对创新的支持。《综合创新战略》重点论述了 2018—2019 年应重点推进的举措，支持科技创新、创新应用转化及服务于科技创新的基础设施，开展相关国际合作，强调要把技术创新放在产业发展的重要位置。2018 年，日本发布《科学技术白皮书》，进一步强调科技的重要性，突出科技创新对经济和社会发展的重要作用。同时，日本政府充分认识到科学论文数量不断减少的现状，加大对基础研究领域的研发支持力度，并从制度、财政等多方面不断优化创新环境，力争成为“世界上最适宜创新的国家”。

（2）注重人才培养。日本政府积极推进大学改革，积极学习德国弗劳恩霍夫模式，探索形成日本版的弗劳恩霍夫协会，通过政府资助、企业运作，加强产学研官相结合及公益性开展应用，鼓励大学争取民间研究资金，提出建立日本的“大学改革支援产学官协议会”。同时，大力发展理工科及 IT 教育，强化大学相关学科的人才培养能力，从而更好地解决人工智能和信息技术领域的人才短缺问题。

第二章

我国战略性新兴产业发展形势

第一节　我国战略性新兴产业发展概况

一、战略性新兴产业继续为经济发展提供动力，但有迹象表明势头正在减弱

从增加值的增长率来看，2018 年前三季度，我国战略性新兴产业的工业增加值同比增长 8.8%，比规模以上工业增长 2.4 个百分点。我国高技术制造业和装备制造业的增加值分别提高了约 11.8%和 8.6%，增速分别高于规模以上工业 5.4 和 2.2 个百分点。从趋势来看，我国战略性新兴产业的工业增加值增速高于工业增加值增速，但两者之间的差距一直在缩小——从 2017 年第三季度的 4.6 个百分点下降到 2.4 个百分点。这表明战略性新兴产业在中国经济中发挥着主导作用，但势头正在减弱。

从行业信心的角度出发，根据国家信息中心千家战略性新兴产业重点企业景气状况的调查结果，行业景气指数在 2015—2016 年经历了低谷，2017 年有所复苏，但 2018 年第一季度出现大幅下滑，表明战略性新兴产业的繁荣经历了起伏，这与新兴产业的高风险、高回报特征有关。企业家信心指数在 2015 年第四季度经历了低位，从 2016 年第二季度到 2017 年第三季度开始增长，然后处于较高水平，这表明企业家们对新兴产业的发展前景持乐观态度。

从新兴产业企业的角度看，战略性新兴产业的企业盈利能力不断提高。根据深圳证券交易所发布的统计数据，2018 年上半年，在深圳证券交易所上市的 957 家战略性新兴产业企业的平均营业收入和净利润同比分别提高了 23.32%和 20.77%。显示出强劲的盈利能力和发展潜力。从子行业的角度来看，根据东吴

证券的研究结果，收入实现增长的前五大行业是云计算、智能制造、信息安全、金融技术和医疗信息，增速分别为37.7%、27.9%、19.0%、18.5%和15.0%。

二、地方战略性新兴产业集群优势凸显，竞争力不断增强

网络经济、高端制造、生物经济、绿色低碳和数字创意五大领域在我国初步形成，长江三角洲、环渤海、珠江三角洲和西部金三角地区的发展格局是其主要聚集区。上海、无锡、杭州、宁波等长三角地区的城市在生物医学、物联网、云计算、海洋工程和石墨烯方面具有很强的实力。环渤海地区新一代信息技术、生物、航空航天、节能环保发展迅速；珠江三角洲地区在移动互联网、新能源汽车、生物学和数字创意方面具有独特的优势；西部金三角地区已形成以电子信息、光电子和硅基新材料为主导的新兴产业格局。此外，西南地区已成为中国重要的硅材料基地和核电设备制造基地，大部分风电项目和太阳能光伏发电项目已聚集在西北地区；深圳战略性新兴产业占GDP的比重从2012年的29.9%增加到2017年的40.9%；江苏战略性新兴产业占工业总产值的比例达到全国平均水平的两倍；贵州大数据、福建泉州集成电路集群、湖北武汉的集成电路和光电、安徽合肥的新型显示和智能语音、湖南轨道交通设备和数字创意、江西航空设备和中药制造等已成为在国内具有优势的产业集群。

随着粤港澳大湾区、长三角、京津冀等区域经济一体化战略不断推进，战略性新兴产业集群的优势将更加突出。比如，在推动粤港澳大湾区建设的过程中，能够发挥香港在技术创新方面的优势，广州、深圳在产业端研发创新与运营方面的优势，佛山、东莞、惠州、中山、江门、肇庆在制造和配套能力方面的优势，粤港澳大湾区的智能手机、新型显示、集成电路、工业机器人等战略性新兴产业领域的产业协作配套能力有望大幅提高，国际竞争力将显著提升。

三、“双创”工作持续升级，进一步促进创新型企业发展

大众创业万众创新热情高涨。2018年9月，国务院发布《关于推动创新创业高质量发展打造“双创”升级版的意见》。2018年上半年，中国新增企业约18 100家，市场主体总数首次超过1亿个。平台支持创新和创业能力不断提高。中央企业共有4 000多家科技企业孵化器、970多个创新和创业平台，以及3 500多家风险投资机构。中国基金管理规模接近2万亿元，已成为全球第二大风险投资市场。全国各地将创新和创业作为未来的兴区之本，创新和创业大赛在多地都有举办，社会反应强烈，适于中小型科技企业开展融资的金融平台变得越来越有影响力。

四、新技术的商业化加速，战略性新兴产业迎来新的发展机遇

从 Gartner 发布的 2018 年新兴技术成熟度曲线来看，处于触发期的新兴技术主要有生物技术、自动驾驶汽车、智能微尘、通用人工智能、4D 打印、知识图谱、神经形态硬件、数据安全区块链、外骨骼、边缘人工智能、自动驾驶 Level5、会话式人工智能平台、自愈系统技术、立体面显示与 5G；处于期望膨胀期的新兴技术主要有量子计算、AI PaaS、深度神经网络 ASIC、智能机器人、自动移动机器人、脑机接口、智能工作空间、生物芯片、数字孪生、深度神经网络、碳纳米管、物联网平台、虚拟助理、硅阳极电池与区块链；处于幻觉破灭期的新兴技术主要有互联家庭、自动驾驶 Level4、混合现实、智能织物与增强现实。

根据新兴技术成熟度曲线所展示的规律，许多新技术在波折中向前发展。经过一段时间后，由于现实与期望之间的差距拉大，将带来一定的发展泡沫。然而，不可否认的是，确实会有许多新兴产业成功地经历泡沫错觉期并进入生产高原，如深度神经网络 ASIC 和 5G 将很快进入实质性工业化阶段。

五、政策红利进一步释放，推动战略性新兴产业快速增长

近年来，我国实施了重大改革措施，鼓励创新和创业的环境不断优化。在中央层面，2018 年 6 月，国家发展改革委与中国建设银行签署了《关于共同发起设立战略性新兴产业发展基金的战略合作备忘录》，双方将共同启动国家级战略性新兴产业发展基金，该基金将投资于新一代信息技术、高端设备、新材料、生物、新能源汽车、新能源等战略性新兴产业。2018 年 9 月，财政部、国家税务总局和科技部联合发布了《关于提高研究开发费用税前加计扣除比例的通知》(财税〔2018〕99 号)，提出企业研发费用未形成无形资产计入当期损益的按照实际发生额的 75%在税前加计扣除，形成无形资产的按照无形资产成本的 175%在税前摊销。从短期来看，研究与实验发展（R&D）费用扣除额的增加将有助于提高技术创新型公司的业绩；从长期来看，该举措将起到引导企业重视研发与重视创新的作用，对于科技创新驱动型的新兴产业（如半导体、5G、新能源汽车、云计算、生物医药等）有较强的促进作用。2018 年 9 月，国家发展改革委发布了对《战略性新兴产业重点产品和服务指导目录》(2016 版）征求修订意见的公告，充分反映了国家层面对战略性新兴产业发展的重视程度。

在地方层面，许多地方正在加快政策创新。例如，2018 年 11 月，深圳发布了《深圳市人民政府印发关于进一步加快战略性新兴产业实施方案的通知》。

在技术、资本、人才、准入、监督、标准和知识产权方面对新兴产业发展进行了系统规划，为市级战略性新兴产业发展设立专项资金；9月，上海发布了《关于加快推进上海人工智能高质量发展的实施办法》，通过凝聚人工智能领域的人才，深化数据资源的开放和应用，深化人工智能产业的协同创新，突破核心关键技术，推动人工智能示范等应用，构建国家人工智能发展高地。

未来，战略性新兴产业政策红利将体现于：一是扩大产业投资基金，支持新兴产业发展；二是创造更加优良的创新和创业的投资环境，以促进新技术的孵化；三是新技术、新产品和新模型的应用和推广，例如，加快形成一批人工智能深度应用场景（如智能医疗、智能驾驶等），建设一批应用示范项目。

第二节　中国战略性新兴产业发展中存在的问题

一、战略性新兴产业发展的国际环境日益严峻

在中美贸易摩擦中，美国对我国高新技术领域进行封锁和打压，对中国企业在芯片、人工智能等新兴领域的并购行为实施更严格的安全审查。2018年8月13日，美国《外国投资风险评估现代化法案2018》被总统特朗普签署为法律，作为《2019财年国防授权法案》的一部分，旨在促进美国外国投资委员会（CFIUS）的现代化进程并增加其管辖权，更有效地防止某些类型的国外投资对美国国家安全构成威胁。签署此法案将对中国在美国的投资产生重大影响：一是我国企业赴美新兴领域的投资遭受安全审查的概率大幅增加，且通过安全审查的难度不断攀升；二是中国与美国企业在新兴技术领域的合作将变得更难，未来技术的出口管制和相关的并购交易等会越来越难；三是新规定并没有清晰界定“实质性违反、错误、虚假、重要资料”这些词，裁定主要取决于裁决人的主观判断，这可能导致滥用安全审查权。目前，已经出现了多起我国企业终止并购美国企业的失败案例：湖北鑫炎收购美国Xcerra被CFIUS终止，蚂蚁金服收购MoneyGram（速汇金）被CFIUS终止，凯桥资本收购美国芯片制造商莱迪思被迫暂停。在未来一段时间里，美国可能设置更多的障碍干预我国企业跨国并购，对我国战略性新兴产业的开放合作、国际化布局等都会产生重大不利影响。

二、部分战略性新兴产业的关键核心技术受制于人

互联网、大数据和人工智能等先进技术与实体经济相结合，产生了大量的新兴产业。但是，我国大数据和人工智能的一些核心技术仍受制约。在人工智

能算法训练环节，需要较高的计算能力，目前 CPU+GPU 架构已成为大多数人工智能企业的主流选择，一些公司（如百度等）正在使用 FPGA 搭建智能系统，而这几类芯片基本需要从国外进口，CPU 主要由英特尔和 AMD 两家公司供货，GPU 基本由英伟达公司垄断，FPGA 主要由 Xilinx、Altera、Lattice 等公司供货。中国大多数硬件层面的智能芯片公司处于终端推理环节，如寒武纪 1A 处理器、地平线 BPU 芯片、华为麒麟芯片等。可以看出，在我国人工智能发展过程中，高性能芯片仍是核心短板，特别是在云上训练环节。

美国可能会加强对一些关键核心技术的出口限制。2018 年 8 月，美国《出口管制改革法案》作为《2019 财年国防授权法案》第十七章的 B 章节，由总统特朗普签署生效。《出口管制改革法案》改变了前期出口管制缺乏法律依据的问题，聚焦授权出口管制、防止“新兴科技”外流，为商品和技术的出口监管提供了明确的法律依据。2018 年 11 月，美国商务部工业安全署面向公众征求意见，其对象是一份针对关键技术和相关产品的出口管制框架，它主要针对 3 个方向：军事（含军民两用）相关产品、国家安全机密、高新技术，其主要实施对象可能就是中国。

三、安全隐私等方面的保障机制有待健全和完善

近年来，一些新兴技术巨头暴露出一系列问题，如隐私和安全，这引起了社会各界对新技术应用的广泛关注。例如，2018 年 4 月，脸书遭遇了数据泄露丑闻；同年 5 月，亚马逊 Alexa 窃听用户对话。中国的一些新兴产业正处于探索和发展阶段，服务和产品的安全、标准化、质量保证体系和用户数据保护存在不足和隐患。例如，调查显示约 40%的用户对拼车的安全有所顾虑。共享经济平台在利用云计算、物联网、大数据等技术创新运营模式和实时资源分配的过程中记录了大量用户信息和活动数据。但是，缺乏内部和外部监管机制导致用户隐私泄露和数据滥用风险快速上升。目前，中国的个人数据管理法律制度尚不完善。同时，隐私信息的开放及其例外规则不够清晰，缺乏可操作性，也没有有效的政策或机制来解决数据开放过程中产生的隐私或个人信息保护问题。然而，建立全面的隐私数据监控和保护机制需要时间。

四、部分高新技术领域人才供需缺口较大

我国严重缺乏具备基本技能和跨学科知识的高素质人才，并且在短期内难以缓解人才结构性供需矛盾。部分新兴产业行业高新技术表现尤为突出，如根据 2018 年腾讯研究院和 BOSS 直聘联合发布的《全球人工智能人才白皮书》显

示，全球约有30万人工智能人才，市场需求量达数百万人。在人才结构方面，中国人工智能高端人才结构远不够理想：应用层人才很多，但高级算法工程师和具有实践能力的顶尖研究人员极为匮乏；相反，美国人工智能人才大多集中在基础和技术层面。在人工智能基础层，中国只有 1 300 名从业人员，而美国的相关人数为17 900人，是中国的13.77倍;在技术层，中国从业人数为12 000人，美国从业人数为29 400人，是中国的2.45倍；在应用层，中国从业人数为24 300人，美国从业人数为31 400人，是中国的1.29倍。可以看出，美国在人工智能基础层和技术层的人才数量远远高于中国。

第三节　对我国战略性新兴产业发展的若干建议

一、完善贸易摩擦应对机制

我们必须充分认识到中美贸易摩擦的长期性，针对美国持续压制我国战略性新兴产业发展的现状，建立应对贸易摩擦的长效机制，以及做好应对持久战的战略准备。一方面，我们应加强对美国贸易和投资政策及法律的研究和判断，密切跟踪政策动态，准确预估后果，并提高整体应对水平。与此同时，在一些重要的新兴领域，采用应对策略的制衡，利用安全审查机制在相互制衡下追求相对稳定。另一方面，要促进跨部门的工作协调，加强信息、人才等业务、外交、产业等部门之间的沟通，建立统一协调的工作机制。

二、专注于补齐基础层软硬件短板

借鉴美国、德国等国家进行科研顶层统筹的经验，汇集国内优秀研发力量组建一些协同创新中心。例如，美国国防高级研究计划局（DAPAR）、GoogleX实验室、洛斯•阿拉莫斯国家实验室、德国人工智能研究中心（DFKI）等。瞄准受制于人的关键核心技术，特别是大数据、人工智能等关系全局的新兴领域技术短板，集中力量攻坚克难。

三、强化新兴领域的数据安全隐私保护

许多战略性新兴产业的业务是数据驱动的，需要加强相关的数据安全和隐私保护，以避免脸书的数据泄露和亚马逊 Alexa 窃听用户对话等问题的产生。首先，在技术层面加强网络攻防、评估实验，加强数据加密、数据备份、电子认证、数据防伪、防篡改、隐私保护等安全技术，推动安全可靠的服务器、海量高可靠性存储设备和高性能安全网络设备的开发和产业化。其次，在服务级

别层面开发网络安全、云安全、数据安全、应用安全、安全终端和芯片等产品和服务，构建完整的数据安全产业链，以整合数据安全、信息安全和云平台安全功能。最后，在制度层面建立健全信用信息保护机制，严厉打击破坏消费者个人信息、恶意竞争和垄断的行为。

四、加强资金、人才等要素保障

在金融安全方面，战略性新兴产业的大多数企业具有高风险、高投入、长期性等特点，有必要增加对创新的资金支持，建立多元化的投融资体系，支持产业发展。应积极推进首台（套）保险制度，加强新产品推广应用；鼓励建立战略性新兴产业融资担保风险补偿基金，形成政府、银行和担保机构的三方风险分担机制；鼓励地方银行量身定制合适本地行业发展的金融产品；加强对新兴产业的知识产权保护，加大保护和执法力度，营造良好的法制环境，进一步提高全社会的知识产权保护意识和法制观念。

在人才方面，新兴产业的一些相关技术具有辐射能力强、交叉整合能力强、应用潜力大的特点，限于某一学科或某一领域的专业教育可能不适用。可考虑借助互联网实现技术教育的泛化（如借鉴国外大规模在线教育 Coursera 等的经验），降低个体获得新兴前沿技术的门槛。

五、建设包容审慎和底线监管的制度环境

战略性新兴产业往往涉及多部门、多领域，需加强统筹管理，加快建立牵头部门会同相关行业主管部门进行协同管理的机制，树立包容审慎和底线监管思维，既能放得开又能管得住。一是完善顶层设计，制定及完善相关行业法律法规，及时清理和调整不适应新兴产业发展的行政许可、商事登记等事项及相关制度，破除行业壁垒和地域限制。同时，按照“鼓励创新、包容审慎”的原则，审慎出台新的准入政策，如借鉴美国在无人机、自动驾驶方面制定的系列制度（如无人机试点项目备忘录、自动驾驶汽车载客运行等）。二是完善新兴领域立法和道德准则构建。例如，借鉴美国、德国等国家在人工智能立法方面的有益尝试，特别是借鉴德国的自动驾驶道德准则，在人工智能价值判断、利益优先级方面做出开创性探索①。

---

① 陆平：《海外人工智能发展与应用》，《互联网经济》，2018 年。

产 业 篇

第三章

节能环保产业

第一节　国内外节能环保产业发展动态

一、整体概况

（一）产业总体保持稳定增长

近年来，“绿水青山就是金山银山”等理念深入人心，生态文明建设、产业转型升级、循环经济发展、清洁生产考核、环境质量改善等要求逐步纳入社会经济发展、区域发展规划和政府管理体系中，“像保护眼睛一样保护生态环境，像对待生命一样对待生态环境”的氛围逐步形成。2018 年，全国生态环境保护大会在北京胜利召开，指明了新时代推进生态文明建设的方向。首轮中央生态环保督察整改情况“回头看”取得显著效果，各地方也加大了环保整治力度，形成倒逼经济高质量发展的强大动力。在多项利好政策的持续推动下，我国节能环保产业总体保持稳定增长，小流域生态环境综合治理、非电行业超低排放改造、危险废物处理处置、机动车污染防治、环境监测等市场增长较为强劲①。据估计，2018 年节能环保产业规模预计突破 7 万亿元，已经成为支撑我国经济发展的重要组成部分。

① 危昱萍：《数环保企业陷入债务危机 环保产业营收增速达 17.7%》，《21 世纪经济报道》，2019 年 1 月 16 日。

（二）技术创新能力继续增强

随着全社会对节能环保产业重视程度的逐步提升，节能环保技术创新的投入也在不断增加，推动我国节能环保领域的工艺和技术装备水平稳步提升。我国的电除尘等部分领域技术已经达到国际先进水平，在非电行业烟气超低排放、污水处理厂提标改造、污泥处理处置、固废/危废安全处置与资源化、污染治理设施远程控制和自动运行等领域的技术逐步获得突破，形成了一批新技术、新工艺和新产品。尤其是节能服务业，已经成为行业发展的新亮点，第三方治理运营等新业态、新模式不断涌现，推动我国节能环保综合服务能力显著提升。2018 年重点环境保护实用技术部分名录如表 3-1 所示。

表 3-1　2018 年重点环境保护实用技术名录（部分）

序　号	技 术 名 称	申 报 单 位
1	氧化沟工艺高标准处理城镇污水及节能降耗集成技术	安徽国祯环保节能科技股份有限公司
2	SMART-PFBP 多级生物接触氧化技术	北京桑德环境工程有限公司
3	以包埋微生物载体为核心的污水深度处理技术	北京桑德环境工程有限公司 桑德集团有限公司 北京伊普国际水务有限公司 桑德生态科技有限公司
4	基于厌氧缺氧流态化生物载体的污水处理强化脱氮除磷技术	浦华环保有限公司 浦华控股有限公司
5	纳米陶瓷膜污水一体化处理装备	广西碧清源环保投资有限公司
6	高效节地型 HBR 生物膜污水处理技术	信开水环境投资有限公司 四川省科学城天人环保有限公司
7	高效节能塔式曝气器	北京北排装备产业有限公司
8	分散式多级接触氧化污水处理系统	广西博世科环保科技股份有限公司
9	分散式一体化污水处理设备	四川永沁环境工程有限公司
10	AOBR 农村污水厌氧处理技术	绿色家园（北京）环保科技有限公司
11	生物生态耦合村镇污水净化技术	广州格淋环境保护技术有限公司
12	高速公路穿越饮用水敏感区施工期间环境保护技术	中铁城市发展投资集团有限公司 中铁隧道集团一处有限公司
13	有机复合类废水微生物滤床净化技术	江西盖亚环保科技有限公司
14	照相冲印药液在线循环清洁生产技术	保定乐凯照相化学有限公司
15	可在线维护的上流式厌氧反应器	广州华浩能源环保集团股份有限公司
16	无动力自搅拌破壳厌氧发酵装置	湖北荣喜能源环保建设有限公司

续表

序　　号	技术名称	申报单位
17	电镀废水近零排放技术	广东益诺欧环保股份有限公司
18	煤化工废水全过程强化处理集成技术	北京赛科康仑环保科技有限公司 中国科学院过程工程研究所
19	北方寒冷地区人工湿地成套技术	辽宁省环保集团有限责任公司
20	锌合金件无氰碱铜电镀工艺	广州三孚新材料科技股份有限公司
21	湖库流域 HCECR 水体生态修复技术	华川技术有限公司
22	黑臭河道生化处理和生态修复耦合技术	上海水源地建设发展有限公司
23	HCR 水力空化减泥技术	广东源控环保科技有限公司
24	RRS 城镇污泥蒸汽深度调理技术	深圳市环源科技发展有限公司
25	新能源漂浮物自动清理船	杭州市古伽船舶科技有限公司
26	湿式电除尘器	浙江菲达环保科技股份有限公司
27	低温电除尘器	浙江菲达环保科技股份有限公司
28	HSJ 可再生胺法脱硫技术	长沙华时捷环保科技发展股份有限公司
29	燃煤烟气湿式静电除尘强化技术	航天凯天环保科技股份有限公司
30	脱硫脱硝除尘一体化烟气净化技术	中晶环境科技股份有限公司

数据来源：中国环境保护产业协会，2018 年 12 月。

（三）智慧环保成为产业增长新亮点

随着新一轮科技革命和产业变革持续推进，我国节能环保产业利用信息化手段的能力持续增强，“互联网+环保”“智慧+环保”“智能环保”等理念不断出现。国家发展改革委于 2017 年年初发布的《“互联网+”绿色生态三年行动实施方案》中，明确提出要大力发展“智慧环保”，标志着我国智慧环保产业发展正式提上了国家日程。当前，智慧环保主要集中在污染源监控等相关领域，主要用于收集污染物排放信息，为评估、预测环境质量提供数据和信息支撑。智慧环保的市场主体也得到较快发展，涌现出东软集团、聚光科技、万达信息、延华智能、雪迪龙、先河环保、长天思源等一批智慧环保产业上市公司①。

① 前瞻产业研究院：《2018 年中国智慧环保行业发展现状与市场前景分析》，https://www.qianzhan.com/analyst/detail/220/181226-a9e7046c.html，2018 年 12 月 27 日。

二、存在问题

（一）节能环保技术原始创新不足

节能环保属于典型的政策导向型产业，节能环保领域的技术创新一方面取决于科学技术的发展程度，另一方面取决于政策和市场的实际需求。我国节能环保产业起步较晚，中小型企业占到总量的 90%以上，企业普遍存在研发投入不足、创新能力有限等问题，以企业为主体的节能环保产业创新体系不够完善，很多企业的产品档次不高。同时，产学研用协同创新机制尚不健全，虽然众多高校、科研院所在节能环保领域成果众多，但与产业发展实际需求结合不紧，成果转化能力不强，导致我国节能环保产业虽然规模很大，但关键设备、核心技术供给能力不足，也缺少世界知名品牌，产业转型仍有很大提升空间。

（二）融资难、融资贵问题再次凸显

由于节能环保产业具备能很好地把握政策红利、未来收益稳定等特点，在抵御经济下行压力方面具备优势。一直以来，节能环保产业对资本都具备较强的吸引力，是资本重点关注的领域。不过，2018 年以来，随着资本行情的波动，企业普遍感到进入了融资的瓶颈期，而且很多企业在 PPP 项目等方面也暴露出一些问题，节能环保企业债务风险上升、流动性紧张加剧，部分企业出现了资金链危机，如神雾节能甚至首次被列入失信名单①，社会资本投入环境污染治理领域意愿有下降趋势。我国节能环保产业进入高质量发展关键时期，如何加快建立绿色金融体系，为节能环保企业发展提供良好的投融资环境，成为当前必须解决的重要问题。

（三）市场竞争秩序有待进一步规范

节能环保产业近年来虽然发展速度很快、规模也很大，但总体而言，仍处于发展的初级阶段，仍未形成有效的综合管理模式和规范条例，产业发展的规范性等方面仍有待提高。而且，由于节能环保产业产品门类众多、产品功能复杂，不同企业在技术、管理、服务等方面的水平差别较大，各项标准正处于制定更新的过程中，在产品管理等方面也存在一定障碍。很多地区的节能环保产

① 肖达明：《神雾系资金链危机持续 神雾节能首次被列入失信名单》，《每日经济新闻》，2019 年 2 月 19 日。

业发展仍面临着低质、低价恶性竞争及不诚信经营等现象，劣币驱逐良币的问题时有发生，阻碍了市场的公平竞争，影响了全国统一开放市场的形成。

三、政策动态

2018 年起，我国加快了节能环保产业相关政策、法规、标准和导则的制定，产业政策体系进一步完善。在进出口方面，生态环境部、国家质量监督检验检疫总局发布了《进口可用作原料的固体废物环境保护控制标准—废汽车压件》《进口可用作原料的固体废物环境保护控制标准—废塑料》《进口可用作原料的固体废物环境保护控制标准—供拆卸的船舶及其他浮动结构体》《进口可用作原料的固体废物环境保护控制标准—废五金电器》《进口可用作原料的固体废物环境保护控制标准—废电线电缆》《进口可用作原料的固体废物环境保护控制标准—废电机》。在污染源控制方面，生态环境部发布了《集中式地表水饮用水水源地突发环境事件应急预案编制指南（试行）》《污染源源强核算技术指南 火电》《污染源源强核算技术指南 制浆造纸》《污染源源强核算技术指南 水泥工业》《污染源源强核算技术指南 钢铁工业》《污染源源强核算技术指南 准则》。在行业管理方面，工业和信息化部发布了《工业固体废物资源综合利用评价管理暂行办法》《新能源汽车动力蓄电池回收利用管理暂行办法》等。2018 年我国节能环保领域的部分相关文件如表 3-2 所示。

表 3-2 2018 年中国节能环保领域相关文件（部分）

序号	文件名	发布时间	发布单位
1	《环境保护部政府信息主动公开基本目录》	2018 年 1 月 1 日	生态环境部
2	《进口可用作原料的固体废物环境保护控制标准—废汽车压件》	2018 年 1 月 4 日	生态环境部、国家质量监督检验检疫总局
3	《进口可用作原料的固体废物环境保护控制标准—废塑料》	2018 年 1 月 4 日	生态环境部、国家质量监督检验检疫总局
4	《进口可用作原料的固体废物环境保护控制标准—废纸或纸板》	2018 年 1 月 4 日	生态环境部、国家质量监督检验检疫总局
5	《新能源汽车动力蓄电池回收利用管理暂行办法》	2018 年 2 月 26 日	工业和信息化部等联合发布
6	《集中式地表水饮用水水源地突发环境事件应急预案编制指南（试行）》	2018 年 3 月 23 日	生态环境部

续表

序　号	文 件 名	发 布 时 间	发 布 单 位
7	《污染源源强核算技术指南　火电》	2018 年 3 月 27 日	生态环境部
8	《污染源源强核算技术指南　制浆造纸》	2018 年 3 月 27 日	生态环境部
9	《污染源源强核算技术指南　水泥工业》	2018 年 3 月 27 日	生态环境部
10	《中华人民共和国固体废物污染环境防治法（修订草案）（征求意见稿）》	2018 年 7 月 11 日	生态环境部
11	《生活垃圾焚烧发电建设项目环境准入条件（试行）》	2018 年 3 月 4 日	生态环境部
12	《工业固体废物资源综合利用评价管理暂行办法》	2018 年 5 月 15 日	工业和信息化部

数据来源：赛迪智库整理，2019 年 2 月。

第二节　中国节能环保产业重点领域分析

一、大气污染治理

（一）发展概况

一是大气污染防治取得积极成效。为应对不时发生的雾霾问题，大气污染防治已经成为近年来国家及地方节能环保领域最为重要的工作之一。2018 年，各地继续加大大气领域的污染治理力度，取得了显著成果。据统计，全国 71%的燃煤机组完成了超低排放改造，燃煤机组改造任务取得了阶段性的成果；大气污染治理的重点逐步向钢铁、水泥、化工等非电行业延伸，如何实现上述领域大气污染的超低排放，已经成为企业前沿布局的重点[①]。我国在大气领域的环保企业逐步壮大，发展模式也逐步从简单的产品设备制造向服务供应商转变。

二是大气污染治理政策密集出台。2018 年以来，我国在大气污染治理相关的技术、标准、政策等多方面发力，提出了一系列具体的政策措施。2018 年 2 月，《关于加强固定污染源废气挥发性有机物监测工作的通知》发布；7 月，国务院印发《打赢蓝天保卫战三年行动计划》，对未来三年国家大气污染

① 卢彬：《超低排放改造任务完成七成，煤电清洁改造进入收官阶段》，《中国能源报》，2018 年 9 月 5 日。

防治工作进行部署；8月，《生态环境监测质量监督检查三年行动计划（2018—2020年）》出台；《钢铁烧结、球团工业大气污染物排放标准》《水泥工业大气污染物排放标准》《平板玻璃工业大气污染物排放标准》等政策密集出台。总体上，颗粒物、二氧化硫和氮氧化物等大气污染物的排放标准将进一步严格，对企业的排放限值提出了更高的要求。而且，钢铁、水泥、化工等非电行业超低排放也逐步成为各地环境治理的重点，未来市场需求将进一步规范。

三是地区间联合防治力度进一步加大。考虑到大气污染跨地区、多时段的污染特性，为完成大气污染治理目标，我国多个地区纷纷出台相应政策措施和行动计划，共同推动大气污染的防治工作。如《京津冀及周边地区2018年大气污染防治工作方案》《京津冀及周边地区2018—2019年秋冬季大气污染综合治理攻坚行动方案》《长三角地区2018—2019年秋冬季大气污染综合治理攻坚行动方案》等政策相继出台，为地区联防、联控奠定基础。

（二）技术进展

我国在大气污染治理领域拥有一批创新能力强的高校、科研院所和龙头骨干企业，是大气污染治理行业创新发展的重要支撑。据统计，截至2019年1月28日，我国大气污染治理方面的技术专利共576项[①]。第二十一届大气污染防治技术研讨会公布，目前处于研究前沿的技术主要包括颗粒物污染控制与技术、烟气污染物高效治理技术、烟气脱硝技术及应用、烟气协同控制技术、汞污染防治技术与政策创新、机动车尾气污染控制技术与创新、区域环境空气质量管理、大气雾霾成因与防控技术等，是未来大气污染治理领域仍需要重点关注的方向。

二、土壤污染治理

（一）发展概况

一是产业规模持续提升。近年来，我国对土地污染治理重视程度逐步加强。土壤修复产业近年来逐步兴起，被认为是继污水防治、大气治理、资源回收之后，节能环保领域新兴的重要板块。我国土壤修复市场快速发展，土壤修

① 葛倩：《2018年中国大气污染治理技术市场概况和发展趋势》，https://www.qianzhan.com/analyst/detail/220/190130-e20d6b20.html，2019年1月31日。

复企业数量逐步增加。据统计，2017 年企业总数已经达到 2 800 家，同比增长 40%；订单总额达到 240 亿元，同比增长 280%以上。不过，仍然需要看到，目前我国的土壤修复产业相关产值仍低于环保产业总产值的 2%，这一数值与发达国家相比有较大差距，未来仍有较大增长空间①。

二是产业发展政策环境逐步完善。自 2016 年 5 月国务院颁布《土壤污染防治行动计划》（即“土十条”）之后，我国加快了土壤污染防治相关法律法规的制度建设工作。2018 年 6 月，《土壤环境质量 农用地土壤污染风险管控标准（试行）》和《土壤环境质量 建设用地土壤污染风险管控标准（试行）》正式通过，自 2018 年 8 月 1 日起实施。《中华人民共和国土壤污染防治法》已于 2018 年 8 月 31 日通过，自 2019 年 1 月 1 日起施行，明确了企业防止土壤受到污染的主体责任，强化了污染者的治理责任，明确了政府和相关部门的监管责任②，进一步的行动计划和举措也在逐步制定完善中，土壤污染防治的政策环境逐步形成。

（二）技术进展

土壤修复相关领域技术已成为国际环境领域的研究热点，随着《中华人民共和国土壤污染防治法》的公布实施，各污染土壤修复技术正在加速实现市场化、工程化应用。当前，土壤污染领域的热点技术包括原位加热技术、异位热脱附技术、化学氧化修复技术、多项抽提技术、固化稳定化技术等③。同时，“环境管家”“环境地产”等新模式在各地方环保实践中不断获得应用创新。不过，与一般大气污染、水污染不同，土壤污染具有较强的隐蔽性，受关注程度相对较低。而且我国在土壤污染治理方面的技术积累相对不足，创新能力提升空间仍然较大。土壤污染防治先进技术装备如表 3-3 所示。

① 中国产业信息网：《2018 年土壤污染形势严峻，土壤修复规模将迎来巨大提升空间》，https://www.chyxx.com/industry/201808/670542.html，2018 年 8 月 24 日。

② 生态环境部：《〈土壤污染防治法〉将于明年 1 月 1 日实施》，人民网，http://env.people.com.cn/n1/2018/1228/c1010-30493601.html，2018 年 12 月 28 日。

③ 张娟、刘阳生、李书鹏 等：《2018 年土壤修复行业发展评述和 2019 年发展展望》，http://huanbao.bjx.com.cn/news/20190124/959156.shtml，2019 年 1 月 24 日。

表 3-3　土壤污染防治先进技术装备

序　号	技术与装备名称
1	异位间接热脱附技术装备
2	异位直接热脱附技术装备
3	原位气相抽提修复技术
4	多相抽提修复技术
5	类芬顿氧化法污染土壤修复技术
6	污染土壤异位淋洗修复技术
7	基于天然矿物混合材料的重金属污染场地稳定化技术
8	基于生物质灰复合材料治理土壤重金属污染的钝化/稳定化技术
9	水田土壤镉生物有效态钝化/稳定化技术
10	砷污染土壤蜈蚣草修复技术
11	土壤与修复药剂自动混合一体化设备
12	车载式原位注入装备
13	污染土壤及地下水高压旋喷注入装备
14	污染地块直接推进式钻探与采样系统
15	土壤砷（形态）、锑、汞液相-原子荧光（LC-AFS）分析仪

数据来源：科学技术部，2017年11月。

三、节能服务

（一）发展概况

一是产业保持快速增长。我国的节能服务产业起步于20世纪90年代，产业规模逐步发展壮大，服务门类日益丰富，已经成为支撑我国工业经济、实现我国经济可持续发展的重要产业门类。节能服务产业已经成为我国中长期国民经济和社会发展规划的重要内容，节能服务产业相关的政策支持、技术标准逐步完善，推动领域的持续发展。据统计，2018年我国节能服务产业产值高于4 700亿元，同比增长约15.1%。

二是市场主体发展壮大。我国钢铁、冶金、石化、建材等重化工业规模体量大、门类众多，对节能服务产业需求巨大，推动节能服务产业企业数量和能力快速发展。据统计，2018年全国从事节能服务产业的企业超过6 400家，行业从业人员达到68.5万人，其中，节能上市企业数量超过120家，企业总体实力不断增强[①]。从空间分布来看，节能环保服务产业发展与工业发展、创新能力的相关度高，在北京、广东、江苏、山东等地数量较多。

三是业务模式逐步丰富。伴随着产业政策的逐步完善、技术创新能力的提升，我国节能环保服务的业务模式逐步丰富，目前已经较为成熟的节能服务业务包括余热余压利用、中央空调系统节能、电机系统节能、建筑综合节能、供热系统节能、工业锅炉窑炉节能、能源站建设运营、储能技术及绿色照明等[②]。《节能服务产业发展报告》指出，2018 年我国节能服务产业类投资额占比最高的项目为余热余压利用、能源站建设运营、电机系统节能等。

（二）技术进展

随着行业节能需求层次的不断提高，我国节能服务业技术也随之提升。目前，能源监测、余热余压利用、节能灯具、变频电机等技术和产品成熟度高，已经被广泛应用。不过，我国节能服务领域中小企业众多，技术研发更新速度相对较慢，为进一步加快高效节能技术装备的推广应用，工业和信息化部组织编制了《国家工业节能技术装备推荐目录（2018）》，提出重点产业节能改造技术、重点用能设备系统节能技术和煤炭高效清洁利用技术等。其中，重点产业节能改造技术包括煤气透平与电动机同轴驱动的高炉鼓风能量回收机组技术、基于标准兆瓦级透平热电联供机组的低品位余热发电技术、高效油液离心分离技术、加热炉烟气低温余热回收技术等，具体如表 3-4 所示。

表 3-4 重点产业节能改造技术

序　号	技术名称
1	煤气透平与电动机同轴驱动的高炉鼓风能量回收机组（BPRT）技术
2	基于标准兆瓦级透平热电联供机组的低品位余热发电技术
3	钼精矿自热式焙烧工艺及其装置
4	高效油液离心分离技术
5	潜油直驱螺杆泵举升采油技术
6	陶瓷原料干法制粉技术
7	加热炉烟气低温余热回收技术
8	冷却塔水蒸气深度回收节能技术

① 中国节能协会节能服务产业委员会：《2018 节能服务产业发展报告》。
② 中国节能协会节能服务产业委员会：《2017 节能服务产业发展报告》。

续表

序号	技术名称
9	耐高压自密封旋转补偿技术
10	新型纳米涂层上升管换热技术
11	水泥窑大温差交叉料流预热预分解系统工艺技术
12	干法高强陶瓷研磨体制备及应用技术
13	纳米微孔绝热保温技术

数据来源：工业和信息化部，2018年10月。

第三节　中国节能环保产业年度热点事件

一、第八次全国生态环境保护大会在北京圆满召开

2018年5月18日—19日，全国生态环境保护大会在北京召开，这是自1973年以来我国举办的第八次全国生态环境保护大会，中共中央总书记、国家主席、中央军委主席习近平出席会议并发表重要讲话。习近平强调，生态文明建设是关系党的使命宗旨的重大政治问题，是关系民生的重大社会问题，是关系中华民族永续发展的根本大计①。会议提出新时代推进生态文明建设的六大原则，提出关于推动生态环境保护发生历史性转折性全局性变化的重大判断，及2035年和本世纪中叶实现美丽中国的两个阶段性目标。习近平提出，要自觉把经济社会发展同生态文明建设统筹起来，加大力度推进生态文明建设、解决生态环境问题、坚决打好污染防治攻坚战；在产业发展方面，提出要全面推动绿色发展，培育壮大节能环保产业、清洁生产产业、清洁能源产业，推进资源全面节约和循环利用。本次会议顺利召开，标志着我国生态环境保护跨入新时代、新阶段。

二、2018环保产业创新发展大会在北京召开

2018环保产业创新发展大会于2018年6月7日—9日在北京召开，大会的主题为“绿色新时代，推动环保产业高质量发展”，大会设主论坛（包括环保产业创新发展之政策环境、产业思考、技术前沿等板块）和20个平行分论坛，包括材料、设备、监测、运营、建设、咨询、环评等全产业链。参会单位覆盖各级环境保护相关政府部门，各工业行业协会和园区、企业，环保产业协会，企事业单位，环保科研机构，金融机构及媒体等。会议邀请了院士专家、相关

① 中国环境网：《习近平：坚决打好污染防治攻坚战 推动生态文明建设迈上新台阶》，http://www.cenews.com.cn/news/201805/t20180519_874748.html，2018年5月19日。

政府部门官员、行业领军企业家，以及国内外环保科研、咨询和投融资机构的知名专家在大会上发表主旨演讲，近五千人到场参会，并且通过网络直播会议吸引了数万人次的关注。与2018环保产业创新发展大会同期举行的还有国际性展会和环保交流平台——中国国际环保展览会（CIEPEC）。

三、生态环境部印发《关于促进生态环境科技成果转化的指导意见》

2018年11月，生态环境部印发《关于促进生态环境科技成果转化的指导意见》（以下简称《指导意见》），旨在深入贯彻落实党的十九大精神和国务院有关部署，逐步建立符合科技创新规律和生态环境行业特点，以市场和管理需求为导向，链条完整、制度健全、分工协作、运行高效的科技成果转化体系，推动解决成果转化过程中信息不对称、供需脱节、转化链条不健全等问题，进一步优化生态环境、科技创新环境，增强科技创新活力，提升科技成果转化成效，打好污染防治攻坚战，推动生态环境产业健康发展。《指导意见》明确定义了生态环境科技成果、生态环境污染防治与修复技术成果转化、生态环境管理技术成果转化的范畴，提出要建立健全科技成果转化工作体系，部署了构建科技成果转化综合服务平台、提升科技成果转化创新能力、健全科技成果评估体系、开展科技成果推广应用、建设科技成果转化示范区五项重点任务，提出科研管理机制、收益分配机制、考核机制、引导基金、产学研合作、标准制定六项保障措施。

四、中国再生资源回收利用协会提交报告恳请有关部门支持环保企业生产发展

2018年9月，中国再生资源回收利用协会向财政部、生态环境部提交了《关于恳请尽快发放废弃电器电子产品处理基金补贴、支持环保企业生产发展的紧急报告》（以下简称《报告》）。《报告》显示，我国废弃电器电子产品回收处理行业致力于解决废弃电器电子产品对环境的污染问题，近些年在众多利好的基金制度的引导和激励作用下实现了快速有序发展。但是，近两年基金补贴缺口在基金征收和支出失衡的影响下逐渐增大，截至递交报告时补贴已经延迟发放30余月，波及超百家相关企业面临资金困难的难题。中国再生资源回收利用协会通过本《报告》，恳请尽快发放和补发补贴，并建议建立补贴标准的动态调整机制，进一步完善相关基金管理制度，持续支持产业健康发展。随着未来国家调整补贴基金的趋势，企业面临资金压力不断增大的问题，电子废弃

物收购价格也将面临下调，企业应提前调整适应。

五、中共中央国务院发布《关于全面加强生态环境保护 坚决打好污染防治攻坚战的意见》

2018 年 6 月 16 日，中共中央国务院发布《关于全面加强生态环境保护 坚决打好污染防治攻坚战的意见》(以下简称《意见》)。《意见》做出对我国生态文明建设和生态环境保护从实践到认识的历史性、转折性、全局性变化的判断，也指出了我国生态文明建设和生态环境保护面临着诸多困难和挑战，我国进入新时代对生态环境保护提出了新的要求。《意见》深入贯彻习近平生态文明思想，提出全面加强党对生态环境保护的领导，要推动形成绿色发展方式和生活方式，坚决打赢蓝天保卫战、碧水保卫战、净土保卫战三大保卫战，加快生态保护与修复，改革完善生态环境治理体系[①]。《意见》分别确定了蓝天、碧水、净土三大保卫战于2020 年的具体指标，包括全国 PM2.5 浓度、空气质量优良天数比率、全国地表水一至三类水体比例、劣五类水体比例、近岸海域水质优良（一、二类）比例、二氧化硫排放量、氮氧化物排放量、化学需氧量、氨氮排放量、受污染耕地安全利用率、污染地块安全利用率等指标。

六、国务院发布《打赢蓝天保卫战三年行动计划》

2018 年 7 月，国务院发布了《打赢蓝天保卫战三年行动计划》(本段简称《行动计划》)，明确了我国大气污染防治工作的总体思路，制定了行动计划的基本目标，列出了三年行动的主要任务和保障措施，提出了打赢蓝天保卫战的时间表和路线图。《行动计划》包括 3 部分共 39 项具体措施，确定以京津冀及周边地区、长三角地区、汾渭平原等区域为重点，持续开展大气污染防治行动，优化产业、能源、运输和用地四大结构，强化环保执法督察、区域联防联控、科技创新和宣传引导对保卫战的支撑作用，在 PM2.5 浓度、重污染天数、大气环境质量、人民的蓝天幸福感等方面有明显的改善和提升[②]。《行动计划》将持续实施大气污染防治新的三年行动部署和安排，充分借鉴以往的典型经验

① 新华网：《中共中央 国务院关于全面加强生态环境保护 坚决打好污染防治攻坚战的意见》，http://www.xinhuanet.com/mrdx/2018-06/ 25/c_137278451.htm，2018 年 6 月 16 日。

② 新华网：国务院印发《打赢蓝天保卫战三年行动计划》，http://www.xinhuanet.com/politics/2018-07/03/c_1123073682.htm，2018 年 7 月 3 日。

和做法，保持了《大气污染防治行动计划》的工作连续性，又增强了大气污染防治措施的系统性和推进工作的力度、广度和深度。

七、生态环境部、国家发展改革委印发《长江保护修复攻坚战行动计划》

2019年年初，生态环境部、国家发展改革委联合印发《长江保护修复攻坚战行动计划》（本段简称《行动计划》）。《行动计划》坚持生态优先、统筹兼顾，空间管控、严守红线，以突出重点、带动全局，齐抓共管、形成合力为四项基本原则，分别从长江流域水质优良（达到或优于Ⅲ类）的国控断面比例、丧失使用功能（劣于Ⅴ类）的国控断面比例、长江经济带地级及以上城市建成区黑臭水体控制比例、地级及以上城市集中式饮用水水源水质达到或优于Ⅲ类比例四个方面设定了到2020年的计划目标[①]。在任务方面，《行动计划》主要部署了强化生态环境空间管控、排查整治排污口、加强工业污染治理、改善农村人居环境、补齐环境基础设施短板、加强航运污染防治、优化水资源配置、强化生态系统管护八项主要任务；加强党的领导、完善政策法规标准、健全投资与补偿机制、强化科技支撑、严格生态环境监督执法、促进公众参与等保障措施。

八、《中华人民共和国土壤污染防治法》在第十三届全国人大常委会第五次会议上通过

2018年，国务院组建生态环境部并设立了土壤生态环境司，负责全国土壤、地下水等污染防治和生态保护的监督管理，为我国土壤修复产业健康发展提供了组织和制度保障。8月31日，《中华人民共和国土壤污染防治法》在第十三届全国人大常委会第五次会议上全票通过。依据本法，有关机关和组织可以依照《环境保护法》《民事诉讼法》《行政诉讼法》等法律的规定，对损害国家利益、社会公共利益的污染土壤的行为向人民法院提起诉讼。该法为我国土壤修复行业健康发展提供了法律保障，是我国首部专门规范防治土壤污染的法律，将逐步推动土壤污染防治产业结构调整和优化[②]。据不完全统计，2018年

---

① 《两部门关于印发<长江保护修复攻坚战行动计划>的通知》，http://www.gov.cn/xinwen/2019-01/26/content_5361365.htm，2019年1月26日。

② 中国人大网：《中华人民共和国土壤污染防治法》，http://www.npc.gov.cn/npc/c30834/201808/13d193fc25734dee91da8d703e057edc.shtml，2018年8月31日。

我国土壤修复市场规模约 100 多亿元，其中工业类污染场地修复工程合同额约占 70%，且资金规模逐渐向大项目集中，亿元以上的大项目约占半壁江山，土壤修复逐渐成为环保产业备受关注和最具发展潜力的细分行业之一。

第四节　中国节能环保产业重点企业分析

一、节能服务公司百强

2018 年，中国工业节能与清洁生产协会通过对节能服务公司的节能量、资产、主营业务收入、项目投资额、研发投入等一系列重要指标做出综合性评价，建立了一套客观、公正的节能服务公司能力评价机制。区别于前六届评比活动，2018 年按照“电力、钢铁、有色金属、石化、化工、建材、机械、轻工、电子信息、建筑”十大行业进行评比节能服务公司综合十强、节能服务公司行业十强、节能服务绿色关键技术及示范案例。国电龙源、四川点石、广东洲明、九源天能、浙江科维等优秀的综合节能服务供应商名列前茅，其中的国电龙源节能技术有限公司从 2017 年第三名荣升为 2018 年的第一名，四川点石能源股份有限公司由第五名提升到第二名。2018 年度中国节能服务公司百强的前 8 名如表 3-5 所示。

表 3-5　2018 年度中国节能服务公司百强（部分）

序　号	企业名称
1	国电龙源节能技术有限公司
2	四川点石能源股份有限公司
3	广东洲明节能科技有限公司
4	九源天能（北京）科技有限公司
5	浙江科维节能技术股份有限公司
6	北京华泰焦化工程技术有限公司
7	北京亿玮坤节能科技有限公司
8	上海优华系统集成技术股份有限公司

资料来源：中国工业节能与清洁生产协会，2018 年 11 月。

二、再生资源企业百强

2018 年 12 月，中国再生资源回收利用协会发布了《2017 年度再生资源百强企业调查报告》（以下简称《调查报告》）和“2017 年度再生资源百强企业榜单”（见表 3-6）。据《调查报告》显示，2017 年度再生资源百强企业的经营总量达 1.56 亿吨，同比增长 34.6%，比上一年提高了 10 个百分点，百强企业销售总额达 2 392 亿元，同比增长 50%，比上一年提高了 30 个百分点。百强企业销售和经营量分别占全行业的 31%和 49%，再生资源行业集中度有了进一步提升。通过分析企业经营数据得出百强企业发展特点：一是企业盈利水平和盈利能力增强。2017 年百强企业销售规模同比增长 52%，净利润率达 10%以上，综合毛利率和净利润率达两位数以上的企业为 81 家，有 78 家企业保持持续增长，且净利润率第一次达到两位数。二是经营结构向高质量转变。专业型回收企业发展状况优于综合型回收服务企业，分拣中心经营效率持续升高。三是民营企业发展势头良好。百强企业榜单中，民营企业达 70 余家并蝉联榜单冠亚军。四是龙头企业集中涌现。连续五年进入百强企业榜单的企业，正逐渐向全渠道供应商发展，如江苏纸联再生资源有限公司经过 5 年的发展，销售额增长了 1.35 倍，排名从第 14 位提升至第 5 位，广东新供销天宝再生资源集团有限公司的排名由第 13 位提升到了第 8 位，这些企业逐渐打造了自身的核心队伍。

表 3-6　2017 年度中国再生资源百强企业榜单（部分）

排　序	企 业 名 称	2017 年经营额（单位：亿元）
1	宁波金田投资控股有限公司	822.224
2	环嘉集团有限公司	383.863
3	安徽双赢再生资源集团	149.67
4	骆驼集团股份有限公司	76.18
5	江苏省纸联再生资源有限公司	53.15
6	南京启宏再生资源有限公司	50.5
7	大连金凯旋再生资源收购连锁有限公司	45.221
8	广东新供销天保再生资源集团有限公司	43.951
9	河南葛天再生资源有限公司	40.417
10	江苏华耀再生资源有限公司	39.287
11	重庆瑞银再生资源有限公司	39.178
12	山东中坛再生资源有限公司	30.01
13	兰州市再生资源回收公司	27.543
14	江西保太有色金属集团有限公司	26.579
15	清远华清再生资源投资开发有限公司	25.273
16	潍坊大环再生资源有限公司	24.892
17	重庆市再生资源（集团）有限公司	24.798
18	天津物产化轻旭阳再生资源回收有限公司	24.041

续表

排　序	企业名称	2018年经营额（单位：亿元）
19	宝武集团环境资源科技有限公司	23.951
20	亳州龙利再生资源回收有限公司	20.879
21	天津北再再生资源有限公司	20.635
22	桑德（天津）再生资源投资控股有限公司	17.412
23	岳阳华泰资源开发利用有限责任公司（中国纸业）	16.75
24	东江环保股份有限公司	16.62
25	中国天楹股份有限公司	16.118

资料来源：中国再生资源利用协会，2018年12月。

三、固体废弃物行业影响力企业

2018年度固废（第十届）、环卫（第二届）企业业绩榜及影响力企业，从多维度进行综合评选，结合了线上和线下两种方式，评选出了“2018年度固废影响力企业”“2018年度环卫影响力企业”“2018年度固废最具社会责任投资运营企业”“2018年度固废细分领域领跑及单项能力领跑企业”“2018年度环卫最具成长性服务企业”，遴选出的优秀企业荣登榜单。其中，2018年度中国固废行业十大影响力企业如表3-7所示，第一名的中国光大国际有限公司在环保能源、绿色环保等多领域持续稳健发力，业务版图向纵深垃圾焚烧发电持续拓展，率先实现环保设施信息公开；绿色动力环保集团股份有限公司位居第二名，实现了“A+H”股两地上市，在固废行业多领域布局，垃圾焚烧业绩实现快速增长；中国环境保护集团有限公司和上海环境集团股份有限公司并列第三名，是固废领域的典范。杭州锦江集团有限公司业务在餐厨、污泥、危废等领域不断拓展，产业链逐渐延伸至环卫前端，环卫市场规模快速形成。上海康恒环境股份有限公司、启迪桑德环境资源股份有限公司等也榜上有名。

表3-7　2018年度中国固废行业十大影响力企业

序　号	企业名称
1	中国光大国际有限公司
2	绿色动力环保集团股份有限公司
3	中国环境保护集团有限公司、上海环境集团股份有限公司
4	杭州锦江集团有限公司
5	上海康恒环境股份有限公司
6	启迪桑德环境资源股份有限公司

续表

序　　号	企 业 名 称
7	重庆三峰环境产业集团有限公司
8	首创环境控股有限公司
9	瀚蓝环境股份有限公司
10	旺能环境股份有限公司

数据来源：中国固废网，2018 年 12 月。

第四章

新一代信息技术产业

第一节　国内外新一代信息技术产业发展动态

新一代信息技术无疑是当今世界上创新最活跃、渗透性最强、影响力最广的领域，并且正以前所未有的速度转化为现实生产力，引领科技、经济和社会发展日新月异，给社会带来重大变革，在全球经济低速增长的情况下，以云计算、大数据、物联网等为代表的新一代信息技术产业成为全球竞争的战略制高点，宽带信息网络作为重大基础设施成为各国的政策着力点。本章综合分析了2018年以来国外新一代信息技术产业的发展概况，对存在的问题、热点事件等进行了研究。

一、整体概况

（一）从趋势看，新一代信息技术正引发新革命，信息技术体系不断重构

全球新一代信息技术加速创新，交叉融合成为时代发展新特征。由此引发了一系列技术应用，信息技术结构面临深度变革。网络技术逐渐向智能及超高速系统、超大容量方向发展；软件技术加快向体系化、服务化、网络化、高可信方向发展；感知技术向智能化突破，产业价值链实现整合和延伸。在产业格局快速重塑的过程中，创新成为产业博弈的基石，速度成为产业博弈的关键。以物联网、工业互联网、大数据、人工智能等为代表的应用需求推动集成电路技术升级，芯片集成度进一步提高，台积电、三星相继量产 10nm 制程产品，人工智能专用芯片愈发受到重视；物联网成为大数据最庞大和最精准的数据来

源；人工智能是程序算法和大数据结合的产物；网络通信呈现出“人-网-物”三元万物互联的特征，大融合、大连接、大数据、新智能逐步渗透整个世界；先进计算、下一代网络、智能感知等技术领域创新方兴未艾；面向未来的新技术体系正在加速建立，竞争的焦点从单一产品转变为技术产品体系和生态体系的竞争。全球范围内的新一代信息技术与产品形态不断创新发展，并不断形成新的模式、新的平台。

（二）从国际看，各国加强构筑竞争优势，网络空间安全成为关键

世界各国加快新一代信息技术顶层设计和战略部署，力图抢夺未来发展先机。美国接连发布了《国家人工智能研究与发展战略计划》《人工智能、自动化与经济报告》《美国机器智能国家战略报告》《国家机器人计划 2.0》等多项政策文件，提出了在先进机器人、人工智能等领域的重点发展方向。欧盟积极推动电子信息工程科技领域创新发展“地平线 2020 计划”、《欧洲分享经济指南》等科研计划，集中在欧洲数字议程、产业数字化规划等方面进行布局；德国发布《信息和通信技术 2020 创新研究计划》；英国发布《英国数字化战略》、“国家 5G 战略”等。俄罗斯政府正式批准《数字经济规划》。日本出台《科学技术创新综合战略 2017》等。这些规划或战略的发布进一步推动了新一代信息技术产业的发展热潮，其中的网络空间安全问题已上升到国家战略层面，信息资源与关键基础设施已经成为国家发展的重要战略资源。以美国、日本、英国、俄罗斯等为代表的国家纷纷出台国家网络空间安全战略，不断加大网络安全技术研发投入，发展网络安全软硬实力。

（三）从国内看，新一代信息技术产业发展势头强劲，地区集聚趋势明显

2018 年，我国电子信息制造业面对错综复杂的国内外形势，按照高质量发展要求，加快结构调整和转型升级，行业运行呈现总体平稳、稳中有进的态势，生产和投资增速在工业中保持领先，出口平稳增长，在经济社会发展中的支撑引领作用进一步增强。2018 年，规模以上电子信息制造业增加值同比增长 13.1%，高于全部规模以上工业增速 6.9 个百分点；规模以上电子信息制造业实现出口交货值同比增长 9.8%，增速比 2017 年回落 4.4 个百分点。从具体行业来看，通信设备制造业增加值同比增长 13.8%，主营业务收入同比增长 9.6%；电子元件及电子专用材料制造业增加值同比增长 13.2%，主营业务收入同比增长

10.9%。总体而言，电子信息制造业加速转型升级，软件和信息技术服务业继续呈现稳中向好的运行态势，收入和效益同步加快增长。其中，手机、集成电路、液晶显示板等重点产品出口金融增速大幅提升，电子信息制造业整体收入保持双位数增长，与此同时，我国庞大的内需带动电子信息制造业规模不断扩张。从产业集聚来看，我国的新一代技术产业地方优势得到了充分发挥，区域间产业发展呈现互补互强的态势。从整体来看，北京科研资源和企业集聚，基本形成了信息产业高端价值链的发展格局；长三角地区在集成电路、新型平板、量子通信、云计算、电子商务等领域形成特色产业集聚区；珠三角地区则有效聚焦了工业机器人、无人机、新型平板显示、卫星通信、智能医疗等新兴产业；中部地区形成了光通信、新一代存储等产业；陕西形成集成电路工艺线建设；贵州重点突破云计算和大数据领域。

（四）从技术看，新一代信息技术推动产业升级，智能化革命成为未来发展热点

新一代信息技术引领新产业革命，融合创新推动产业转型升级。在全球经济大变革、大调整的背景下，信息通信技术与传统工业技术及生物、能源、材料、空间技术的加速交叉渗透，催生了生产力的重大飞跃和生产关系的深刻变革，以绿色、智能和可持续发展为特征的下一次工业浪潮即将来临，以智能制造、工业云、大数据、3D 打印、物联网、智能电网为代表的新一代信息技术将为产业转型升级带来新的驱动力。数据将催生“虚拟+物理”融合的世界。未来几年，全球新一代信息技术产业将产生巨大的跨界融合，以美国硅谷为代表的原创科技、产品创新的领导者，以亚洲地区为代表的具有增长潜力的消费者，以及以日本、德国为代表的在自动化生产、机器人、硬件方面的技术储备者，这三者结合，围绕着实体经济的智能化，会在智能网联汽车、智能家居、智慧医疗等方面产生巨大的增量，如谷歌、苹果、脸书等公司持续并购大量人工智能、智能硬件、应用开发类公司。

二、存在问题

（一）核心技术受制于人，产业发展瓶颈难以突破

尽管我国在信息领域的核心技术和设备研发方面取得了一些突破，但核心技术受制于人仍然是最大的隐患，如软件是芯片设计环节不可缺少的工具，目前几乎完全依赖外国。高端光通信器件几乎完全由美日厂商主导，超过 60%的

防火墙、加密机及通信骨干网络设备依靠进口，进口网络设备几乎涵盖了信息化应用的各个环节。由于在操作系统、专用芯片、大型应用软件，以及其他高端技术和服务等方面仍然依赖进口或专利，我国的基础信息网络和重要信息系统很难做到安全可控。只要核心技术受制于人、信息产业大而不强，缺乏安全可控的产业生态支撑，我国的网络安全乃至国家安全就存在潜在风险和深层次隐患。此外，我国的工业软件发展非常薄弱，受制于人，对国外形成长期依赖，也是制约制造业发展的因素之一。

（二）信息安全环境亟需进一步加强

目前我国信息化法治仍然处于被动适应的状态。一方面，信息化法律框架仍不完善，还未能建立全面涵盖网络基础设施、服务方、用户等对象的法律法规体系。另一方面，网络基础设施和用户权利的保护，以及网络信息服务和管理等方面的规范性文件立法进程未能及时跟进。

（三）知识产权保护领域亟待完善

目前，我国信息产业知识管理跟不上发达国家潮流，随着经济全球化发展，我国信息技术企业发展面临着严峻的知识产权考验，如近年来接连发生微信因涉嫌侵权等一连串知识产权纠纷事件。另外，我国企业自身的知识产权保护观念落后，知识产权保护意识淡薄，许多企业因不重视知识产权，以致创新成果被他人抢先申请专利，造成经济损失。

三、政策动态

“十三五”以来，党中央、国务院、相关部委及地方政府相继完善新一代信息技术产业布局。针对信息技术热点领域，国务院、相关部委出台《新一代人工智能发展规划》《关于促进“互联网+医疗健康”发展的意见》《信息产业发展指南》《大数据产业发展规划（2016—2020 年）》《扩大和升级信息消费三年行动计划（2018—2020 年）》等系列政策措施。科技部批准建设自动驾驶、城市大脑、医疗影像、智能语音 4 个国家级人工智能开放创新平台。以京津冀、长三角、珠三角地区为引领的地方政府依据区域特色部署相关政策和行动。我国信息技术已经形成了从顶层规划到落地实施、从全局到专项、从中央到地方政府的创新政策环境体系。国家发布的电子信息领域相关政策文件如表 4-1 所示。

表 4-1 我国电子信息领域相关政策文件

序号	文件名称	发布机构	发布时间
1	国务院办公厅关于印发《“互联网+政务服务”技术体系建设指南的通知》	国务院办公厅	2017 年 1 月
2	中共中央办公厅国务院办公厅印发《关于促进移动互联网健康有序发展的意见》	中共中央办公厅、国务院办公厅	2017 年 1 月
3	《国务院关于“十三五”国家政务信息化工程建设规划的批复》	国务院	2017 年 7 月
4	国务院关于印发《新一代人工智能发展规划的通知》	国务院	2017 年 7 月
5	中共中央办公厅国务院办公厅印发《推进互联网协议第六版（IPv6）规模部署行动计划》	中共中央办公厅、国务院办公厅	2017 年 11 月
6	《国务院关于深化“互联网+先进制造业”发展工业互联网的指导意见》	国务院	2017 年 11 月
7	国务院办公厅印发《关于促进“互联网+医疗健康”发展的意见》	国务院办公厅	2018 年 4 月
8	工业和信息化部办公厅关于印发《新一代人工智能产业创新重点任务揭榜工作方案》的通知	工业和信息化部	2018 年 11 月
9	《工业和信息化部办公厅关于组织开展 2018 年大数据产业发展试点示范项目申报工作的通知》	工业和信息化部	2018 年 10 月
10	工业和信息化部、国家标准化管理委员关于印发《国家智能制造标准体系建设指南（2018 年版）》	工业和信息化部 、国家标准化管理委员	2018 年 10 月
11	工业和信息化部关于印发《推动企业上云实施指南（2018—2020 年）》	工业和信息化部	2018 年 8 月

数据来源：赛迪智库整理，2019 年 2 月。

第二节　中国新一代信息技术产业重点领域分析

一、集成电路

（一）发展概况

2019 年 2 月，世界半导体贸易统计（WSTS）公布了 2018 年半导体市场数据：2018 年，全球半导体销售收入为 4688 亿美元，同比增长 13.7%，销售额创下历史新高。同时，WSTS 预测 2019 年市场销售额将下降 3.0%至 4545 亿美元，到 2020 年适度增长将回归。2019 年，美洲、欧洲和亚洲地区的半导体产业经过连续两年的强劲增长后或将出现负增长。我国仍为全球最大的半导体需求国家，产能规模快速增长。据中国半导体行业协会统计，2018 年前三季度，中国集成电路产业销售收入为 4 461.5 亿元，同比增长 22.45%。其中，设计业、制造业和封装测试业的销售收入分别为 1 791.4 亿元、1 147.3 亿元和 1 522.8 亿元，制造业增速最为迅猛，达到了 27.6%。

在进出口方面，据海关总署的最新数据显示：2018 年，我国进口集成电路数量为 4 175.7 亿个，进口额为 3 120.58 亿美元，同比增长 19.8%，这是我国集成电路进口额首次突破 3 000 亿美元；2018 年，我国出口集成电路数量为 2 171.0 亿个，出口额为 846.36 亿美元，同比增长 26.6%，贸易逆差超过 2 000 亿美元。

值得肯定的是，我国集成电路企业实力在不断增强。在芯片设计方面，海思、紫光展锐分别位列全球十大芯片设计企业的第六位和第十位。在芯片制造方面，中芯国际、华虹集团分别位列全球十大芯片制造企业的第五位和第九位。在封装测试方面，长电科技、通富微电、天水华天在全球十大封测行业排名也分别提升到第三位、第六位和第八位。

（二）技术进展

2018 年，我国集成电路的核心技术取得了诸多突破，产业链日益完善，产业竞争力不断提升。在芯片设计方面，比亚迪、阿里巴巴、百度和格力等新势力涌入，这些企业既有市场，又有人才，为我国芯片设计增添了巨大活力。在芯片制造方面，目前全国 12in 生产线已建成 10 条，还有多条在建设当中，65nm、40nm、28nm 工艺实现量产，中芯国际第一代 FinFET14nm 技术已进入客户验证阶段，12nm 工艺开发取得突破。在芯片封装和测试方面，长电科技、华天科技、通富微电等企业技术已达到国际先进水平。长电科技在高集成度和高精度 SiP 模组领域实现了规模化量产。华天科技开发了 0.25mm 超薄指纹封装工艺，且 4G PA 也实现了批量生产。通富微电 7nm FC 产品已实现量产。在集成电路材料方面，200mm 硅片产品质量显著提升，高品质抛光片、外延片开始进入市场。在集成电路设备方面，中微半导体自主研制的 5nm 等离子体刻蚀机性能良好，目前已通过测试验证，将用于全球首条 5nm 制程生产线。

集成电路重点产品领域也取得了突破性进展。在手机芯片方面，华为海思推出了全球首款实现规模化量产的 7nm 芯片麒麟 980。在服务器 CPU 方面，天津海光研发出了兼容 X86 的服务器 CPU，性能指标达到国际平均水平，目前已进入小批量生产阶段。天津飞腾研发的兼容 ARM 指令的 FT 系列服务器 CPU

也在按计划推进且取得一定成果。上海澜起科技研发的兼容 X86 的“津速”CPU即将进入规模化生产。在桌面计算机CPU方面，兆芯在我国推出了第一款支持 DDR4 的 CPU 产品 ZX-D，有 4 核和 8 核两个版本，其中 4 核版本 ZX-D CPU 主频达到 2.4GHz，主要用于装配笔记本式计算机；8 核版本 ZX-D CPU 主要用于装配台式计算机，主频达到 2.7GHz。8 核版本 ZX-E CPU 主要用于装配服务器，主频达到 3.0GHz。

二、人工智能

（一）发展概况

根据赛迪顾问的数据判断，2018 年，中国人工智能产业的整体规模超过 5 000 亿元。其中，人工智能核心产业规模达到 987.6 亿元，人工智能应用带动产业规模超过 4 400 亿元。据估计，到 2021 年，中国人工智能的整体产业规模将超过 1.3 万亿元，其中核心产业规模将超过 2 200 亿元。目前，中国人工智能领域的相关需求正进入快速增长阶段。图像识别、视频分析、语音识别和教育领域的商业场景越来越成熟，盈利模式正变得越来越清晰。例如，商汤科技宣布它已在 2017 年全面实现盈利，2018 年业务迅速增长。2018 年，旷视科技、云从科技获得了大量的订单，科大迅飞的智能语音业务已进入持续快速增长期。

人工智能正在向多个行业快速渗透。易于获取、有一定积累量且具有大量数据分析和处理要求的行业通常是人工智能首先应用的热点。例如，“人工智能+医疗保健”主要集中在辅助医疗、健康管理、信息管理、医学成像等领域。其中，医疗成像的辅助诊断和病理分析，准确率可高达 99.5%，并且该领域已经商品化，阿里巴巴和腾讯已经进入人工智能医疗成像领域，以万里云、推想科技、医拍智能为代表的创新性企业也积极参与这一领域。在“人工智能+新出行”方面，IT 公司和传统汽车公司正在积极参与自动驾驶领域，目前，结合特定区域和特定场景的自动驾驶模式正在迅速进入市场。

人工智能领域的投资和融资额迅速增长。根据赛迪顾问的数据，2018 年前三季度，中国投资相关领域项目 58 个，商汤科技以 10 亿美元的融资排名第一。投资主要集中在计算机视觉、机器人和智能语音领域，分别为 124.5 亿元、11.84 亿元和 9.55 亿元。

相关政策向人工智能垂直领域逐步细化。自国务院于 2017 年 7 月发布《新一代人工智能发展规划》以来，科技部、工业和信息化部、教育部等出台的相关配套文件得到了密切关注。目前已有近30个省市地区印发相关规划文件或出台扶持政策，可见人工智能相关产业政策正在向地方层面落细、落实，涉及智能安防、政法、教育、无人驾驶等多个垂直细分领域的人工智能规划已经开始实施。2018年11月，工业和信息化部印发《新一代人工智能产业创新重点任务揭榜工作方案》。鉴于中国人工智能基础层短板问题，开展“揭榜挂帅”工作，突破人工智能产业发展关键环节。

（二）技术进展

人工智能的关键能力是使机器能够从历史经验中学习，发现模式并做出预测性反应。以“人工智能+零售”为例，人工智能技术与传统零售领域正以多种路径进行融合：第一种使用各种传感器实时收集数据，主要依靠深度学习算法，如使用卷积神经网络来识别商品和客户行为，以亚马逊 Go、TakeGo 等为代表，优势在于为消费者提供更好的购物体验，缺陷是高固定成本、难以识别错放的货物，以及不稳定的机器视觉技术。第二种使用物联网技术，例如 RFID，以缤果盒子、罗森、7-11 为代表，优点是易于识别货物、成本低并且可以批量复制。第三种使用条形码和二维码来完成对产品的识别，多点、便利蜂、小 e 微店均采用这种模式，优点是易于实现（很容易在超市推广），缺点是购物过程仍然很复杂（需要自助扫描）。

人工智能技术正在与医疗领域进行融合：第一种使用诸如卷积神经网络的深度学习算法对医学图像样本进行分类，可以减轻放射科医师的工作强度。这种途径的难点在于医学图像的样本大小和样本的高质量标记（需要与样本相对应的病理分析数据）。第二种使用人工智能辅助药物开发，一些公司开发了基于大数据和机器学习的化学合成软件（如 Chematica、Syntaurus 等）。第三种使用人工智能进行健康管理，涉及用户和案例大数据、可穿戴设备、健康风险预测等。Apple 的可穿戴设备 Apple Watch 和 Google Fit 都是典型代表，基于可穿戴的智能设备来获取用户的生理数据，并通过大数据平台进行分析。

自动驾驶领域的技术发展路径如下：一是利用高精度激光雷达、高精度传感器、高精度地图和人工智能技术实现高水平无人驾驶。以谷歌、百度等互联网企业为代表，这些企业在汽车制造和零件制造方面明显缺乏经验，但在云计算、大数据、人工智能等方面具有很强的优势。高级别的无人驾驶主要依赖人工智能等软实力来实现。二是以辅助驾驶为核心，逐步测试和组装先进的辅助驾驶系统，然后从辅助驾驶过渡到自动驾驶。该路线由丰田、沃尔沃、宝马和特斯拉等汽车制造商为代表，从车联网和 ADAS 入手，逐步完善高精度地图系统，采用循序渐进的方式增强自动驾驶功能，最终实现高级无人驾驶。

三、5G

（一）发展概况

5G作为未来5～10年最具商业价值的产业和最具竞争力的技术，将为全球带来颠覆性改变，具有巨大的商业价值和社会价值，据HIS Markit数据显示，到2035年，5G将为全球带来12.3万亿美元的商业产出和2 200万个工作岗位。各国政府和通信业者都在全力抢滩布局，国际电信联盟已经完成5G愿景研究，预计于2020年完成标准制定。美国启动“先进无线通信研究计划”（PAWR），发布了《美国国家安全战略》，提出把“于全国范围部署第五代移动通信（5G）网络”作为美国的首要行动之一，在2019年下半年开始商业部署5G网络。欧盟启动了“5G LTE”研究项目，计划到2020年实现商业化应用，2025年基本实现5G信号全覆盖。日韩等国家也纷纷加速部署5G方案。

比较来看，我国通过资源整合、加快应用，有望在5G领域实现引领全球的目标。我国的5G试验分两步实施，第一步是在2016—2018年进行技术研发测试，主要目标是支撑5G国际标准研制，分三个阶段完成，分别是5G关键技术验证阶段、5G技术方案验证阶段和5G系统验证阶段。第二步是在2018—2020年进行5G产品研发试验，主要目标是基于3GPP标准的第一版本开展5G预商用测试。据相关数据显示，按照2020年5G正式商用算起，在直接产出方面，预计于2020年将带动约4840亿元的直接产出，到2025年、2030年将分别增长至3.3万亿元、6.3万亿元，十年间的年均复合增长率为29%。在间接产出方面，到2020年、2025年和2030年，5G将分别带动1.2万亿元、6.3万亿元和10.6万亿元，年均复合增长率为24%[①]。目前，5G的产业趋势已经明朗，势必会成为未来移动通信领域的主攻方向和技术创新的试验床。

（二）技术进展

目前，我国5G在系统验证阶段取得了良好进展，华为、中兴、中国信科已经完成了3.5/4.9GHz频段NSA（非独立组网）测试，诺基亚贝尔、爱立信正在进行此测试，三星正在进行3.5GHz频段的RF测试与OTA，除三星外，以上其余5家企业均已完成核心网测试、IoD互操作测试。华为已完成R16测试，中兴正在进行此测试，其余3家尚未开始。另外，华为的SA（独立组网）5G

① 中国信息通信研究院：《5G经济社会影响白皮书》，2017年。

测试已完成了超过 50%，下一步，将加速对 5G 网络设备、5G 芯片组、5G 终端和测试仪器的研发及优化，并将进行 5G 系统与 5G 芯片组/终端之间的互操作测试。在 5G 应用示范工程方面，中国联通于 2018 年 12 月发布了全国首个 5G 实验网综合应用示范项目，中国移动于 2019 年上半年开始在多个城市开展包括医疗、人工智能、交通、教育、工业制造、能源、市政、视频+、娱乐在内的 9 大类 5G 应用示范，中国电信也计划在北京等 12 个城市开展 5G 规模建设及应用示范工程。值得关注的是，三大运营商先后支持并落实了雄安新区网络基础设施建设，进行了 5G 部署。中国移动于 2018 年在雄安新区进行了首次 5G 自动远程驾驶启动及行驶测试，实现了通过 5G 网络远程控制 20km 以外的车辆完成启动、加速、减速、转向等操作，网络时延保持在 6ms 以内；中国联通在雄安新区采用先进的 AirScale 基站软硬件配置搭建了准 5G 网络；中国电信在雄安实际开放道路场景中进行了外场测试，内容包括 V2C 与 V2V 的基本功能指标、高清地图动态下载与更新、无人驾驶汽车基于动态更新的高清地图自动重新规划路径等 5G 支持 ICT 融合的自动驾驶关键技术，部分结果超出预期。我国三大运营商 5G 试点如表 4-2 所示。

表 4-2　我国三大运营商 5G 试点

运营商	试点城市	试点内容
中国移动	上海	5G 外场测试，每个城市建设超过 100 个 5G 基站
	广州	
	苏州	
	武汉	
	杭州	
	北京	计划进行 5G 业务应用示范
	成都	
	深圳	
中国联通	北京	5G 外场测试
	天津	
	杭州	
	南京	
	武汉	
	贵阳	
	成都	

续表

运营商	试点城市	试点内容
中国联通	深圳	5G外场测试
	福州	
	郑州	
	沈阳	
	青岛	
中国电信	雄安新区	5G外场测试
	深圳	
	上海	
	苏州	
	成都	
	兰州	

数据来源：赛迪智库整理，2019年2月。

四、大数据

（一）发展概况

（1）全球大数据产业发展状况。政策支撑大数据产业发展，基础研发和应用服务并重。战略引领是欧美发达国家发展大数据产业的突出特点，各个国家发展重点各有侧重。美国大数据发展侧重于研发，力争引领全球大数据产业发展。欧盟及其成员国侧重于大数据价值链构建和能力建设，其先后制定了数据价值链战略计划、开放数据战略、释放欧洲云计算服务潜力战略。英国制定了数据能力发展战略规划，力图占据大数据价值链高端，打造产业核心竞争优势。日本、韩国和德国更侧重于大数据的应用和服务，制定了利用大数据技术推进经济社会信息化、智能化的国家大数据产业发展战略。欧美发达国家注重大数据基础技术的研发和服务应用，通过重大项目资助，鼓励政府研究机构和大企业发展大数据核心技术。同时，大企业还积极通过开源生态系统和社区建设，引领全球大数据技术研发方向，推动技术创新和成果推广。如谷歌、惠普、IBM等互联网企业很早就开始布局大数据产业网，通过收购或自主研发等方式成为大数据技术的主要研发者及大数据相关的产品和服务的主要提供者。

（2）我国大数据产业发展状况。从产业集聚来看，国家大数据综合试验区依然引领产业发展，大数据产业呈现明显集聚发展，长三角地区、珠三角地区、中西部地区和东北地区大数据产业集聚发展格局基本形成。东部地区整体发展水平最高，西部地区仍有巨大发展空间。从行业大数据发展看，大数据行业应用领域进一步深化，催生出一大批新产品、新服务、新模式和新业态。其中，金融、政务和电信依旧是获取大数据最多的 3 个行业。同时，工业大数据快速发展，智能化转型成效显著。从企业维度来看，我国大数据企业整体呈现“金字塔”状的实力分布，即新晋企业数据增多、初创企业发展活力不断提升。以蚂蚁金服、滴滴出行、新美大等为代表的“专精特新”的独角兽企业发展势头迅猛，以树根互联、徐工信息为代表的工业互联网平台服务正在崛起。

（二）技术进展

大数据的技术发展与物联网、云计算、人工智能等新技术领域的联系变得更加紧密，物联网的发展极大地提高了数据的获取能力，云计算与人工智能深度融入数据分析体系，融合创新将会不断地涌现和持续深入。从应用来看，大数据在农业生产智能化、经营网络化、管理高效化、服务便捷化方面的能力水平不断提升，面向农业农村的数据采集、传输、共享基础设施日趋完善，大数据综合应用服务中心等农业大数据应用示范作用明显。在国家科技重大专项、强基工程等的有序推进下，大数据与集成电路、基础软件、核心元器件、新一代人工智能等领域的融合应用和集成创新不断加快。

第三节　中国新一代信息技术产业年度热点事件

一、5G 独立组网标准冻结

2018 年 6 月 14 日，3GPP 会议批准冻结第五代移动通信技术标准（5GNR）独立组网功能，加上 2017 年 12 月完成的非独立组网（NSA）架构的 5G Release15 早期版本，标志着 5G 第一阶段全功能标准化工作完成。从 5G 概念提出、研发，到各方力量博弈的标准制定，5G 经历了一段较长的时间。直到完整的 3GPP R15 标准冻结，5G 才在整个产业界统一了“基本规则”，不再是各自为战，从而加快了 5G 商用的步伐。

二、智能硬件相继取得重大突破

百度阿波罗（Apollo）无人车在 2018 年 2 月 15 日登上央视春晚直播：上百辆车队穿过港珠澳大桥，并完成了 8 字交叉跑的高难度动作，为全国观众带来一场视觉盛宴。此外，杭州“城市大脑 2.0”于 2018 云栖大会上发布，其覆盖了杭州主城区、余杭区、萧山区共 420 平方千米，能够链接、整合、分析分布在城市各个角落的数据，进行全城层面上的优化与调度。京东的重型无人机正式下线，形成了以无人仓、无人机和无人车为支柱的智慧物流体系，正在全面整合、升级物流行业。

三、人工智能技术持续发展

OpenAI Five 在《*Dota2*》 5V5 团队战中战胜人类，标志着人工智能首次在《*Dota2*》中以团队战的形式取得胜利。谷歌人工智能团队发布的 BERT 模型，在阅读理解顶级水平测试 SQuAD1.1 中表现惊人，还在 11 种不同 NLP 任务中创出最佳成绩。由搜狗公司和新华社合作完成的全球第一个“AI 合成主播”正式上线。谷歌 I/O 大会上，展示名为 Duplex 的人工智能新功能——代替你预约理发或者订餐，让人工智能用自然语言和真实的人类交流。华为在 2018 年 10 月的全联接大会上首次正式发布了人工智能发展战略和相关产品及解决方案，核心点在于，依托华为目前的先进技术，集中力量打造芯片、硬件、训练和推理的框架的全栈方案以及面向云、边缘和端的全场景解决方案。

四、制造业转型升级，智能制造发力

地产商碧桂园为了推动机器人在建筑、社区、生活等方面的广泛应用，投资 800 亿元进军机器人产业。同时，博智林从 2018 年 7 月开始招聘机器人产业相关人才，计划从智能造房、机器人餐厅和智能制造等方面入手，逐步扩展到家居、农业、医疗等行业。由南方电网自主研发的变电站巡检机器人已正式投入使用，并通过实地测试，该产品通过激光导航技术可以绕过障碍物，通过联网功能将数据实时传回集控中心，通过和集控中心的对接实现远程调度，大大弥补人工检测的不足，有效提高变电站巡检的效率。

五、阿里云 ET 工业大脑开放平台正式发布

阿里云 ET 工业大脑开放平台于 2018 年 8 月 1 日正式发布。基于此，工业设备能够真正实现自感知、自诊断、自决策、自配置。该平台是集数据工厂、算法工厂、人工智能创作间及行业应用于一体的总体架构，支持工业机理模型和微服务的插拔式接入，支持第三方开发者快速生成各类工业智能应用，具有极强的组件化升级能力。能够广泛应用于供应链、研发、产品线、营销、设备等诸多场景，助力智能制造。

六、5G专利费相继公布，核心技术决定商业价值

从2018年开始，全球设备商陆续公布5G专利费的收费标准。诺基亚宣布，针对使用其5G专利的设备，每部将收取3欧元（折合约3.47美元）；高通宣布，对于只支持5G的手机终端，使用其核心专利和非核心专利将会分别收取终端价格的2.275%和4%的专利费用，对于支持3G/4G/5G的手机终端，使用其核心和非核心专利将会分别收取终端价格的3.25%和4%的专利费用；爱立信宣布，针对高端手持终端和低端手持终端将会分别收取每部5美元和2.5美元的专利费用。由此看来，专利核心程度决定其商业价值，将会给公司带来巨大的商业收益。

七、工业和信息化部印发《国家车联网产业标准体系建设指南》

与传统系统相比，车联网系统针对的对象不仅仅是车，而是车、路、人，以及周围环境中的综合复杂对象。因此，车联网需要不同领域企业之间的深度合作。工业和信息化部印发《国家车联网产业标准体系建设指南》(以下简称《指南》)，希望通过强化标准化工作，积极推动车联网产业的可持续发展，促进车联网产业相关新兴技术的蓬勃发展。该《指南》包括总体要求、信息通信、电子产品和服务等方面的内容，结合2017年印发的关于智能网联汽车的部分内容，构成了车联网标准体系。该《指南》能够充分满足产业发展的基本需求，为打造具有自主支持产权、开放的车联网技术提供了支持，为车联网的下一步发展奠定了基础。

八、阿里巴巴成立“平头哥”，进军芯片

近几年，阿里巴巴积极布局芯片产业，投资收购多家芯片公司，包括寒武纪、BarefootNetworks、深鉴、耐能Kneron、翱捷科技ASR。并且，阿里巴巴CTO、达摩院院长张建锋在2018云栖大会上宣布，成立平头哥半导体有限公司，并于2019年4月发布第一款神经网络芯片，计划在未来2~3年内推出量子芯片。

第四节　中国新一代信息技术产业重点企业分析

一、重点企业概况

2018年，我国新一代信息技术产业重点企业整体运行良好，电子信息制造业结构调整加快，产业景气度较高，生产和投资增速在工业各行业中均保持领先水平。2018年，规模以上电子信息制造业增加值同比增长13.1%，高于全部

规模以上工业增速6.9个百分点；规模以上电子信息制造业主营业务收入同比增长9.0%，利润同比下降3.1%，主营收入利润率为4.51%，主营业务成本同比增长9.1%；行业投资持续高速增长，电子信息制造业固定资产投资同比增长16.6%，高于制造业整体投资增速7.1个百分点①。

二、中国电子信息百强企业

2018年7月，中国电子信息行业联合会发布了“2018年中国电子信息百强企业榜单”（见表4-3）。华为凭借在营收、研发能力、国际化品牌影响力等方面的突出表现，连续十一届蝉联榜首；联想集团和海尔集团分列第二位和三位。前三甲的主营业务收入均超过2000亿元，优势突出。比亚迪股份有限公司排名较去年有较大提升，位列第四名。在规模效益方面，本届百强企业实现主营业务收入合计3.5万亿元，比上一届增长了16.7%，共实现利润总额2 249亿元，比上一届增长了20.5%。在研发能力方面，本届百强企业研发投入合计2 194亿元，比上一届增长了16%，截至2017年年末，百强企业专利总量为34.1万件，比上一届增加了3.4万件。在对外开放能力方面，本届百强企业2017年出口额达到7 737亿元，占产业总量比重达到18.4%，引领中国品牌的国际影响力和国际分工地位也在不断提升。

表4-3 2018年中国电子信息百强企业榜单

排 名	公 司 名 称	排 名	公 司 名 称
1	华为技术有限公司	13	紫光集团有限公司
2	联想集团	14	杭州海康威视数字技术股份有限公司
3	海尔集团公司	15	东旭集团有限公司
4	比亚迪股份有限公司	16	中天科技集团有限公司
5	TCL集团股份有限公司	17	上海仪电（集团）有限公司
6	四川长虹电子控股集团有限公司	18	武汉邮电科学研究院有限公司
7	中兴通讯股份有限公司	19	通鼎集团有限公司
8	北大方正集团有限公司	20	中芯国际集成电路制造有限公司
9	海信集团有限公司	21	河南森源集团有限公司
10	京东方科技集团股份有限公司	22	晶龙实业集团有限公司
11	小米集团	23	创维集团有限公司
12	浪潮集团有限公司	24	欧菲科技股份有限公司

① 工业和信息化部：《2018年电子信息制造业运行情况》，2019年2月。

续表

排　名	公 司 名 称	排　名	公 司 名 称
25	南瑞集团有限公司	55	闻泰通讯股份有限公司
26	富通集团有限公司	56	上海华虹（集团）有限公司
27	康佳集团股份有限公司	57	湖北凯乐科技股份有限公司
28	航天信息股份有限公司	58	广州无线电集团有限公司
29	同方股份有限公司	59	浙江晶科能源有限公司
30	宁波均胜电子股份有限公司	60	普联技术有限公司
31	歌尔股份有限公司	61	东方日升新能源股份有限公司
32	上海诺基亚贝尔股份有限公司	62	广州视源电子科技股份有限公司
33	广东德赛集团有限公司	63	铜陵精达铜材（集团）有限责任公司
34	蓝思科技股份有限公司	64	智慧海派科技有限公司
35	江苏新潮科技集团有限公司	65	芜湖长信科技股份有限公司
36	深圳华强集团有限公司	66	江苏协鑫硅材料科技发展有限公司
37	联合汽车电子有限公司	67	深圳市兆驰股份有限公司
38	福建省电子信息（集团）有限责任公司	68	华讯方舟科技有限公司
39	舜宇集团有限公司	69	深圳市共进电子股份有限公司
40	华勤通讯技术有限公司	70	阳光电源股份有限公司
41	四川九洲电器集团有限责任公司	71	中国四联仪器仪表集团有限公司
42	震雄铜业集团有限公司	72	安徽天康（集团）股份有限公司
43	电信科学技术研究院有限公司	73	惠科股份有限公司
44	南通华达微电子集团有限公司	74	上海与德通讯技术有限公司
45	浙江大华技术股份有限公司	75	深圳市长盈精密技术股份有限公司
46	万马联合控股集团有限公司	76	上海龙旗科技股份有限公司
47	许继集团有限公司	77	浙江南都电源动力股份有限公司
48	江苏宏图高科技股份有限公司	78	昆山丘钛微电子科技有限公司
49	新华三技术有限公司	79	江西合力泰科技有限公司
50	深圳市大疆创新科技有限公司	80	骆驼集团股份有限公司
51	株洲中车时代电气股份有限公司	81	中电科电子装备集团有限公司
52	浙江富春江通信集团有限公司	82	深圳市新天下集团有限公司
53	天马微电子股份有限公司	83	中冶赛迪集团有限公司
54	陕西电子信息集团有限公司	84	横店集团东磁有限公司

续表

排　名	公司名称	排　名	公司名称
85	哈尔滨光宇集团股份有限公司	93	福州福大自动化科技有限公司
86	华域视觉科技（上海）有限公司	94	华润微电子有限公司
87	深圳市泰衡诺科技有限公司	95	深圳市康冠技术有限公司
88	风帆有限责任公司	96	新大陆科技集团有限公司
89	利亚德光电股份有限公司	97	厦门宏发电声股份有限公司
90	万利达集团有限公司	98	北京华胜天成科技股份有限公司
91	中新科技集团股份有限公司	99	深南电路股份有限公司
92	中国乐凯集团有限公司	100	昆山龙腾光电有限公司

数据来源：中国电子信息行业联合会，赛迪智库整理，2018年7月。

三、中国软件和信息技术服务综合竞争力百强企业

2018年6月，中国电子信息行业联合会发布了“2017年中国软件和信息技术服务综合竞争力百强企业榜单”（见表4-4）。华为、腾讯、百度位列前三甲。在规模效益方面，新一轮榜单企业的整体规模效益取得了大幅提升，软件业务收入合计10 587亿元，同比增长21.4%。在研发创新方面，研发投入力度明显加大，2017年百强企业研发投入合计2 320亿元，同比增长19%。在生态建设方面，百强企业在协同办公、云计算、语音识别、计算机视觉等领域均有重要突破，产业生态日渐完善。在对外合作方面，百强企业中有近半数企业拥有国外市场，软件出口规模达到280亿美元，占全国软件出口比重超过50%。

表4-4　2017年中国软件和信息技术服务综合竞争力百强企业榜单

排　名	企业名称	排　名	企业名称
1	华为技术有限公司	10	京东集团
2	腾讯科技（深圳）有限公司	11	网易（杭州）网络有限公司
3	北京百度网讯科技有限公司	12	南瑞集团有限公司
4	中兴通讯股份有限公司	13	海尔集团公司
5	浪潮集团有限公司	14	国网信息通信产业集团
6	中国通信服务股份有限公司	15	海信集团有限公司
7	中软国际有限公司	16	杭州海康威视数字技术股份有限公司
8	东软集团股份有限公司	17	阿里云计算有限公司
9	中国软件与技术服务股份有限公司	18	北京小米移动软件有限公司

续表

排　名	企业名称	排　名	企业名称
19	上海宝信软件股份有限公司	49	启明信息技术股份有限公司
20	软通动力信息技术（集团）有限公司	50	北京华宇软件股份有限公司
21	株洲中车时代电气股份有限公司	51	中国电子科技网络信息安全有限公司
22	武汉邮电科学研究院	52	恒生电子股份有限公司
23	亚信科技（中国）有限公司	53	太极计算机股份有限公司
24	金山软件有限公司	54	深圳市金证科技股份有限公司
25	大族激光科技产业集团股份有限公司	55	山东中创软件工程股份有限公司
26	利亚德光电集团	56	银江股份有限公司
27	中国银联股份有限公司	57	联通系统集成有限公司
28	上海华东电脑股份有限公司	58	北明软件有限公司
29	福建星网锐捷通讯股份有限公司	59	万达信息股份有限公司
30	浙江大华技术股份有限公司	60	上海华讯网络系统有限公司
31	航天信息股份有限公司	61	福建网龙计算机网络信息技术有限公司
32	同方股份有限公司	62	深信服科技股份有限公司
33	深圳市大疆创新科技有限公司	63	广州酷狗计算机科技有限公司
34	完美世界股份有限公司	64	启明星辰信息技术有限公司
35	北京车之家信息技术有限公司	65	金蝶软件（中国）有限公司
36	文思海辉技术有限公司	66	卡斯柯信号有限公司
37	用友网络科技股份有限公司	67	东华软件股份公司
38	高德信息技术有限公司	68	北京神州泰岳软件股份有限公司
39	广州佳都集团有限公司	69	北京华胜天成科技股份有限公司
40	新大陆科技集团有限公司	70	深圳天源迪科信息技术股份有限公司
41	神州数码信息服务股份有限公司	71	石化盈科信息技术有限责任公司
42	国电南京自动化股份有限公司	72	中控科技集团有限公司
43	北京全路通信信号研究设计院集团有限公司	73	广州海格通信集团股份有限公司
44	中国民航信息网络股份有限公司	74	天地伟业技术有限公司
45	广州广电运通金融电子股份有限公司	75	大唐电信科技股份有限公司
46	福州福大自动化科技有限公司	76	北京易华录信息技术股份有限公司
47	中科软科技股份有限公司	77	四川九洲电器集团有限责任公司
48	平安科技（深圳）有限公司	78	深圳创维数字技术有限公司

续表

排　名	企业名称	排　名	企业名称
79	东方电子集团有限公司	90	长城计算机软件与系统有限公司
80	浙大网新科技股份有限公司	91	北京超图软件股份有限公司
81	北京千方科技股份有限公司	92	苍穹数码技术股份有限公司
82	北京久其软件股份有限公司	93	北京宇信科技集团股份有限公司
83	中国电信集团系统集成有限责任公司	94	武汉天喻信息产业股份有限公司
84	易点天下网络科技股份有限公司	95	领航动力信息系统有限公司
85	北京和利时系统工程有限公司	96	北京先进数通信息技术股份公司
86	博彦科技股份有限公司	97	讯飞智元信息科技有限公司
87	先锋软件股份有限公司	98	武汉佰钧成技术有限责任公司
88	南京联创科技集团股份有限公司	99	深圳市长亮科技股份有限公司
89	北京中油瑞飞信息技术有限责任公司	100	软控股份有限公司

数据来源：中国电子信息行业联合会，赛迪智库整理，2018年7月。

第五章

生物产业

第一节　国内外生物产业发展动态

一、全球生物产业发展趋势

（一）生物产业规模持续扩张

2018年，全球生物技术和产业继续加快发展，主要发达国家和新兴经济体对生物产业的支持力度有增无减。全球生物产业持续高速增长，基础研究、应用研究、技术开发和产业化之间的边界日趋模糊。技术创新、商业模式和金融资本深度融合，生物医药产业和生物农业发展日趋成熟，生物制造产业、生物能源产业和生物环保产业蓬勃兴起，生物产业逐渐步入稳步发展阶段。相关研究显示，全球生物技术市场以15%的年复合增长率增长，至2020年全球生物技术市场规模将达 6 068 亿美元，其中生物制药主宰整个市场。据经济合作和发展组织（OECD）的《面向2030年的生物经济施纲纲领》报告显示，全球范围内生物经济到 2030 年将初具规模，并对经济社会发展带来重大影响。2018 年是医疗保健行业风险资本融资的丰收年，同时也是私募股权交易创纪录的一年。PitchBook 的数据显示，截至2018年12月中旬，共有715笔相关的私募股权交易完成，总价值为 1 037.2 亿美元。

（二）生物技术取得较大突破

2018年，全球生物产业研发投入持续增长，基础研究和生命科学技术取得一系列成就。2018 年，生物产业研发费用持续增长，高达 1 520 亿美元，增速保持在 2%左右，其中生物医药产业研发投入更高。生物基产品、生物农业、生物能源等生物技术研发投入持续增长，如美国能源部宣布投入 7 800 万美元资助生物能源早期阶段的研发项目，欧盟投资银行启动了10亿欧元的生物经济融资计划，英国提出在未来5年持续投入1 000万美元支持生物制造、生物修复和生物能源领域研究。高投入使生物技术领域频现颠覆性突破：在脑与神经科学领域，美国艾伦脑科学研究所成功绘制出 1 立方毫米的小鼠大脑中数亿个微小的突触连接；在基因编辑领域，美国萨克研究所开发出RNA基因编辑工具——CRISPR/CasRx，日本神户大学利用 CRISPR/Cas9 成功灭活 HIV-1 病毒；在合成生物学领域，美国普林斯顿大学首次从头合成了具有体内生命特征和体外催化活性人工酶，打破了自然局限；在生物计算领域，微软与华盛顿大学采用“随机存取”技术提高了 DNA 存储、解码的容错能力，IARPA 启动“分子内信息存储”项目，开发针对EB级数据的DNA存储技术。全球生物技术研发费用统计如图 5-1 所示。

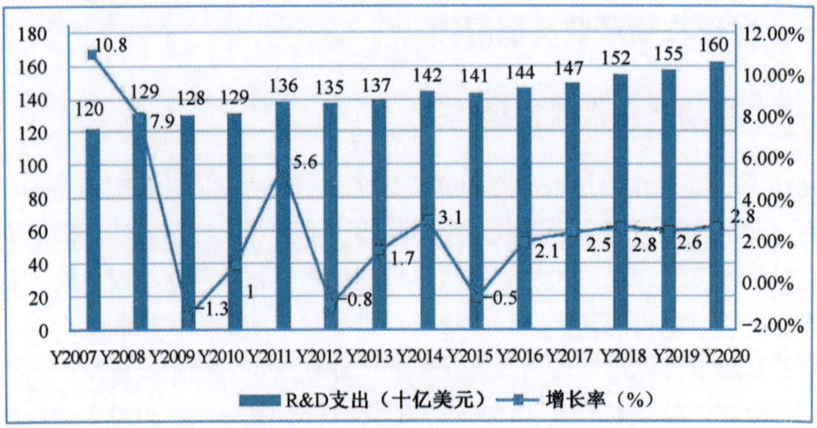

图 5-1　全球生物技术研发费用统计（2006—2020 年）

（数据来源：赛迪智库根据公开资料整理，2019 年 2 月）

（三）创新医药产品持续涌现

美国食品药品监督管理局（FDA）发布的年度新药报告《*2018 New Drug Therapy Approvals*》显示，2018 年批准新药 59 款，远超 2009—2017 年平均每年的 33 款，为历史新高。其中，三分之一是 First-in-Class 的原研药，24%为突破性疗法。罕见病药备受关注，59 种新药中有 34 种（58%）用以治疗罕见病或“孤儿”疾病，有 42 种（71%）在获得其他国家批准之前在美国获得批准，这些药物将有助于促进患者护理，使患有各种罕见病、神经系统疾病、传染病、癌症和许多其他疾病的患者受益。而在 2018 年全球上市的 93 种新药之中，化学药为 54 种、生物药为 39 种，生物药主要为 Ablynx 研发的 Caplacizumab、依生生物的 YS-ON-001、持田制药研发的依那西普（Etanercept）、Portola 制药开发的 Andexanet alfa、Zymenex（Chiesi Farmaceutici 的子公司）研发的 Velmanase alfa、JCR Pharmaceuticals 开发的阿加糖酶 β 生物仿制药、Kyowa Hakko Kirin 原研的 Burosumab-twza、Alexion Pharma 研发的 Ravulizumab 等。最近 10 年 FDA 新药批准数量如图 5-2 所示。

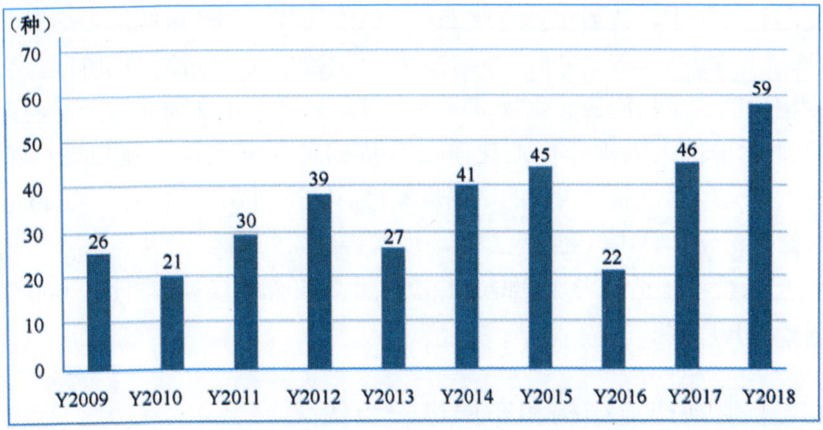

图 5-2　最近 10 年 FDA 新药批准数量

（数据来源：赛迪智库根据公开资料整理，2019 年 2 月）

（四）生物产业政策持续更新

作为 21 世纪重点发展的战略性产业，各国纷纷制定专项发展计划，从政策、科技、人才、资金等角度加大对生物产业的支持与投入。2018 年，美国发布《先进制造业美国领导力战略》，将医疗和生物技术产业提升到了新高度，发布的《微生物组研究机构间战略计划》将促进微生物组学跨学科合作研究，美国国立卫生研究院启动“体细胞基因组编辑”计划以推动临床进程。俄罗斯出台《2018—2020 年生物技术和基因工程发展措施计划》，推动生物医药、工业和农业生物技术、生物能源、基因工程等 9 个领域的发展。新加坡启动《国家合成生物学研究》计划，希望通过合成生物学的突破促进生物经济的发展。欧洲深入实施“工业生物技术路线图”，德国加快推进《国家生物经济战略》，欧盟发布“欧洲跨境基因组数据库合作宣言”，推动精准医疗进程。

二、我国生物产业发展趋势

（一）生物产业市场规模持续快速增长

生物产业作为我国战略性新兴产业之一，大力发展生物技术和生物产业对我国结构调整、经济转型、产业升级具有强大的支撑作用。我国推动生物技术研发和产业发展已有30多年的历史，党的十八大以来，我国相继发布《“十三五”生物产业发展规划》《“十三五”生物技术创新专项规划》《“十三五”国家战略性新兴产业发展规划》，为发展生物产业特别是生命科学技术的发展指明了方向。近年来，我国生物产业进入“质的飞跃”和“系统能力提升”的重要时期，以“跟跑”与“并跑”为主，部分领域进入“领跑”的阶段，生物医药、生物化工、生物能源、生物环保等一批新兴产业正在加速发展，使得生物科技产业逐步进入大规模产业化阶段。依据《中国生物工业投资分析报告2018》，广义生物产业在我国的市场规模目前已达到6.5万亿元，到2020年有望超过8万亿元，其中，生物医药市场规模将达4.5万亿元，生物农业市场规模将达1亿元，生物制造市场规模将达1亿元，生物环保市场规模将达2 000亿元，市场前景极其广阔。

（二）生物产业结构和布局进一步优化

当前，中国生物产业集聚布局初步形成，生物医药、生物农业、生物能源、生物环保各细分领域发展势头迅猛。其中，生物医药产业持续快速发展，主营业务收入和利润总额均高于生物产业整体增速，在生物产业中占比较高。在生物农业方面，我国是全球第二大种业市场，生物环保产业快速发展，2013年以来年均增长15%，成为环保产业的一个重要分支。生物质发电装机规模呈现逐年上涨趋势，越来越多的科研机构、科技企业不断参与到研究和发展生物质能资源中来，国有、民营和外资企业都纷纷投资布局我国生物质发电建设运营。在生物服务方面，为保持新药研发的持续性、提升运营效率、节约成本，许多大型制药企业将一些非核心的研发环节外包，合同委托研发企业应运而生，CMO、CSO企业提供相关的配套服务加速发展。

（三）生物技术取得一批较为显著的成果

中国在生物信息、基因组、蛋白质工程、生物芯片、干细胞等生命科学前沿领域具有较高的研究水平。2018年，我国的新一代生物检测技术、新一代基因操作技术、合成生物技术、脑科学和类脑人工智能等为核心的关键前沿领域的技术加速突破。一是生物医药基础研究成果快速增长，论文和专利数量呈现增长态势，居于Top30的中国生命科学研究机构发表论文数量由2014年的1636篇增长到2017年的3405篇，增幅高达108%。二是生物医药专利成果快速增长，截至2018年6月底，我国生物医药领域共申请发明专利1 102 163个，发明专利授权397 663个。三是以生物医药为代表的创新成果加速涌现，主要有马凡综合征基因突变在实验室被成功修复、“人工耳朵”首次在患儿身上培育成功、原创生物新药重组细胞因子基因衍生蛋白注射液获批上市、干细胞治疗卵巢早衰临床研究取得初步成果、干细胞技术实现全牙髓组织功能性再生、成体干细胞治疗实现肺组织再生、干细胞结合基因疗法让眼盲小鼠见到光明、造血干细胞在体归巢全过程被揭秘、首个基于高通量测序技术的肿瘤检测试剂盒获批准产、合成生物学取得新进展、首例高频HLA纯合子的个体被发现、首例亨廷顿舞蹈病的转基因猪模型构建成功、基于肿瘤新生抗原的个体化DC疫苗治疗晚期小细胞肺癌完成多例临床试验、新药临床试验默示许可制度正式实施等。

（四）国家生物产业发展政策加快落实

大力发展生物产业是培育新的经济增长点、增强未来国际竞争新优势的需要。2016年以来，“十三五”规划纲要把生物产业作为六个战略性新兴产业之一，提出生物产业倍增计划。2017年1月，国家发展改革委印发了《“十三五”生物产业发展规划》；同年5月，科技部发布《“十三五”生物技术创新专项规划》。进入2018年，生物医药行业政策加快出台并落实：4月，《关于改革完善仿制药供应保障及使用政策的意见》颁布，着重强调仿制药质量、疗效一致性评价等方面工作的加快落实，促进与原研药质量和疗效一致的仿制药和原研药平等竞争；6月，国家发展改革委、工业和信息化部、国家卫健委、国家药监局联合发布《关于组织实施生物医药合同研发和生产服务平台建设专项的通知》，拟以“十三五”期间组织生物医药合同研发和生物服务平台建设专项，重点支持生物医药合同研发服务，支持优势企业在医学研究、临床安全性评价、新药临床研究等细分领域建设合同研发服务平台；10月，国家卫健委公布《国家基本药物目录（2018年版）》。新目录中的品种数由原来的520种增加到685种，新增品种包括肿瘤用药12种、临床急需儿童用药22种等。

需要指出的是，我国生物产业在取得上述发展成果的同时也存在一定的问题。中国生物科技自主创新能力不足制约技术产业化进程。一方面，我国在关键核心技术领域的研发起步较晚，基础研究覆盖范围小、成果少，导致产业共性技术供给不足。另一方面，由于未形成产学研协同体系，院企合作不足。据统计，目前我国的生物医药成果转化率约为5%，生物医药基础研究和产品研发严重脱节，导致生物医药整体创新水平不高。生物技术研发具有高投入、高收益、高风险、长周期的特点，现有生物企业面临融资难、融资贵等问题。目前，中国中小板和创业板对于生物科技企业的融资支持局限为产品开发进入成熟阶段，无法充分发挥资本市场支持新兴产业的能力。

第二节　中国生物产业重点领域分析

一、生物医药

（一）发展概况

1. 市场规模持续增长

2018年，我国大力实施“健康中国2030战略”，全面推进供给侧结构性改革，医药“4+7”带量采购、仿制药一致性评价、辅助药国家目录征集等政策陆续落地。同时，依靠新产品研发经费支出的快速稳定增长，生物医药产业新产品产销规模呈较快增长趋势，医药制药业总体运行态势明显向好。2018年1～9月，医药制造业工业增加值增速为10.3%；实现主营业务收入18 203.7亿元，同比增长13.6%，增速较上一年同期提高1.5个百分点；实现利润总额2 305.9亿元，同比增长11.5%，较上一年同期下降6.9个百分点。2018年全年，医药制造业工业增加值增速约为9.5%。2019年医药制造业工业增加值增速达到8%左右；主营业务收入达到27 830亿元左右，同比增长约15%。

2. 产业集聚发展进一步突出

从产业布局看，目前已初步形成以长三角、环渤海地区为核心，珠三角、东北等中东部地区快速发展的产业空间格局。河南、湖南、湖北等中部地区以及四川、重庆等西部地区也已经形成较好的产业基础。生物医药产业以国家级经济技术开发区、高技术开发区为载体，集聚集约发展。相关机构预测，我国生物医药产业园在国家推动下，容量将进一步扩大。如图5-3所示为我国生物医药产业园数量及容量变动预测。比较成熟的产业园有上海生物医药科技产业基地、中关村生命科学园、泰州中国医药城、长沙国家生物产业基地等。整体而言，我国生命健康产业主要集聚在长三角、环渤海、珠三角地区，这三个地区的相关产业无论是产业规模还是质量均远高于其他地区的。

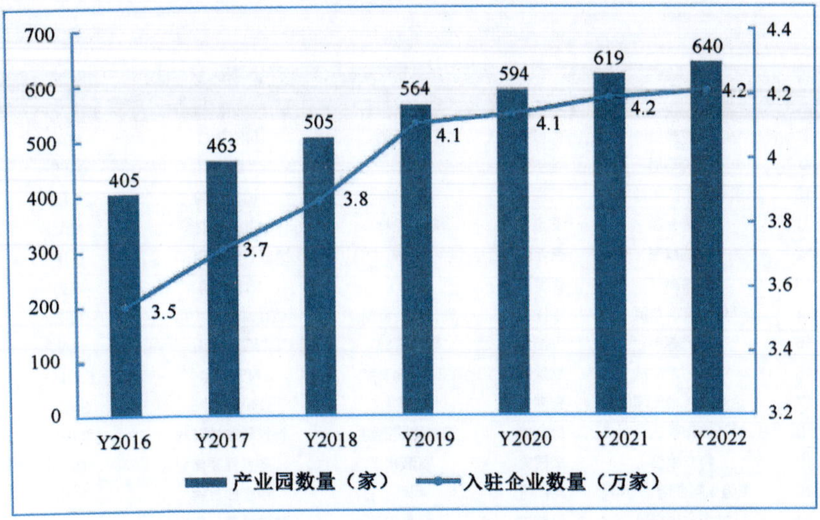

图 5-3　我国生物医药产业园数量及容量变动预测

（数据来源：赛迪智库整理，2019 年 2 月）

3. 新药上市数量大幅增加

近年来，我国在鼓励和引导药物创新方面的政策成效显著，2018 年有 48 种全新药品被批准上市（见表 5-1）。新药审批数量提升的同时，国家药品监督管理局（NMPA）于 2018 年受理的申请临床研究批件（IND）数量还创下了近 15 年来的纪录。根据长江证券研究所的数据，2018 年国产 IND 数量达到 224 个，较 2017 年的 131 个同比增长 71%，申报数量和效率双向提升，加之整个流程中对数据质量的严格把控，必将在一段时间后迎来新药数量的突破。2018 年被视为中国创新药崛起的元年，这一年获批的药物数量增多仅仅是一个开始，相信未来几年内会有更多具有临床价值的药品进入市场。2009—2018 年我国新药申请情况如图 5-4 所示。

表 5-1　2018 年我国批准 48 个全新药品名单

序号	通用名	商品名	厂家	适应症	2017年销售额（亿美元）
1	阿柏西普	艾力雅	拜耳	糖尿病性黄斑水肿	26.92
2	环丙贝特	卡比瑞克	赛诺菲	高血脂	1.12
3	乌美溴铵维兰特罗	欧乐欣	葛兰素史克	慢性阻塞性肺病	7.05
4	伊沙佐米	恩莱瑞	武田	多发性骨髓瘤	2.4
5	艾尔巴韦格拉瑞韦	择必达	默沙东	HCV 感染	24.4
6	重组细胞基因因子衍生蛋白	乐复能	杰华生物	HBV 感染	NA
7	九价人乳头状瘤病毒疫苗	佳达修 9	默沙东	HPV 疫苗	12.42

续表

序号	通用名	商品名	厂家	适应症	2017年销售额（亿美元）
8	安罗替尼	福可维	正大天晴	NSCLC	NA
9	德拉马尼	德尔巴	大冢	结核	0.05
10	索磷布韦维帕他韦	丙通沙	吉里德	HCV 感染	21.82
11	艾博韦泰	艾可宁	前沿生物	HIV 感染	NA
12	塞瑞替尼	赞可达	诺华	ALK+ NSCLC	0.8
13	罗替高汀	优普洛	UCB	帕金森病	4.85
14	依达赛珠单抗	泰毕安	勃林格殷格翰	达比加群酯中毒	0.38
15	达诺瑞韦	戈诺卫	歌礼药业	HCV 感染	NA
16	纳武利尤单抗	欧狄沃	百时美施贵宝	NSCLC	53.15
17	达芦那韦考比司他	普泽力	强生	HIV 感染	8.81
18	噻托溴铵奥达特罗	思合华	勃林格殷格翰	慢性阻塞性肺病	3.98
19	特立氟胺	奥巴捷	赛诺菲	多发性硬化	19.17
20	重组人凝血因子 VIII	科跃奇	拜耳	甲型血友病	NA
21	帕博利珠单抗	可瑞达	默沙东	转移性黑色素瘤	35.12
22	依洛尤单抗	瑞百安	安进	高血脂	4.43
23	哌柏西利	爱博新	辉瑞	HR 阳性，HER2 阴性的乳腺癌	35.24
24	氟替卡松维兰特罗		葛兰素史克	哮喘	21.72
25	全氟丁烷	示卓安	通用医疗	造影剂	0.07
26	艾考恩丙替	捷扶康	吉里德	HIV 感染	42.54
27	阿来替尼	安圣莎	罗氏	ALK 阳性的 NSCLC	3.47
28	吡咯替尼	艾瑞妮	江苏恒瑞	HER2 阳性的乳腺癌	NA
29	奥拉帕利	利普卓	阿斯利康	卵巢癌	2.16
30	依库珠单抗	舒立瑞	亚力兄弟	PNH 和 aHUS	11.82
31	仑伐替尼	乐卫玛	卫材	肝癌	0.87
32	呋喹替尼	爱优特	和记黄埔	直肠癌	NA
33	地加瑞克		辉凌	前列腺癌	1.34
34	拉布立海	法舒克	赛诺菲	高尿酸症	1.32
35	拉考沙胺	维派特	UCB	癫痫	14.59
36	来迪派韦索磷布韦	夏帆宁	吉利德	HCV 感染	79.3
37	艾美赛珠单抗	舒友立乐	罗氏	血友病	0.06
38	普乐沙福	释倍灵	赛诺菲	非霍奇金淋巴瘤，多发性骨髓瘤	1.92
39	司来帕格	优拓比	强生	肺动脉高压	2.01
40	帕妥珠单抗	帕捷特	罗氏	HER2 阳性的乳腺癌	19.29
41	特瑞普利单抗	拓益	苏州众合生物	转移性黑色素瘤	NA
42	罗沙司他	爱瑞卓	珐博进	肾病综合症型贫血	NA
43	地诺孕素	唯散宁	拜耳	子宫内膜异位症	1.88
44	信迪利单抗		信达	霍奇金淋巴瘤	NA
45	硫培非格司亭注射液	艾多	江苏恒瑞	粒细胞减少症	NA
46	苯达莫司汀	存达	梯瓦	白血病化疗	8.53
47	口服五价重配轮状病毒减毒活疫苗	乐儿德	默沙东	轮状病毒疫苗	3.35
48	帕洛诺司琼		Helsinn Birex Pharma	化疗性呕吐	7.8

数据来源：国家药监局，2019 年 2 月。

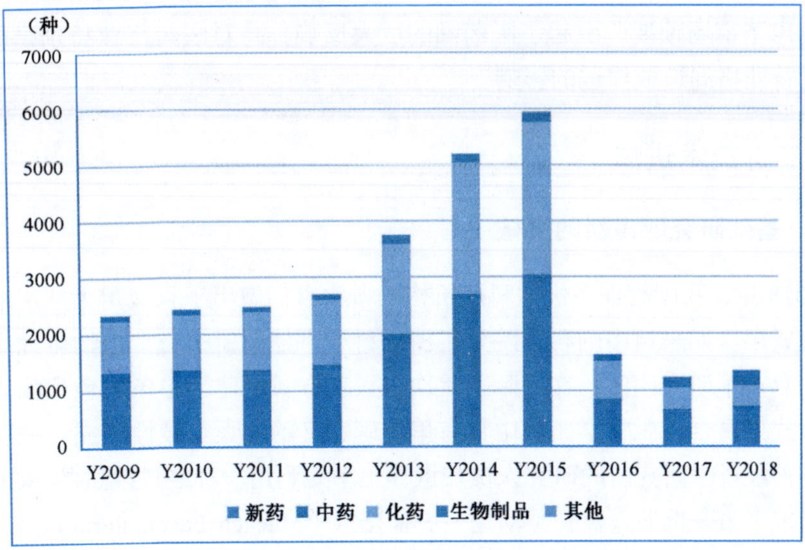

图 5-4 2009—2018 年我国新药申请情况

（数据来源：赛迪智库根据公开资料整理，2019 年 2 月）

4. 医药政策频出

一是机构改革，组建国家卫健委、药监局、医保局三大全新机构。二是国家卫计委联合财政部、国家发展改革委等 5 部门于 2018 年 3 月发布《关于巩固破除以药补医成果持续深化公立医院综合改革的通知》，将管控医疗费用非合理增长列为明确任务。三是国务院办公厅印发《关于改革完善仿制药供应保障及使用政策的意见》，推动仿制药质量提升及一致性评价。四是《深化医药卫生体制改革2018年下半年重点工作任务的通知》,加快推动医药卫生体制改革，提倡优先使用基本药物，并提出对基本药物目录进行调整；促进“互联网+医疗健康”发展等 50 项任务。五是 2018 版基药目录启动，新目录由原来的 520 种增加到 685 种，其中西药 417 种、中成药 268 种（含民族药），新增品种包括了肿瘤用药 12 种、临床急需儿童用药 22 种等。六是“两票制”全面推开，企业整合产业上下游资源脚步加快，资本市场中境外并购事件频发。数据显示，截至 2018 年 9 月底，医药企业并购超过 1 200 件，金额超过 560 亿元。此外，随着中间垫资环节的减少，资本和资源向融资能力强的大企业集中。另外，在“两票制”的冲击下，促使企业销售模式转型，能力弱的中小企业退出。七是《4+7 城市药品集中采购文件》全文发布，带量采购设计思路为：节省医保基金，在保障药品质量的同时大幅降低药价，促进仿制药替代原研，通过降药价和保用量，大幅降低药企销售成本，减少药代人数。这次集采的降价幅度超出了市场预期，引起了医药圈的巨大反响，将对医药行业特别是仿制药未来的行业格局造成深远的影响。

（二）技术进展

1. 基础研究取得新的突破

2018年，我国有许多优秀科研机构的科学家们做出了意义重大、影响深远的研究成果。如来自中国科学院分子植物科学卓越创新中心／植物生理生态研究所的覃重军研究团队，在国际上首次以人工方式创建了单条染色体的真核细胞，该成果是合成生物学研究中具有里程碑意义的重大突破性研究；来自中国科学院神经科学研究所的研究人员在世界上率先利用一种经过改进的SCNT技术克隆出了第一批非人灵长类动物——食蟹猴（Macaca Fascicularis），研究人员希望利用这种改进的技术培育出遗传上相同的灵长类动物群体，以便提供更好的癌症等人类疾病的动物模型，这种技术也可能与CRISPR/Cas9等基因编辑工具组合使用，以便培育出经过基因改造的帕金森病等人类疾病的灵长类动物大脑模型；来自清华大学孟安明院士研究组与陶庆华教授研究组首次报道了母源基因Huluwa在脊椎动物胚胎背部组织中心及体轴形成中的决定性作用，这项研究成果是胚胎发育生物学领域的一项重大研究进展；来自中国科学院植物研究所陈之端研究组与南京林业大学、美国佛罗里达大学和澳大利亚国家标本馆的科研人员通过联合研究，重建了中国被子植物的系统发育树和时间树，文章表示，研究人员结合物种分布的数据揭示了中国被子植物系统发育多样性形成的时空格局；来自中国科学技术大学的生命科学学院熊伟教授研究组与化学学院黄光明教授研究组合作，通过利用单细胞质谱、光遗传、分子生物学、电生理及动物行为学等技术方法，揭示了一条脑内谷氨酸合成新通路及其参与日光照射改善学习记忆的分子及神经环路机制；来自北京大学生命科学学院、北大-清华生命科学联合中心、PKU-IDG/麦戈文脑科学研究所李毓龙研究团队通过研究开发出了一种新型可基因编码的多巴胺荧光探针，帮助监测果蝇、斑马鱼和小鼠体内多巴胺的动态变化，该探针将成为研究多巴胺相关神经环路的重要工具；来自中科院动物所和生物物理所的研究人员首次结合非人灵长类动物模型、人类干细胞模型及基因编辑技术，揭示了灵长类动物发育和寿命调控关键通路；来自首都医科大学北京市神经外科研究所、首都医科大学附属北京天坛医院的江涛教授等科学家通过研究，描绘了188例继发胶质母细胞瘤的基因突变全景图，发现MET扩增、PTPRZ1-MET融合基因及MET第14外显子跳跃（METex14）这3种MET基因相关的分子事件均集中发生在继发胶质母细胞瘤中，提示其可能促进低级别胶质瘤向继发胶质母细胞瘤发展；中国科学院的研究团队成功将单细胞真核生物酿酒酵母天然的十六条染色体人工创建为具有完整功能的单条染色体，表明天然复杂的生命体系可以通过人工设计变为简单的体系。

2. 生物制品取得较大成功

一是全球消灭脊灰行动计划关键疫苗获国际认证，相关疫苗生产实现规模化生产、产能突破。二是君实生物和信达生物的 PD-1 单抗相继获批上市。三是乙肝治疗药物取得突破，新药物以人体天然免疫调节蛋白分子结构为基础，通过氨基酸序列系统改造，获得新型高效人体免疫功能调节蛋白分子。四是中国上海交通大学和北京整形外科医院的研究人员首次在患儿身上制造出了新的“耳朵”，5 名患儿中有 3 名患儿的人工耳朵能够维持正常形状。

二、生物农业

（一）发展概况

生物农业产业作为现代农业发展的新增长点，已然成为支撑社会经济整体绿色转型的重要后盾。现阶段的生物农业产业涉及生物农药、生物饲料、生物肥料、生物育种等行业。分行业来看，在生物农药行业方面，延续了近年来的良好发展势头。首先是种类增加较快，截至 2018 年年初，我国生物农药已登记产品超 3 500 个、已登记有效成分超 100 个，在相应的农药登记中分别约占 10%、16%，且仍保持年均 4%的增速。其次是推广范围扩大，目前我国采用生物农药进行防治的农地面积达 2 670 万公顷，占总农药防治市场的 5%。未来，蓬勃发展的有机农业将进一步刺激生物农药的需求，生物农药有望保持 10%～15%的市场年增长率，远高于化学农药 2%的市场增长预期。在生物饲料行业方面，在近年利好政策的推动下，行业得到较快发展。我国目前生物饲料企业已达 1000 多家，2018 年发酵饲料产量约 194.75 万吨、微生物饲料添加剂和酶制剂均达 11.26 万吨、微生物发酵产品达 148.07 万吨、发酵豆粕达 80 万吨、其他发酵饲料达 81 万吨。未来，微生物制剂和酶制剂市场趋于饱和，发酵饲料产品仍有快速增长潜力。但由于行业整体起步较晚，仍存在依赖国外技术、缺少自主知识产权、生产质量不高等问题。在生物肥料行业方面，截至 2018 年 10 月，我国有微生物肥料企业 2 050 家，登记产品 6 428 个，微生物肥料年产量达 3 000 万吨，产值为 400 亿元，较 5 年前同比增长 1 倍以上。目前我国微生物肥料生产企业数量已超 1 000 家，产量超过 1 000 万吨，与 10 年前相比分别增长近 1 倍；同时，微生物肥料的推广面积也扩大为 10 年前的 2 倍，总面积达 2 亿亩。2017 年上半年，相关市场规模已经达到 588.5 亿元。在生物育种行业方面，我国已基本实现从传统种业向现代种业的转型。目前，育种企业已经取代政府相关部门成为市场主体，同时，科研实力不断增强，骨干企业研发投入强度达 7.2%，自主选育品种占据绝对主导地位，自主选育品种种植面积占整体面积比例超 95%，其中蔬菜自主选育品种种植面积占比达到 87%以上。

（二）技术进展

由于政府对生物农业产业的高度重视，近年来我国生物农业技术发展较为迅速。在生物农药方面，生物农药的范畴不断扩大，涵盖多种动植物、微生物以及与之相关的具有农药功能的物质，如天然产物的仿生合成或修饰合成化合物、转基因抗有害生物作物、植物源物质、人工繁育的有害生物的拮抗生物等。在生物饲料方面，近年来，我国在生物饲料的原料利用方面取得了一定突破，具备了利用秸秆、木屑、食品和发酵工业废弃物等资源的能力，农副产品饲料化成为热点。在生物化肥方面，农业农村部微生物肥料和食用菌菌种质检中心在 2018 年 11 月召开的“第十三届全国土壤微生物学术讨论会”上公布了未来 5 年重点发展的新技术和新产品，新技术包含微生物肥料优良生产菌株筛选及发酵工艺技术、微生物农田土壤净化修复技术、微生物种子包衣技术、有机资源综合利用微生物转化新技术、作物秸秆快速腐解还田微生物及其配套技术、新型复合配套技术、共生固氮微生物应用新技术；新产品包含溶磷菌剂、微生物种子包衣制剂、土壤修复菌剂、固氮/根瘤菌剂、有机物料腐熟菌剂、生物有机肥、新型复合微生物肥料。在生物育种方面，我国水稻功能基因组学研发水平整体迈入世界先进行列，在水稻功能基因组和转基因水稻技术领域的专利申请量已经超过美国和日本。2018 年 4 月，深圳创世纪种业有限公司选育的寒地杂交粳稻新品种“创优 31”通过黑龙江品种审定，填补了杂交水稻寒地应用的历史空白；同年 6 月，深圳市作物分子设计育种研究院培育的籼稻广三系不育系圳 18A 通过广东省品种审定，有效解决了传统“三系法”和“两系法”的技术缺陷。生物农业产业构成如图 5-5 所示。

生物农业产业

- 生物农药
  - 生物化学农药
  - 微生物农药
- 生物饲料
  - 生物饲料加工制造
  - 饲料添加剂制造
- 生物肥料
  - 生物有机肥料
  - 微生物肥料
- 生物育种
  - 种子、种苗培育
  - 林木育种、育苗
  - 禽畜品种繁殖
  - 鱼种、育苗培育

图 5-5 生物农业产业构成

（数据来源：赛迪智库根据公开资料整理，2019 年 2 月）

三、生物环保

（一）发展概况

生物技术在环境保护方面具有速度快、消耗低、效率高、反应条件温和等多方面优点。随着生物技术研发的不断推进以及我国生态环境问题的日益严峻，我国政府对生物技术在环境保护中的应用越发重视。在国家发展改革委印发的《“十三五”生物产业发展规划》中，强调要实现环保技术应用方面的突破，明确提出到 2020 年实现生物环保产业产值超过 2 000 亿元；将创新生物技术治理水污染、发展污染土壤生物修复新技术、加速挥发性污染物生物转化、发展环境污染生物监测新技术作为重点发展方向，并提出具体工作任务。

在市场方面，截至 2018 年年初，我国环保上市公司已超过百家，总市值超过 1.1 万亿元，并且继续呈现出良好的发展势头。但就生物环保产业而言，其直接市场规模并不大，但行业发展前景乐观。自 2013 年以来，生物环保产业产值一直保持较快增速，年均增速维持在 15%左右。

（二）技术进展

现阶段，生物技术在环境保护领域的应用主要涉及污水生物净化、大气生物净化、土壤生物修复、白色污染生物消除等方面。在污水生物净化方面，固定化酶和固定化细胞技术处理污水是当前生物净化污水的主流方法，近年来我国在固定化细胞技术降解合成洗涤剂中的表面活性剂直链烷基苯磺酸钠方面进步较大，对于 100mg/L 废水的降解率和酶活性保存率均已达到 90%以上。在大气生物净化方面，近年来的技术趋势是利用驯化后的微生物进行新陈代谢，将多种有机物和某些无机物生物降解为水和二氧化碳，以达到去除工业废气中污染物质的目的。在土壤生物修复方面，微生物溶解、转化和固定土壤中的重金属是目前的主要修复途径。重金属溶解主要依靠微生物代谢产生的有机酸来进行。重金属转化主要指利用微生物代谢产生的氧化或还原作用改变变价金属的价态，现有研究发现注入芽孢杆菌属、棒杆菌属、假单胞菌属等具备将 6 价铬还原为溶解度较小的 3 价铬的作用，从而降低水体中重金属铬的毒性。重金属固定方面则主要依靠真菌等微生物的细胞壁对重金属产生的螯合作用，来降低土壤中可溶性重金属的含量。在白色污染生物消除方面，主要是针对废弃塑料制品和农业用地膜，采用生物工程技术分离筛选具备塑料降解优势的微生物，在培育高效降解菌的同时，将降解基因分离并导入已有的土壤微生物中。

四、生物能源

（一）发展概况

我国生物能源产业发展前景广阔，生物能源储量较为丰富，涉及农作物秸秆、薪柴、禽畜粪便、工业有机废弃物及城市固体有机垃圾等。据统计，我国生物质资源可转换为能源的潜力约为 4.6 亿吨标准煤，已利用量约 2 200 万吨标准煤，还有约 4.4 亿吨可作为能源利用。在政策支持方面，我国近年来出台了一系列政策支持生物能源产业的规划和商业化应用。如在生物质发电方面，2012 年出台了《可再生能源电价附加补助资金管理暂行办法》，针对包含生物质能发电在内的可再生能源给予一定的电价补贴：2016 年年底，国家能源局印发《生物质能发展“十三五”规划》，将 2020 年基本实现生物质能规模化、商业化利用作为重要目标；2018 年 8 月，国家能源局明确表示，将维持可再生能源补贴 20 年不变，稳固业界发展可再生能源的信心。

在国家系列政策的推动下，我国生物能源市场呈现蓬勃发展之势。2018 年前 3 个月，生物质能发电新增装机容量为 99 万千瓦，累计装机容量达到 1 575

万千瓦，同比增速为 24%；实现生物质能发电 178.6 亿千瓦时，同比增速达 19.1%。预计到 2020 年，我国生物质能发电将达到 3 000 万千瓦的总装机容量，生物乙醇燃料年利用量为1 000万吨，生物柴油年利用量为200万吨，生物沼气年利用量为440亿立方米，生物质成型燃料年利用量为5 000万吨。但同时应注意到，我国生物能源产业由于起步较晚，处于起步摸索阶段，技术明显落后于欧美发达国家，生物能源利用存在占比过低、利用率过低等问题，如目前我国供热仍以煤热为主，生物质能供热尚未普遍开展起来；生物质能发电的年发电量仅占全国全年发电量的 1.4%。

（二）技术进展

在政府对于生物能源开发利用的大力扶持下，企业及科研机构积极参与研究生物能源开发利用，推动生物质能发电、生物质液体燃料等重点领域相关技术取得突破。在生物质能发电方面，主要通过生物质直接燃烧发电、沼气发电和生物质气化发电等来实现。近年来伴随技术的进步，所能利用的能源除农作物秸秆、农产品加工剩余物等传统生物质能源之外，诸如甜高粱、木薯、芭蕉、甘薯等高产能源作物也日益受到关注，资源保障进一步得到巩固。同时，近年来高温超高压机组开始在生物质电厂使用，将能源转化效率提高到 30%以上。未来，伴随BIGCC和热化学技术在生物质电厂的进一步应用，生物质电厂转化效率有望达到 39%。燃料成本的盈亏平衡点将大大提升。在生物质液体燃料方面，蓝细菌光合生物合成乙醇取得积极进展，与生物炼制法相比，此技术可大大减少原材料预处理、底物提炼过程的损耗。此外，农林生物质定向转化制备液体燃料多联产技术在2017年被授予国家科学技术进步奖二等奖，项目极大地提升了原料转化率，降低了能耗。目前，基于该项目成果转化，国内已建成年处理8万吨木质纤维生物质制备乙酰丙酸乙酯、10万吨/年生物柴油、全球最大的5 000吨/年催化裂解制备富烃燃油和国内外首条6万立方米/年木质素酚醛泡沫等连续化生产线。

五、生物服务

（一）发展概况

生物服务产业特指利用生物技术为生物产业（尤其是生物制药产业）提供专项技术服务，目前主要涉及 CRO（医药研发合同外包服务机构）和 CMO（合同加工外包）两部分产业。随着近年来制药企业出于研发周期缩短、风险管控、成本压缩等方面考虑，逐步将资源挪向疾病机理研究、新药靶点发现及研发早期阶段等领域，越来越多的制造过程被外包给专业的公司，由此给CRO、CMO市场创造了巨大的发展空间。在CRO产业方面，我国的CRO产业是在二十世纪九十年代伴随着发达国家药企向低成本地区研发外包而兴起的，近年来进入爆发性增长期。2013—2017年，市场规模年均复合增长率达到24.4%，2017年国内CRO产业市场规模已达42亿美元，其中生物制剂约6亿美元、化学药物约36亿美元。预计国内CRO产业市场的高增长状态仍将保持一段时间，到2022年，CRO产业市场规模将继续保持27.7%的高年均复合增长率，远高于美国和其他发达国家增速水平。生物制剂和化学药物的市场规模分别有望达到35亿美元和110亿美元。在市场格局方面，CRO产业业务范围不断延伸，形成了明显的分层竞争格局，强者愈强态势明显，领头企业主要将目光集中于毛利率较高的创新药物研发服务，其余企业则主要依靠技术含量较低的仿制药业务服务，但现阶段行业内各细分领域订单相对充足，企业发展相对平稳。在CMO产业方面，欧美发达国家起步较早，目前相关产业架构已趋于成熟。相比之下，我国虽然起步较晚，但受益于相对低廉的生产成本，以及近年来逐步完善的各项机制等因素，CMO产业迎来快速发展期。2011—2017年，CMO市场规模由129亿元快速增长至314亿元，年均复合增长率达15.99%。预计未来一段时间内，大型药企仍会继续同专业CMO企业开展外部订单服务合作，因此CMO企业仍有较大市场增长空间。我国CMO市场规模到2020年有望达到528亿元。全球、美国、中国CRO产业市场规模变化如图5-6所示。

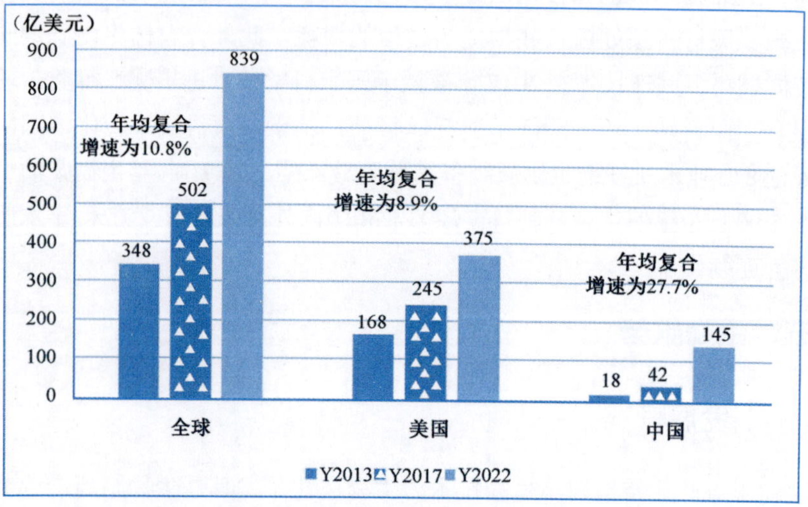

图5-6 全球、美国、中国CRO产业市场规模变化

（数据来源：赛迪智库根据公开资料整理，2019年2月）

（二）技术进展

伴随着市场规模的快速扩张，CRO 和 CMO 产业技术进入了较快发展期。在CRO产业方面，近年来最为突出的技术进展表现在适应性实验和电子临床试验（eClinical）技术两方面。适应性实验指在试验的整体性、有效性不受破坏前提下，依据前期结果对后续实验进行调整，及时发现试验过程中的问题，并及时更正原有方案，以达到研究成本缩减、研发周期缩短、临床试验灵活性提高的目的。eClinical 技术作为一种集多种技术于一体的电子系统，主要被用于自动管理或实施临床试验，能够有效简化临床试验过程中的信息处理流程，提高效率。在 CMO 产业方面，一个明显的技术趋势是部分企业开始由过去单一产能输出为主的 CMO 向技术输出为主的 CDMO 转型。具体表现为，传统 CMO 企业仅为制药企业提供代工生产服务，伴随着制药企业对药品生产要求的不断提升，新型CDMO企业则能够在提供生产服务的同时，利用自身技术优化研发生产过程，以此为制药企业提供更高效的生产定制服务，而非简单重复制药企业的生产工艺。未来，这种精准定制、差异化服务方案将进一步得到发展。

第三节 中国生物产业年度热点事件

一、仿制药政策相继出台，加速仿制药提质升级

我国是仿制药大国，但仿制药质量仍有待提高，目前尚难以与原研药进行同水平竞争，由此造成国内部分品种原研药价格明显高于周边国家地区的情况长期得不到改善。2018 年，我国相关部门相继发布《关于改革完善仿制药供应保障及使用政策的意见》《国家药品监督管理局关于仿制药质量和疗效一致性评价有关事项的公告（2018 年第 102 号）》《关于仿制药质量和疗效一致性评价工作有关事项的公告》等相关文件，提出要促进仿制药研发，提升仿制药质量疗效，提高药品供应保障能力，更好地满足临床用药及公共卫生安全需求，加快我国由制药大国向制药强国跨越。一系列文件对加快推进仿制药质量和疗效一致性评价工作，促进与原研药质量和疗效一致的仿制药和原研药平等竞争等方面提出了相关针对性的措施。根据相关政策文件规定，一旦一个药品有一家企业通过一致性评价后，其他企业需要在 3 年内完成此药品的研制，如果逾期未完成的则不再予以注册。根据国家的政策导向，也就意味着一些批文将会成为无用批文或被注销。而我国当前有大量仿制药品种的批文高度重复，这些将是批文消失的重灾区。2018 年年初，原 CFDA 发布的我国过度重复的药品提示信息显示，我国同一个品种批文数超过 20 个的品种有近 300 个。其中，批文数、企

业数、近三年在销批文数和在销批文企业数均在 120 个以上的品种就有 10 个。

二、“疫苗之王”刷屏暴露我国疫苗监管漏洞

2018 年 7 月 21 日，一篇《疫苗之王》在社交网络上刷屏，把长生生物推到风口浪尖。文章牵扯出包括长生生物在内的国内疫苗生产商的发展劣迹，引发了整个疫苗市场的震动。此后，国家药品监督管理局和吉林省食品药品监督管理局依法从严，对长生生物违法违规行为罚款 91 亿元，吊销《药品生产许可证》；11 月，沪深交易所发布《上市公司重大违法强制退市实施办法》，同时修订股票上市规则和“退市公司重新上市实施办法”，深交所对长生生物启动重大违法退市机制。“长生生物疫苗事件”让国内疫苗监管制度的漏洞暴露无遗。在法律层面，2018 年 10 月 22 日，全国人大常委会初次审议《中华人民共和国药品管理法（修正草案）》，新增包括“实行疫苗责任强制保险制度”“疫苗等特殊药品不得委托生产”等在内的 6 条“疫苗条款”。国家市场监督管理总局将《中华人民共和国疫苗管理法（征求意见稿）》挂网征求意见，我国首部《疫苗管理法》有望出台。

三、医药市场资本化推动国产 PD-1 抗体药物获批上市

2018 年 12 月 17 日，首个国产 PD-1 抗体药物——特瑞普利单抗注射液获批上市，该款药物由君实生物旗下子公司苏州众合生物医药股份有限公司研制开发，主要用于治疗黑色素瘤。10 天后，由信达生物和礼来制药联合开发的 PD-1 抑制剂也获批上市，成为第二款国产 PD-1 抗癌药，适应症是至少经过二线系统化疗的复发或难治性经典型霍奇金淋巴瘤的治疗。在此之前，国内的 PD-1 单抗市场完全被国外公司垄断。PD-1 抗体属于一类免疫疗法药物，通过作用于人体的免疫系统，激活人体免疫力来对抗癌细胞。此次国产 PD-1 抗体药物的上市，无疑将重塑国内癌症药物市场格局，推动抗癌药降价。需要指出的是，两款国产 PD-1 抗体药物的开发公司——君实生物和由信达生物均借助港交所“新政”实现 IPO。这在一定程度上体现了“新政”对于生物医药公司发展的促进作用，资本的力量将为生物医药产业释放更多的活力。

四、28 项进口药品“零关税”政策落地

2018 年上半年，随着一部名为《我不是药神》的电影上映，对于抗癌药物的讨论一度占领新闻媒体的头条。在公众的关注中，国务院总理李克强作出批示：“国务院常务会确定的相关措施要抓紧落实，能加快的要尽可能加快。”

目前我国抗肿瘤药物的销售规模保持年均约 20%的增速，2017 年国内市场规模约为 1 410 亿元。其中，近半数市场被进口药瓜分。受到关税过高、代理层级多、垄断供应等因素的影响，药价过高的问题尤其突出。国务院关税税则委员会印发公告，自 2018 年 5 月 1 日起，对部分药品进口关税进行调整。据悉，该次调整以暂定税率方式，将包括抗癌药在内的所有普通药品、具有抗癌作用的生物碱类药品及有实际进口的中成药进口关税降为零，一共涉及 28 项进口药物。2018 年 12 月 24 日，财政部发布消息称，经国务院关税税则委员会审议通过并报国务院批准：自 2019 年 1 月 1 日起，我国调整部分商品的进出口关税，其中就包括对部分药品原料实施零关税。未来，对于抗癌药物，国内患者将有更多的选择。

五、CRISPR 基因编辑婴儿引发道德伦理危机

2018 年 11 月，第二届国际人类基因组编辑峰会召开前一日，科学家贺建奎公开宣布，一对经过基因编辑的双胞胎婴儿于当月诞生。这对名为露露和娜娜的基因编辑婴儿是世界首例免疫艾滋病的基因编辑婴儿，其基因在经过修改后能够天然抵抗艾滋病，这标志着中国在基因编辑疾病防控领域的历史性突破。贺建奎使用 CRISPR/Cas9 基因编辑技术对中国 7 对夫妇的胚胎 DNA 进行了改变的这一消息在世界各地的科学家和伦理学家团体中引起轩然大波。目前，CRISPR 实验仍然是十分危险的不道德行为，因为它可能会引发严重的基因损伤。一些研究人员已经提出暂停 CRISPR 实验，直到出台更多明确的指导原则，而其他一些研究人员则要求探寻更安全、更道德的方法来推动 CRISPR 技术发展。包括美国和中国在内的许多国家，都明令禁止出于生殖目的对人类胚胎进行基因编辑。有关部门立即展开调查，已完成初步调查。调查组称贺建奎有关“基因编辑婴儿”的研究是追逐个人名利的违法行为，将依法对贺建奎进行严肃处理。

六、我国转基因水稻获得美国上市通行证

2018年1月20日，我国华中农业大学培育的转基因水稻品种“华恢一号”通过了美国食品药品监督管理局（FDA）的自愿咨询程序，获得了在美国上市的通行证，这证明了我国在转基因作物领域的科技实力，也从侧面反映了美国在转基因食品领域的监管及标识制度。经过 30 年的发展，如今美国 93%的玉米、94%的大豆、96%的棉花都是转基因品种，美国人民的餐桌上已经离不开转基因食品了。

第四节 中国生物产业重点企业分析

近年来，在国家相关政策的大力扶持下，生物医药、生物农业、生物环保、生物质能、生物服务等领域蓬勃发展，涌现出一批研发能力较强、规模效益较好的企业。相关企业已经成为推动我国产业结构调整、经济转型升级的重要力量。

一、生物医药重点企业

（一）《财富》“中国 500 强”医药企业

2018 年，生物医药产业保持较快增长势头。截至 10 月，全国共有医药制造企业 7 556 家，同比增长 1.2%；企业共实现主营业务收入 20180.6 亿元、利润为 2 553.9 亿元，同比分别增长 13.6%、10.4%。共有 18 家医药企业入选 2018 年《财富》“中国 500 强”榜单（见表 5-2），较 2017 年榜单入围数量减少 1 家，入围企业前三名分别为国药控股、华润医药集团和上海医药集团，同上一年相比未发生变化。其中，国药控股是唯一一家进入“中国 500 强”前 50 名的医药企业。整体而言，医药企业在“中国 500 强”中的排名呈现下滑态势，18 家上榜企业中有 12 家的排名较上一年出现下滑，2017 年上榜的哈药集团和同仁堂药业在 2018 年并未进入“中国 500 强”行列，重药控股和嘉事堂药业则是首次入围“中国 500 强”。

表 5-2 2018 年《财富》“中国 500 强”医药企业榜单

2018 年排名	2017 年排名	公　司	2018 年上半年营业收入（亿元）	2017 年营业收入（亿元）
25	22	国药控股股份有限公司	1474.86	2777.17
57	53	华润医药集团有限公司	796.79	1494.82
64	56	上海医药集团股份有限公司	758.79	1308.47
105	101	九州通医药集团股份有限公司	424.49	739.43
248	247	中国医药健康产业股份有限公司	145.29	301.02
263	252	华东医药股份有限公司	153	278.32
267	236	南京医药股份有限公司	147.67	274.73
277	280	康美药业股份有限公司	169.59	264.77
297	439	深圳市海王生物工程股份有限公司	175.51	249.40
304	267	云南白药集团股份有限公司	129.74	243.15

续表

2018 年排名	2017 年排名	公　司	2018 年上半年营业收入（亿元）	2017 年营业收入（亿元）
316	381	瑞康医药股份有限公司	155.07	232.94
320	—	重药控股股份有限公司	121.00	230.45
348	302	广州白云山医药集团股份有限公司	148.40	209.54
443	423	天士力医药集团股份有限公司	84.76	160.94
457	472	人福医药集团股份公司	88.38	154.46
474	442	中国生物制药有限公司	97.25	148.19
485	—	嘉事堂药业股份有限公司	85.2	142.39
500	473	山东步长制药股份有限公司	57.48	138.64

数据来源：赛迪智库根据公开资料整理，2019 年 2 月。

（二）2018 年生物医药产业上市企业创造力 10 强

2018 年 12 月，首届中国（石家庄）国际生物医药科技发展论坛公布了“2018 年度生物医药产业上市企业创造力 10 强”榜单，相关研究团队基于企业产品情况、团队背景、收益情况、研发实力等多项指标，从 961 家生物医药上市企业中筛选出了 10 家最具创新力的生物医药产业企业（见表 5-3）。这 10 家上市企业分布于京津冀地区（5 家）、长三角地区（4 家）和珠三角地区（1 家），由此可见，上述 3 个地区在生物医药研发方面走在全国前列。其中，河北省最为突出，10 家企业中独占 3 家。近年来，河北省生物医药产业发展迅猛，石家庄高新区生物医药产业基地已经成为全国最大的现代化综合生物医药产业基地之一，在 2017 年新注册生物医药企业 443 家，新引进总投资 312 亿元。

表 5-3　2018 年度生物医药产业上市企业创造力 10 强榜单（排名不分先后）

公司名称	所处地区	2018 年上半年营业收入（亿元）	主要产品范围
江苏恒瑞医药	江苏	77.6	抗肿瘤药、心血管药、手术用药、内分泌治疗药
石药集团	河北	91.72	心脑血管、抗生素、维生素、解热镇痛、消化系统用药、抗肿瘤用药等七大系列，以β-内酰胺类抗生素和维生素 C 为主导产品

续表

公司名称	所处地区	2018 年上半年营业收入（亿元）	主要产品范围
浙江海正药业	浙江	53.3	抗肿瘤药、抗感染药、心血管类药、抗炎止痛药、抗病毒药
江苏康缘药业	江苏	18.4	桂枝茯苓胶囊、天舒胶囊、抗骨增生胶囊、小柴胡冲剂、金振口服液
深圳信立泰药业	广东	22.67	开发心血管、抗感染、抗过敏及抗肿瘤等治疗领域国家一、二类新药
华北制药	河北	47.2	青霉素、链霉素、土霉素、林可霉素、半合成青霉素、头孢菌素等抗生素原料药，保健品原料、制剂以及 VB12、药用玻璃制品、有机溶剂等
贝达药业	浙江	5.81	抗肿瘤新药 CM082、抗眼底黄斑病变新药 CM082
北京双鹭药业	北京	9.81	片剂、重组产品、小容量注射剂、冻干粉针剂、胶囊剂、颗粒剂、原料药（鲑降钙素、司他夫定、奥曲肽、三磷酸胞苷二钠、萘哌地尔）
华润双鹤药业	北京	40.9	输液药品、心脑血管药品、内分泌药品、儿科药品
石家庄以岭药业	河北	27.0	通心络胶囊、参松养心胶囊、芪苈强心胶囊、连花清瘟胶囊

数据来源：赛迪智库根据公开资料整理，2019 年 2 月。

二、生物农业重点企业

与西方发达国家相比，我国生物农业产业起步较晚。2016 年 10 月，国家印发《全国农业现代化规划（2016—2020 年）》，就推动农业现代化进行部署，生物农业企业迎来发展机遇。目前我国已经形成一批研发能力强、产品技术含量高的生物农业上市重点企业，相关情况如表 5-4 所示。

表 5-4　生物农业产业上市重点企业情况

公司名称	所处地区	所属细分领域	2018 年上半年营业收入（亿元）	主要产品范围
辉丰股份	江苏	生物农药	16.47	农药杀虫剂、杀菌剂、蔬菜保鲜剂、除草剂
诺普信	广东	生物农药	23.42	生物性仿生性水基化环保农药制剂、天然植物源农用松脂基植物油溶剂、控释型微胶囊农药制剂、植保无人机低空喷洒专用农药与助剂

续表

公司名称	所处地区	所属细分领域	2018年上半年营业收入（亿元）	主要产品范围
长青农化	江苏	生物农药	14.51	三氟羧草醚、辛酰溴苯腈、烯草酮、吡虫啉水分散粒剂
广信农化	安徽	生物农药	15.41	生物化学农药及微生物农药，兽用药品（阿苯达唑）
利民化工	江苏	生物农药	7.12	代森锰锌、霜脲氰、百菌清等系列杀菌剂
扬农化工	江苏	生物农药	30.95	20%三氯杀螨醇水乳剂、50%多菌灵可湿性粉剂、甲基硫菌灵原药、多菌灵原药、苯醚甲环唑原药、丙环唑原药、60%吡虫啉悬浮种衣剂、50%甲基硫菌灵可湿性粉剂、30%苯甲.丙环唑、35%吡虫啉悬浮剂
蓝丰生化	江苏	生物农药	9.18	生产杀虫剂、杀菌剂、除草剂及光气中间体四大系列产品
利尔化学	四川	生物农药	18.2	农药原药、制剂、化工材料及化工产品
钱江生化	浙江	生物农药	2.29	农用杀菌剂井冈霉素系列、农用杀虫剂阿维菌素系列、植物生长调节剂赤霉素系列及兽药黄霉素、硫酸粘菌素、盐霉素等
先达股份	山东	生物农药	8.36	农药原药合成、制剂复配，丁酰胺、吡啶类化工中间体
瑞普生物	天津	生物农药		兽药、添加剂预混合饲料
海利尔	山东	生物农药	5.83	吡虫啉、啶虫咪、虫酰肼、甲氨基阿维菌等高科技原药产品及水乳剂、微乳剂、水悬浮剂、水分散粒剂等水基化农药制剂
沙隆达A	湖北	生物农药	130	除草剂、杀虫剂、农化中间产品
苏利股份	江苏	生物农药	8.12	百菌清、嘧菌酯等农药原药、农药制剂、十溴二苯乙烷及溴氢酸等
瀚叶股份	浙江	生物农药	4.98	马杜霉素、阿维菌素、盐霉素兽药、农药原料药及制品
量子高科	广东	生物农药	2.6	益生元、微生态医疗、生物医药
国光股份	四川	生物农药	4.85	植物生长调节剂原药、制剂，杀菌、杀虫剂
华信国际	安徽	生物农药	10.29	杀虫单、精恶唑禾草灵、双甘膦、草甘膦
民和股份	山东	生物化肥	6.70	有机肥、生物有机肥、饲料添加剂预混料

续表

公司名称	所处地区	所属细分领域	2018年上半年营业收入（亿元）	主要产品范围
龙力生物	山东	生物化肥	5.12	饲料、饲料添加剂、木质素、动物保健品、保健食品
史丹利	山东	生物化肥	29.3	复混肥料、复合肥料、掺混肥料、有机肥料、微生物肥料、缓控释肥料、水溶肥料、水溶性肥料、有机-无机复混肥料、生物菌肥、微生物菌剂、复合微生物菌剂、土壤调理剂等
芭田股份	广东	生物化肥	10.4	复合肥、化肥、控释肥、水溶肥、微生物肥等
ST康达尔	广东	生物饲料	10.64	饲料生产、肉猪及肉鸡养殖、现代农业、房地产
大江股份	上海	生物饲料	—	饲料生产、良种繁育、畜禽饲养、食品加工
通威股份	上海	生物饲料	124.61	动物营养、动物饲料、动物良种培育、鱼类基因工程等
正邦科技	江苏	生物饲料	122	畜禽饲料、预混合饲料、饲料添加剂
天康生物	新疆	生物饲料	22.86	添加剂预混合饲料、饲料添加剂、兽药、荷斯坦牛
天邦股份	上海	生物饲料	18.64	虾蟹料、龟鳖蛙料、名特优鱼料、海水鱼料、冷水鱼料、家畜家禽生物医药
新希望	四川	生物饲料	316.42	畜禽、水产饲料产品
正虹科技	湖南	生物饲料	5.64	各类饲料的研产销、农业产业化开发、生物工程科技项目投资
荣华实业	甘肃	生物饲料	0.40	谷氨酸、生物发酵肥、淀粉及其副产品、饲料
海大集团	广东	生物饲料	176.81	水产饲料、畜禽饲料、水产饲料预混料
丰原生化	安徽	生物饲料	—	原料饲料、蛋白粉及高蛋白饲料提物和酶制剂产品，有机酸及其盐类、淀粉糖、味精、氨基酸
大北农	北京	生物饲料	90.73	各种规格的预混合饲料、浓缩饲料和配合饲料，水稻种子、玉米种子和棉花种子
隆平高科	湖南	生物育种	13.49	水稻、玉米、蔬菜种子及种苗，新型农药、化肥，农副产品优质深加工

续表

公司名称	所处地区	所属细分领域	2018年上半年营业收入（亿元）	主要产品范围
神农基因	海南	生物育种	1.14	杂交水稻、玉米、蔬菜瓜果棉花等种子
丰乐种业	安徽	生物育种	8.02	农作物种子、农药、专用肥、植物生长素、食用香料香精、薄荷脑及薄荷油
登海种业	山东	生物育种	2.96	农作物新品种、农业高新技术研发及成果转让
荃银高科	安徽	生物育种	2.02	农作物种子、苗木、花卉种子，农作物种植及栽培
敦煌种业	甘肃	生物育种	2.06	粮食、瓜类、蔬菜、花卉、油料、牧草、棉花等种子

数据来源：赛迪智库根据公开资料整理，2019年2月。

三、生物环保重点企业

《“十三五”生物产业发展规划》明确将促进生物环保技术应用取得突破作为重点发展领域之一，极大地推动了污水处理、固废处置、大气处理、生态修复等行业企业对于生物技术研发和应用的积极性。截至2018年年初，全国共有62家环保行业企业在A股上市，其中有9家企业位于北京，数量最多，其次为江苏和浙江，分别有8家和7家。生物环保产业上市重点企业情况如表5-5所示。

表5-5 生物环保产业上市重点企业情况

公司名称	所处地区	所属细分领域	2018年上半年营业收入（亿元）	主要产品范围
碧水源	北京	水处理	38.54	膜生物反应器、膜材料制造技术、膜组器设备制造技术
启迪桑德	湖北	固废处置	54.16	城市垃圾及工业固体废弃物处置及危险废弃物处置及回收利用、城乡环境综合治理
首创股份	北京	水处理	45.79	城市供水和污水处理
龙净环保	福建	大气处理	32.42	除尘、脱硫、脱硝、物料输送
蒙草生态	内蒙古	生态修复	18.8	生态环境的修复、治理、保护，乡土植物的研发、生产，羊草、冰草、苜蓿等牧草及生态种子生产
重庆水务	重庆	水处理	22.87	城市供水和污水处理的投资、建设和运营管理

续表

公司名称	所处地区	所属细分领域	2018 年上半年营业收入（亿元）	主要产品范围
瀚蓝环境	广东	水处理	22.89	自来水生产供应、污水处理、固废处理
清新环境	北京	大气处理	22.98	工业烟气脱硫、脱硝、除尘
菲达环保	浙江	大气处理	18.73	除尘器、气力输送设备、烟气脱硫设备、烟气脱硝设备、污水处理设备、土壤修复设备
兴蓉环境	四川	水处理	19.23	自来水、污水处理，再生水利用，污泥处理，环保项目的投资、设计、建设、运营

数据来源：赛迪智库根据公开资料整理，2019 年 2 月。

四、生物质能重点企业

我国生物质能源储量丰富，现阶段主要利用的生物质能源以农业、工业和人畜废弃物为主，未来仍有巨大潜力。在《可再生能源中长期规划》《生物质能发展“十三五”规划》等政策文件的鼓励下，近年来我国生物质能产业蓬勃发展，涌现出一批具备较强研发实力的上市企业，其主要情况如表 5-6 所示。

表 5-6　生物质能产业上市重点企业情况（生物质能概念股）

公司名称	所处地区	所属细分领域	2018 年上半年营业收入（亿元）	主要产品范围
凯迪电力	湖北	生物质发电	13.42	城镇生活垃圾处理及发电工程、火力发电厂凝结水精处理、燃煤电厂烟气脱硫工程、洁净煤燃烧发电
韶能股份	广东	生物质发电	16.63	生物质能发电、生态植物纤维制品
北大荒	黑龙江	生物质燃料	17.62	甲醇汽油、农产品加工、食品、农机、化肥等
广东甘化	广东	生物质燃料	1.58	食糖、纸浆、纸、酵母、酒精、建筑材料、金属材料，利用甘蔗、玉米等可再生性糖料生产燃油精
华资实业	内蒙古	生物质燃料	0.02	糖、糖蜜，利用可再生性糖料生产燃油精
海南椰岛	海南	生物质燃料	2.92	粮食、药酒、含酒精饮料、啤酒、植物油、木薯燃料乙醇
华光股份	江苏	生物质设备	35.95	垃圾焚烧锅炉、余热锅炉、生物质燃料锅炉
万向德农	黑龙江	生物质燃料	1.22	农林牧产品、化肥、农机、玉米燃料乙醇
华冠科技	黑龙江	生物质燃料	0.10	玉米种子培育、玉米深加工、玉米燃料乙醇

续表

公司名称	所处地区	所属细分领域	2018年上半年营业收入（亿元）	主要产品范围
丰原生化	安徽	生物质燃料	—	乙醇汽油、燃料乙醇、生物乙烯及其衍生物、L-乳酸及其衍生物、聚合物
北海国发	广西	生物质燃料	1.03	藻类、贝类、甲壳类等海洋生物系列产品，医药工程，乙醇生产（燃料乙醇）

数据来源：赛迪智库根据公开资料整理，2019年2月。

五、生物服务重点企业

尽管我国生物服务产业起步较晚，但随着生物医药技术逐步迈入大规模产业化阶段，新药申报和临床实验如火如荼，进而带动了一批CRO和CMO企业崛起，行业实力不断增强，市场规模快速扩张。随着生物医药行业大型企业进一步将注意力转移到研发领域，CRO和CMO行业市场未来仍有巨大增长空间。生物服务产业上市重点企业情况如表5-7所示。

表5-7　生物服务产业上市重点企业情况

公司名称	所处地区	所属细分领域	2018年上半年营业收入（亿元）	主要产品范围
药明康德	上海	CRO	44.09	药物研发服务、小分子药工艺研发及生产、医疗器械服务、化学服务、测试事业、毒理学服务、生物分析服务、临床服务
康龙化成	北京	CRO	—	化学实验服务、体外药物代谢及体外毒理、药物代谢动力分析、临床前研发服务、体内药理
泰格医药	浙江	CRO	10.32	药动药代研究、生物分析、药学研究、临床研究、仿制药一致性评价、临床服务（I期到IV期）
凯莱英	天津	CMO	7.58	连续性反应、生物技术、多肽药物开发、高活药物生产、API生产、制剂开发
博腾股份	重庆	CMO	5.10	药物开发、早期化学工艺研究、中间体及API定制开发与生产等端到端服务、CDMO服务
金斯瑞生物科技	江苏	CRO	7.50	分子生物学服务、多肽服务、蛋白服务、抗体服务、CRISPR/Cass9基因编辑
睿智化学	上海	CRO	4.77	抗体早期研发、化药早期研发、药理药效、药代药动及早期毒理、生物药工艺开发与生产、化药工艺开发与生产、临床样品生产等新药研发

续表

公司名称	所处地区	所属细分领域	2018 年上半年营业收入（亿元）	主要产品范围
新高峰（亚太药业）	上海	CRO	6.62	生物科技、医药科技领域内的技术开发、技术转让、技术咨询、技术服务
昭衍新药	北京	CRO	1.35	药物筛选、药物临床前安全性评价、药理学和药效学研究、药物代谢、临床实验样本分析、食品动物科学和兽药的评价、临床实验、药物警戒
药石科技	江苏	CRO	2.11	药物分子砌块、定制合成、工艺研发、中试及商业化生产

数据来源：赛迪智库根据公开资料整理，2019 年 2 月。

第六章

高端装备制造产业

第一节 国内外高端装备制造产业发展动态

一、整体概况

（一）欧美发达国家仍然掌控着高端装备的发展方向

欧美发达国家凭借深厚的工业基础和技术积累，不断在高端装备功能、制造材料、制造工艺等方面取得突破，掌握了大量的高端装备制造关键环节的核心技术，掌控着高端装备的关键制造环节，引领高端装备的发展方向。在海工装备领域，欧美发达国家拥有一批高端研发和设计企业，研发、设计及关键配套设备制造实力较强，拥有全球第一梯队技术。在高速飞行器领域，当前大多数国家还在攻关通用飞行器制造，欧美国家已经开始部署变翼和高速飞行器产业。如美国波音公司公布了高超声速客机概念方案，飞机巡航速度为 5 马赫数；DARPA 着手开展高速飞行器的前期研发项目，为了应对高超声速飞行器前缘部位热的问题，启动了高超声速飞行器材料系统和表征（MACH）项目，以及马赫数 5 级涡轮基冲压组合发动机地面验证项目。在卫星应用领域，美俄开始加强对卫星的机动控制，演示了卫星机动控制和碎片移除技术，力求取得太空控制技术先机。

（二）产能向新兴工业化国家转移趋势更加明显

得益于在第三次产业转移中取得的先机，日本、韩国、新加坡等国家紧随欧美发达国家之后，高端装备制造的实力大幅提升，具备了较强的设计研发能力和总包制造能力，大量承接高端装备的制造环节，带动了高端装备的产能向这些新兴国家转移。如海运装备，中国、日本和韩国在2018年累计接单903艘，共7 384万载重吨，占全球造船市场的96%。再如轨道交通装备领域，全球的主要企业有中国的中车、加拿大的庞巴迪、法国的阿尔斯通、德国的西门子以及日本的日立和川崎重工等，中国中车和日本企业的营业收入远超其他几个竞争对手。在飞机制造领域，日韩等国不断承接美欧飞机零部件制造的同时，中国开始研制生产自己的大飞机。2018年，中国C919商用大飞机试飞成功，将很快进入小批量试制阶段，C929研制正式立项，全球范围内的大飞机制造逐渐形成多角共举之势。

（三）高端装备智能化、尖端化、复合化发展趋势明显

在智能化方面，一方面大量的智能制造技术应用在高端装备制造过程中，如数字孪生技术已经应用于高端装备的设计、测试、仿真、生产线等环节，大量机器人部署在生产制造业的各个环节中，提高了装备制造的智能化水平；另一方面，高端装备应用了大量的传感器和智能控制技术，产品越来越智能化，如无人机、无人船、无人列车开始小范围应用。在尖端化方面，装备的性能极限得到新的提升。如我国开发的深海载人潜水器"蛟龙号"下潜深度达到7 062m，俄罗斯已经研制成功10倍音速高速飞行器，集成电路制造用的光刻设备精度已经达到5nm级。装备复合化更多体现在复合材料应用方面，如欧洲导弹系统公司（MBDA）研发出耐温高达3 000℃的高超声速飞行器用纤维增强型高温陶瓷复合材料，我国成功研制全碳纤维复合材料车体。

（四）我国高端装备产业发展取得多点突破

在航空装备方面，可用于灭火和水上救援的大型水陆两栖飞机AG600于2018年10月20日成功实施首次水上试飞，标志着我国自主研发的大型水陆两栖飞机取得新突破；C919飞机继102架试飞成功后，103架首飞成功，新型歼10已经装备推力矢量尾喷管太行发动机；宽体客机使用的起落架主起外筒锻件试制成功，为我国民机研制提供了有力保障。在船舶制造领域，长23.519m、重488吨的国内最大的W12X92型船用发动机曲轴试制成功，标志着又一项船用关键零部件被攻克，船用发动机自主化水平提升。在专用装备领域，可应用于航空航天、轨道交通、汽车等领域精密构件的塑性成形高端超高温成形装备实现重大突破，完成所有工况应用考核和可靠性试验验证，进入正式应用阶段，为我国航空发动机热端部件、卫星空间站关键构件、列车高阻燃性金属内饰、

高端轿车覆盖件等高端产品研制顺利开展提供了保障。

二、存在问题

（一）高端装备高附加值环节仍然薄弱

我国高端装备制造产业取得了大幅进步，在产能与产值上均位居全球前列。但核心部件及控制系统、决定高端装备性能的关键部件和系统都还依赖进口。如飞机、战斗机的发动机、民用航空的发动机、大型发电厂用的燃气轮机，很大程度上依赖进口；核电站的控制系统、高端数控机床控制系统核心技术仍未得到突破。更具体地讲，当前，我国发展集成电路的光刻机，虽然已经能生产低端的机型，但精度达 10nm、5nm 的光刻设备依然需要订购荷兰 ASML 公司的，而且别无选择。

（二）高端装备生产制造技术亟待提高

高端装备制造创新存在投资大、周期长、成效慢的问题，大量高端装备制造企业对高端装备技术提升要么不敢投，要么不愿投，即使生产出样品来，或质量不稳定，或产品成本价格很高，经济性不足，不能打开市场，影响了量产。而装备使用企业出于竞争需要，往往倾向于使用发达国家的成熟装备。另外，还存在部门间协调掣肘问题。如国内时速 200km 以上动车轴承市场目前被瑞典 SKF、德国 FAG 等占据，虽然国内厂商已具备高速列车轴承的生产能力，但由于部门分隔和制度缺陷，在认证和试车问题上陷入“试车先认证、认证先试车”互为前提的死循环，导致该项成果不能批量使用。高端装备上下游技术研发及工程化协作不畅，导致我国在高端装备材料、设计、工艺等方面提升缓慢。

（三）高端装备支撑体系发展不充分

发展高端装备制造产业离不开传统装备制造的支撑，我国传统装备制造发展不平衡、不充分同样制约了高端装备制造产业的发展。一方面是高端装备制造产业虽然取得了长足进步，但其对通用设备、专用设备、仪器仪表等上中游行业发展的带动作用不强；另一方面，通用设备、专用设备、仪器仪表等行业的持续创新能力和持续盈利能力均不强，质量发展速度相对较慢，反过来制约了高端装备制造产业水平的提升。

三、政策动态

推动高端装备发展的政策正在从国家层面向地方延伸。根据产业发展新动向，国家层面的政策从宏观层面给予指导。2015年以来，国务院、国家发展改革委、工业和信息化部等部门针对高端装备细分行业出台了一系列的文件，推动产业快速、有序发展。进入2018年，国家层面出台政策的节奏明显放缓，但力度加码。如工业和信息化部和国防科工局联合印发《推进船舶总装建造智能化转型行动计划（2019—2021年）》，推动船舶制造业向智能船舶业转变，设立专项资金支持建设高端装备与智能制造、高档数控机床、轨道交通装备产业集群等。在国家宏观政策出台后，多个地方相继出台了推动高端装备制造业发展的规划或指导性文件。如上海编制了《上海促进高端装备制造业发展“十三五”规划》；浙江印发了《2017年浙江省高端装备制造业发展推进计划》；山东印发了《山东省高端装备制造业发展规划（2018—2025年）》，重点培育高端装备与智能制造、高档数控机床和机器人、轨道交通装备、电力装备等产业集群；福建将实施千亿产值产业集群培育计划，在机械装备领域重点实施智能制造和高端装备创新工程。如表6-1所示是我国于2015—2017年针对高端装备制造产业发布的部分政策。

表6-1　我国针对高端装备制造产业发布的部分政策（2015—2017年）

序号	名　称	领　域	发布部门	发布时间
1	《关于推进国际产能和装备制造合作的指导意见》	装备制造	国务院	2015.06
2	《国家民用空间基础设施中长期发展规划（2015—2025年）》	卫星	国家发展改革委、财政部、国防科工局	2015.10
3	《机器人产业发展规划（2016—2020年）》	机器人	工业和信息化部、国家发展改革委、财政部	2016.03
4	《高端装备创新工程实施指南（2016—2020年）》	高端装备	工业和信息化部、国家发展改革委、科技部、财政部	2016.04
5	《中国北斗卫星导航系统》白皮书	卫星	国务院新闻办公室	2016.06
6	《促进装备制造业质量品牌提升专项行动指南》	装备制造	工业和信息化部、国家质检总局、国防科工局	2016.08
7	《装备制造业标准化和质量提升规划》	装备制造	国家质检总局、国家标准委、工业和信息化部	2016.08
8	《关于加快推进“一带一路”空间信息走廊建设与应用的指导意见》	卫星	国防科工局、国家发展改革委	2016.10

续表

序号	名　称	领　域	发布部门	发布时间
9	《智能制造发展规划（2016—2020年）》	智能装备	工业和信息化部、财政部	2016.12
10	《关于促进机器人产业健康发展的通知》	机器人	工业和信息化部、国家发展改革委、国家认监委	2016.12
11	《工业机器人行业规范条件》	机器人	工业和信息化部	2016.12
12	《关于推进机器人检测认证体系建设的意见》	机器人	国家质检总局、国家发展改革委、工业和信息化部、国家认监委、国家标准委	2017.01
13	《高端智能再制造行动计划（2018—2020年）》	装备制造	工业和信息化部	2017.10
14	《增强制造业核心竞争力三年行动计划（2018—2020年）》	装备制造	国家发展改革委	2017.11
15	《海洋工程装备制造业持续健康发展行动计划(2017—2020年)》	海工装备	工业和信息化部	2017.11
16	《推进船舶总装建造智能化转型行动计划（2019—2021年）》	海工装备	工业和信息化部、国防科工局	2018.12

数据来源：赛迪智库整理，2019年2月。

第二节　中国高端装备制造产业重点领域分析

一、航空装备

（一）发展概况

1. 航空装备生产制造能力提高到新的水平

我国航空装备产业在系列化、多谱系、规模化、集群化发展的基础上，装备制造水平不断提升。在军用航空装备方面，歼-20飞机已列装部队，标志着我国航空工业制造水准已经提高到了一个新的高度；自主研发的新一代通用型大型运输机运-20（鲲鹏）正式投入使用，弥补了我国远程投送装备制造能力不足的短板。空警200、空警2000、空警500等预警机研制成功，实现预警机信息系统自主可控，有效提升了我国航空装备的信息化协同能力。在民用航空领域，ARJ21支线飞机经受住了飞行考验，安全飞行近8 000h；大型水陆两栖飞机 AG600 水上成功首飞；C919 大型客机试飞取证、科研工作及飞机批产有序推进；CR929 远程宽体客机启动设计，进入初步设计阶段。

2. 通用航空装备产业发展步入快速通道

2016 年，国务院出台《关于促进通用航空业发展的指导意见》，明确指出要大力发展通用航空装备产业，国家发展改革委、工业和信息化部、中国民用航空局等部局办相继出台了一系列政策，促进通用航空装备产业的发展。根据国家相关规划，到 2020 年我国的通用航空装备产业规模将达 1 万亿元。为了抢得通用航空产业的发展先机，多个地方政府积极推动通用航空装备产业发展。传统航空大省加快资源整合，谋求新的发展。如上海制定了《上海市航空制造产业链建设三年行动计划（2018—2020 年）》，到 2020 年实现产值 500 亿元；四川以成都为核心，着力打造中国 “航空第四城”，打造研发、制造、末端市场运营的全航空产业链；陕西强化产业引导，力图形成集飞机研究设计、试验试飞、生产制造、产品支援、综合保障及教育培训为一体的航空产业体系。山东、天津、河南、湖北等后起之秀发挥后发优势，迅猛发力，谋求新发展。武汉发布了《武汉开发区（汉南区）航空产业发展规划及空间布局研究（2018—2025 年）》，指出将通过并购、合作生产、技术引进等方式，开展飞机组装、制造，打造“通用航空之都”。天津已引进空客 A320 总装项目，中航直升机总部基地落户，着力打造中国重要的民机产业基地。

3. 航空装备运营安全受到关注

随着通用航空装备产业的蓬勃发展，通用航空装备应用不安全事件频发，并呈现逐年上升态势，受到媒体和民众的关注。2014 年，我国（不含港澳台地区）发生 6 起通航事故，致 7 人死亡；2015 年发生 12 起通航事故，致 18 人死亡；2016 年发生 23 起通航事故，致 26 人死亡；2017 年发生 38 起通用航空事故，造成 9 人死亡；2018 年发生 18 起通用航空事故，造成 16 人死亡。运营安全事件频发，一方面促使运营方要强化通用航空设备使用安全，另一方面也为航空装备制造提出了更高的要求。

4. 无人机系统成为发展热点和监管重点

无人机系统包括无人驾驶飞机、无人驾驶飞行器（UAV）、四轴飞行器、多旋翼飞行器等。随着硬件、软件和数据处理等技术取得持续突破，无人机系统发展势头迅猛。除军事用途外，其民用领域不断拓展，可以用于农业植保、电力巡检、警用执法、地质勘探、环境监测、森林防火及影视航拍等领域。近年来，民用无人机市场产值保持高速增长，2016 年达到 150 亿元，按照 30%复合增长率计算，2018 年民用无人机市场产值将达 240 亿元。随着无人机产业高速发展，无序发展的隐忧开始显现，如无人机黑飞给民航客机正常飞行造成干扰。国家各部门随之加强了对无人机生产、制造、使用的监管。如《关于促进和规范民用无人机制造业发展的指导意见》《无人驾驶航空器飞行管理暂行条例（征求意见稿）》《关于促进通用机场有序发展的意见》等一系列文件，引导规范无人机发展。2018 年无人机领域政策措施情况如表 6-2 所示。

表 6-2　2018 年无人机领域政策措施情况

序号	名称	发布部门	发布时间
1	《无人驾驶航空器飞行管理暂行条例（征求意见稿）》	中国民用航空局	2018.01
2	《低空联网无人机安全飞行测试报告》	国家发展改革委、财政部、国防科工局	2018.02
3	《民航公安行政处罚裁量基准》	中国民用航空局公安局	2018.03
4	《民用无人驾驶航空器经营性飞行活动管理办法（暂行）》	中国民用航空局	2018.03
5	《民航局关于促进航空物流业发展的指导意见》	中国民用航空局	2018.05
6	《关于成立民用无人驾驶航空器管理领导小组及工作组的通知》	中国民用航空局	2018.05
7	《外商投资准入特别管理措施（负面清单）（2018 年版）》	国家发展改革委、商务部	2018.06
8	《关于促进通用机场有序发展的意见》	国家发展改革委、中国民用航空局	2018.08
9	《低空飞行服务保障体系建设总体方案》	中国民用航空局	2018.09
10	《深圳地区无人机飞行管理实施办法（暂行）》	深圳市	2018.11
11	《无人机制造企业规范条件》	工业和信息化部	2018.11

数据来源：赛迪智库整理，2019 年 2 月。

（二）技术进展

2018 年，我国在电动飞机、无人机、航空发动机及材料等领域技术研发取得积极进展，涌现出一批新技术和新产品。

1. 电动飞机

“RX1E-A”锐翔增程型电动飞机是中国首款新能源飞机。升级后，其电池组总容量达到28kWh，电池重量增加至160kg，电池模块为4组2P24S模块，增加了远程故障诊断管理系统、座舱通风等系统功能，提高了飞机续航时间，增加了舒适性。经过验证测试，各项指标已达到世界先进水平。

2. 航空发动机用材料

经过10年钻研，中国科学院金属研究所破解了氧化钇掉渣的难题，制造出氧化钇制作叶片的容器，航空发动机用一体成型钛铝合金叶片研制成功。目前，钛铝合金叶片已经应用在英国罗罗公司的发动机上，也为我国高性能航空发动机生产奠定了基础。

3. 航空发动机

中国航发推出两款新型航空发动机——AES100民用涡轴发动机和AEP500民用涡桨发动机。AES100发动机主要供应于5～6吨级民用直升机，技术发展采用高效率、长寿命、高可靠性、大功率储备路线；AEP500发动机瞄准民用先进涡桨支线客机、中型货运飞机等发展对动力装置的需求，按照当代国际先进涡桨发动机技术指标设计，此机试制成功标志着中国大功率涡桨发动机研发能力得到实质性提升。

二、卫星及应用

（一）发展概况

1. 卫星制造及应用产业进一步壮大，产业基础不断夯实

2018年，我国北斗系统三号基本系统组网成功，开启了我国卫星应用的新纪元。2018年，我国完成航天发射39次，首超美国；发射了105个航天器，包括95个国内航天器和10个国外航天器①。各类卫星在网规模进一步扩大，应用服务能力持续增强。卫星制造和应用产业规模不断扩大，产业主要分布在珠三角、京津冀、长三角、鄂豫湘、川陕渝五大产业区，聚集各类单位约14 000家，人员超过50万人；产业链不断完善，形成了天线、芯片、模块、模拟器、电子地图、应用解决方案等较为完整的产业体系；创新能力明显提升，卫星导航方面的专利申请累计已达5.4万件；北斗芯片制程达到28nm工艺；北斗芯

① 中国青年报：《“超级航天”的辛酸与梦想》，http://zqb.cyol.com/html/2019-02/18/nw.D110000zgqnb_20190218_1-08.htm，2019年2月18日。

片、模块等基础产品销量突破 7000 万片。

2. 北斗三号基本系统建成

我国北斗系统是联合国卫星导航委员会认定的全球四大导航系统之一，由 35 颗卫星组成：地球中轨道卫星 27 颗、倾斜同步轨道卫星 3 颗、地球同步轨道卫星 5 颗；启动北斗一号、北斗二号、北斗三号“三步走”战略推进系统建设。2018 年完成“10 箭 19 星”高强密度发射，共计发射 43 颗北斗卫星，“三号”基本系统建成，已形成全球服务能力。国际合作进一步强化，签署中俄卫星导航合作政府间协定，建成首个海外北斗 / GNSS 中心，技术和产品出口到 90 多个国家和地区。应用取得积极成效，全国已有 617 万辆道路营运车辆、3.56 万辆邮政和快递车辆、36 个中心城市共 8 万辆公交车、3 230 座内河导航设施、2 960 座海上导航设施①。

3. 通信卫星从高轨向低轨发展

2018 年，我国有 4 颗通信卫星投入运营，分别是“中星十六号”高通量卫星、亚太 6C 卫星、“虹云”星座“武汉号”和“鸿雁”星座“重庆号”。总体策略是在致密高轨卫星、提升通信大容量的同时，积极发展低成本、低轨的通信卫星。在低轨通信卫星应用方面，与美国相比，我国起步较晚。目前我国规划实施的低轨卫星通信系统有“鸿雁”星座和“虹云”星座。按照规划，“鸿雁”星座一期系统由 60 颗核心骨干卫星组成，计划在 2022 年建成并投入运营，主要实现全球导航增强、移动通信、物联网等功能，二期工程计划再发射 300 多颗“鸿雁”卫星，形成无缝的卫星通信网；到 2022 年，“虹云”星座将完成 156 颗卫星部署。届时，我国低轨卫星通信网基本形成，可实现全天候、全时段以及在复杂地形条件下的实时双向通信能力。我国当前在轨国产通信卫星统计如表 6-3 所示。

表 6-3　我国当前在轨国产通信卫星统计

型号名称	发射日期	平台	用户
中星 22-A	2006.09	DFH-3	中国卫通
天链-1（01）	2008.04	DFH-3	

① 北斗网：《北斗三号基本系统建成及提供全球服务情况发布会召开》，http://www.beidou.gov.cn/yw/xwzx/201812/t20181227_16864.html。

续表

型号名称	发射日期	平台	用户
鑫诺-6	2010.09	DFH-4	中国卫通
中星 20-A	2010.11	DFH-3	中国卫通
鑫诺-5	2011.06	DFH-4	中国卫通
天链-1 号 02 星	2011.07	DFH-3	
中星 1A	2011.09	DFH-4	中国卫通
中星 2A	2012.05	DFH-4	中国卫通
天链-1 号 03 星	2012.07	DFH-3	
中星 11	2013.05	DFH-4	中国卫通
亚太九号	2015.10	DFH-4	亚太卫星
中星 2C	2015.11	DFH-4	中国卫通
天通一号	2016.08	DFH-4	中国卫通
通信试验卫星 2 号	2017.01	DFH-4	中国卫通
“吉林一号”03 星	2017.01		长光卫星
行云试验一号	2017.01		中国卫通
凯盾一号	2017.01		中国卫通
实践-13	2017.04	DFH-3	中国卫通
中星-9A	2017.06	DFH-4	中国卫通
亚洲九号	2017.09	SSL 1300	中信集团
“和德一号”	2017.11		和德宇航
亚太 6C 卫星	2018.05	DFH-4	亚太卫星
“虹云武汉号”	2018.12		航天科工集团
鸿雁重庆号	2018.12		航天科技集团

数据来源：赛迪智库整理，2019 年 2 月。

（二）技术进展

1. 北斗三号基本系统建成，服务范围及导航精度大幅提升

北斗系统的服务区域由亚太地区扩展到全球。在全球范围内，北斗系统的定位精度在 95%置信度下为水平 10m、高程 10m；测速精度在 95%置信度下达到 0.2m/s；授时精度在 95%置信度下为 20nm；系统服务可用性优于 95%。其中，北斗系统的亚太地区定位精度在 95%置信度下为水平 5m、高程 5m。

2. 低轨通信卫星“重庆号”首发

“重庆号”卫星是“鸿雁”星座的试验星，由航天科技集团五院研制生产，配置了 L/Ka 频段的通信载荷、导航增强载荷等，可实现“鸿雁”星座关键技术在轨试验。在地面系统与终端配合下，卫星入轨后可陆续开展卫星移动通信、物联网、热点信息广播、导航增强等功能的试验验证，为“鸿雁”星座后续的全面建设及运营提供有力支撑①。

三、轨道交通装备

（一）发展概况

伴随着以全球信息网络、智能制造、新材料、新能源等为代表的新一代技术创新浪潮，全球轨道交通装备行业呈现出强劲的增长趋势。据统计，2010 年全球轨道交通装备制造产业市场容量为 1 310 亿欧元，到 2018 年已达到 1 900 亿欧元。

1. 我国轨道交通装备制造产业已处于世界领先水平

经过 60 多年的发展，我国轨道交通装备制造产业已经形成完整的产业链和完善的自主研发、配套完整、设备先进、规模经营的制造体系。尤其是在近年的高速、重载、便携、环保技术路线的助推下，我国高速动车组的发展取得了瞩目的成绩，以高铁为代表的轨道交通装备制造产业已经成为中国制造的一张名片。近年来，在我国加大基础设施建设力度的背景下，三四城市纷纷加大轨道交通建设力度，我国已经成为全球轨道交通发展最快的国家，拥有全球最大的轨道交通市场。截至 2017 年年底，我国铁路营业总里程达到 12.7 万千米，其中高铁为 2.5 万千米，占全球高铁总里程的 66.3%。根据公开数据显示，中国中车股份有限公司（以下简称中国中车）作为我国轨道交通行业的龙头企业，其产品于 2016 年年底占据全球 83%的市场份额。

2. 海外市场合作模式逐步转型

一方面，我国轨道交通装备制造业国际化水平不断提高。2018 年 11 月，由

① 人民网：《我国商业航天“鸿雁”星座首星发射》，http://scitech.people.com.cn/n1/2018/1229/c1007-30496556.html，2018 年 12 月 29 日。

中铁四局承建的雅万高铁项目DIK 1203特大桥墩浇筑完成，掀起了雅万高铁施工的高潮。而与印度尼西亚签订的雅万高铁这一项目标志着我国高铁正式迈向国际化。随着美国洛杉矶、英国伦敦、加拿大蒙特利尔等订单的陆续签订，我国轨道交通装备产业国际化水平逐步提升，2018年更是与伊朗、尼日利亚、印度尼西亚、沙特阿拉伯等十数个国家签订了十余个合作项目，海外市场规模逐步扩大。另一方面，受贸易环境和行业周期性影响，我国轨道交通产业在发达国家正由产品合作向产品、技术、服务、管理等全方位合作转变。2018年12月18日，中国中车美国公司为波士顿地铁生产的首批橙色地铁机车在美国马萨诸塞州春田工厂下线，中国中车与美国伊利诺伊大学香槟分校合作共建中美轨道交通研究院、与密歇根大学共同设立先进制造联合研发中心等很好地例证了这一模式的转变。

3. 政策出台规范轨道交通产业新一轮发展

2017年6月，国家发展改革委颁布《关于促进市域（郊）铁路发展的指导意见》①，鼓励各地发展多层次、多模式、多制式的轨道交通系统，各地纷纷布局轨道交通装备制造产业。2017年，我国内地城轨交通完成建设投资4 762亿元，在建项目投资累计额达38 756亿元。但部分城市对轨道交通产业客观发展规律认识不足、对实际需求和自身定位把握不到位，规划过度超前、建设规模过于集中、资金落实不到位等问题严重，导致地方财政负担加重。在建设方面，2018年7月13日，国务院办公厅出台《关于进一步加强城市轨道交通规划建设管理的意见》②，提出了“量力而行，有序推进；因地制宜，经济适用；衔接协调，集约高效；严控风险，持续发展”四大基本原则，同时大幅提高申报条件和建设门槛，严格防范轨道交通行业出现重大风险，促进城市轨道交通制造业规范有序发展。在运营方面，国务院办公厅出台《关于保障城市轨道交通安全运行的意见》③，以切实保障城市轨道交通安全运行为目标，从完善体制机制、健全法规标准、创新管理制度、强化技术支撑等方面提出了明确的相关政

---

① 国家发展改革委：《关于促进市域（郊）铁路发展的指导意见》，http://www.ndrc.gov.cn/zcfb/zcfbtz/201706/t20170628_852798.html，2017年6月20日。

② 国家发展改革委：《关于进一步加强城市轨道交通规划建设管理的意见》，http://www.gov. cn/zhengce/content/2018-07/13/content_5306202.htm，2018年7月13日。

③ 国家发展改革委：《关于保障城市轨道交通安全运行的意见》，http://www.gov.cn/zhengce/content/2018-03/23/content_5276875.htm，2018年3月23日。

策，对长期以来轨道交通产业重建设、轻运营的局面加以纠正。在产业标准方面，住房和城乡建设部批准以《城市轨道交通线网规划标准》①为国家标准、批准《地铁设计防火标准 GB51298-2018》，《城市轨道交通团体标准体系研究》课题在北京召开结题验收会，大大加快了轨道交通产业标准化建设工作。

（二）技术进展

我国轨道交通装备制造技术通过引进、消化、吸收实现再创新，技术创新水平和产品研发能力突飞猛进，已经达到世界领先水平，在高速动车组等领域甚至已经达到世界领跑水平；轨道交通装备技术水平不断提高，更高层次的产品不断涌现，极大地支撑了我国轨道交通装备制造业的发展。2018 年，我国在轨道交通装备技术上取得了一系列突破性成果。

1. 高速列车整体技术水平再创新高

2018 年，我国高速列车整体技术水平大幅提升，高速列车运载能力、动力水平显著提高。2018 年 7 月 1 日，16 辆长编组复兴号动车组在京沪高铁投入运营，每列载客量由 576 人增长到 1 193 人，增长了 51.7%；2018 年 9 月 18～22 日，中国中车在德国柏林轨道交通展上发布了首款时速为 250km 的货运动车组。这两款列车的发布标志着我国高速列车在商用和货运领域的运载能力都已达到世界领跑水平。

2. 普速列车动力技术水平显著提升

2018 年 11 月 29 日，由中车唐山机车车辆有限公司牵头研制的时速为 160km 的动力集中电动车组获得国家铁路局颁发的合格证和制造许可证，标志着时速为 160km 的动力集中电动车组具备了批量生产能力和商用资格，全国铁路普速列车即将逐步进行升级换代，普速列车从运行速度、安全性能到舒适性等方面都将得到全面提升。

3. 轨道交通装备自动化程度迈上新台阶

2018 年 12 月，中国铁路总公司试用评审通过了由中国通号自主研发的时速为 350km 的高铁自动驾驶系统（CTCS-3＋ATO）全套装备，标志着我国成为

① 住房和城乡建设部：《城市轨道交通线网规划标准》，http://www.mohurd.gov.cn/wjfb/201808/t20180821_237296.html，2018 年 12 月 1 日。

世界上首个掌握 300~350km 高速列车自动驾驶技术的国家。这项技术实现了对时速为 350km 的高速列车进行精准控制，从控车舒适度、停车精准度、节能降耗，到提高高铁运营效率、减轻高铁司机劳动强度、改善旅客体验等方面都具有重要意义。

4. 高速磁浮系统关键技术取得阶段性突破

2018 年 1 月，中车青岛四方机车车辆股份有限公司牵头承担的时速为 600km 的高速磁浮交通系统技术方案在青岛通过专家评审，意味着下一步可以进入施工设计阶段，弥补了我国时速为 600km 的高速磁浮系统及工程化应用的空白。课题定于 2018 年研制出一节样机，2020 年研制出时速为 600km 的高速磁浮样车并完成 5km 试验线验证。

四、海洋工程装备

（一）发展概况

1. 海洋工程装备产业逐步发展，具备进入景气期基础

2018 年，国际原油价格延续了 2017 年下半年以来的上涨趋势。截至 2018 年 10 月，全球基准布伦特原油价格上涨超过 30%，最高达到 86.74 美元。油价的持续上扬在一定程度上推动了海洋工程装备行业的发展，海上油气开发工程逐渐活跃，海洋工程装备需求逐渐增加。2018 年上半年，全球新租钻井平台达到 115 艘（座），较 2017 年增长了 11%。借国际形势的东风，我国海洋工程装备制造业加速发展，2018 年我国海洋工程装备接单总金额达到 24 亿元，同比增长 44%；订单规模占全球比重上升至 45%，较 2014 年上升了 7 个百分点，较 2012 年上升了 33.6 个百分点，海洋工程装备制造业已具备进入景气期的基础。

2. 能源利用装备前景广阔

2017 年，国家海洋局印发《海洋可再生能源发展“十三五”规划》，规划提出“十三五”期间将以显著提高海洋能装备技术成熟度为主线，夯实海洋能发展基础。其中海洋能包括海洋潮汐能、潮流能、海岛可再生资源等，体现了我国对海洋可再生能源的重视程度。借助政策的东风，我国可燃冰开采装备、风电工程船、潮汐发电船等能源利用装备得到极大发展。但目前我国能源利用装备技术尚处于研究探索阶段，中集来福士等多家企业正大力布局海洋可再生能源利用装备，致力于研发及工程化能源利用装备。

3. 船舶工业未来发展趋势向好

根据工业和信息化部于 2019 年 1 月 15 日发布的消息，2018 年我国船舶工业三大指标均居世界前三位。其中以载重吨计国际市场份额达 40%，居全球首位；以修正总吨计造船完成量占国际市场份额的 36.3%，新接订单量占国际市场份额的 35.4%，手持订单量占国际份额的 35.8%，造船完成量及手持订单量居世界首位，新接订单量居全球第二位。据中国船舶工业协会数据显示，截至 2018 年 11 月，全国承接新船订单 3 306 万载重吨，较上一年增长了 30.3%，船舶工业发展势头明显。借此发展契机，2018 年 12 月 29 日，我国工业和信息化部、交通运输部、国防科工局联合印发了《智能船舶发展行动计划（2019—2021 年）》，旨在促进船舶工业供给侧结构性改革，提升船舶工业核心竞争力，实现我国船舶工业高质量发展，将进一步促进我国船舶工业的发展。

（二）技术进展

1. 突破海洋工程装备材料腐蚀与防护关键技术

防腐蚀是海洋工程装备技术研究的重点领域之一，腐蚀对海洋工程装备的服役寿命和设施装备安全性有重要影响。重防腐蚀涂料是减少腐蚀破坏力度的关键材料。2018 年 10 月 17 日，我国 973 项目课题“海洋工程装备材料腐蚀与防护关键技术基础研究”结题验收会在宁波召开，标志着我国在海洋工程装备防腐蚀技术上有了新的突破。此项目课题成功研制了石墨烯改性重防腐涂料，并成功应用在位于舟山金塘岛的世界最高输电塔上。该技术大大提升了关键技术指标——耐盐雾寿命的水平，传统重防腐涂层耐盐雾寿命为 2 000h，而新技术此项指标超过 9000h。目前此项防腐蚀技术已经成功实现了产业化，在输电铁塔、储油罐、桥梁工程、船舶等多领域实现了大规模应用。

2. 船舶制造业智能制造技术水平持续提升

推进海洋工程装备制造业信息化、智能化水平已经成为我国海洋工程装备行业的发展重点。2018 年 1 月，由国家发展改革委、工业和信息化部、科技部、财政部、中国人民银行、国资委、中国银监会、国家海洋局联合印发的《海洋工程装备制造业持续健康发展行动计划（2017—2020 年）》提出了到 2020 年我国海洋工程装备制造业信息化、智能化程度不断增强、产品结构迈向中高端的要求。我国船舶制造业智能制造水平在 2018 年逐步提升，武汉船用机械有限责任公司打造的“船海工程机电设备智能制造系统集成”方案入选了“2018 年中国智能制造十大科技进展”，该方案可用于起重机、调距浆等典型船海机电设备的制造过程当中，重点开发具有刀具磨损监测与实时调整功能的智能加工单元、高精度复杂构件智能焊接单元等。

五、智能制造装备

（一）发展概况

1. 智能制造装备产业规模不断增长

目前各国都在大力布局智能制造产业，推动智能制造在本国的应用。从全球范围来看，美国、德国、日本走在智能制造产业前列，其余各国正积极推动智能制造产业的发展。据工业和信息化部统计，2010 年以来，我国智能制造产业规模占全球规模比重始终维持在 19%～21%的水平，2015 年我国智能制造行业市场规模首次突破万亿元；截至 2017 年，我国智能制造行业市场规模达到 15 150 亿元，比上一年增长了 22.6%。前瞻产业研究院发布的《中国智能制造行业市场前瞻与投资战略规划分析报告》分析：2018 年，我国智能制造市场规模达到 16 867 亿元，2019 年市场规模将超过 1.9 万亿元，未来 5 年的复合年均增长率（CAGR）将超 25%[①]。由此可见，我国智能制造装备产业发展势头迅猛，未来有极大的发展空间。

2. 多项政策出台，推动智能制造装备制造业发展

2018 年，我国发布了多项政策大力支持智能制造产业发展，并在各类大型会议中多次提及加速发展智能制造产业。如在2018年4月，工业和信息化部开展 2018 年智能制造试点示范项目推荐工作[②]，并于 2018 年 9 月 27 日正式公布了 99 个智能制造试点示范项目[③]；2018 年 10 月，工业和信息化部和国家标准化管理

---

① 前瞻产业研究院：《智能制造行业发展现状与市场规模分析》，2018 年 12 月 25 日。

② 工业和信息化部：《工业和信息化部办公厅关于开展 2018 年智能制造试点示范项目推荐的通知》，http://www.miit.gov.cn/n1146295/n1652858/n1652930/n3757018/c6122912/content.html，2018 年 4 月 9 日。

③ 工业和信息化部：《工业和信息化部关于公布 2018 年智能制造试点示范项目名单的通告》，http://www.miit.gov.cn/n973401/n4965332/n4965342/c6401538/content.html，2018 年 9 月 27 日。

委员会联合发布《国家智能制造标准体系建设指南（2018年版）》[①]，提出了“共性先立，急用先行”的原则，进一步加强了国家层面对智能制造行业的指导和推动。此外，2018年3月的政府工作报告也提出了加快新旧发展动能接续转换，推进智能制造等重大工程建设；发展壮大新动能，发展智能产业，拓展智能生活等指导意见，对智能制造产业的发展起到了极大的推动作用。目前，各地也在大力发展智能制造产业，如浙江省发布《浙江省智能制造行动计划（2018—2020年）》，提出到2020年全省智能制造发展基础和支撑能力显著增强，制造业智能制造水平显著提高，将浙江省打造成为全国智能制造先行区的目标。这一系列的政策指示将极大地推动智能制造装备产业的发展。我国智能制造装备产业市场规模如图6-1所示。

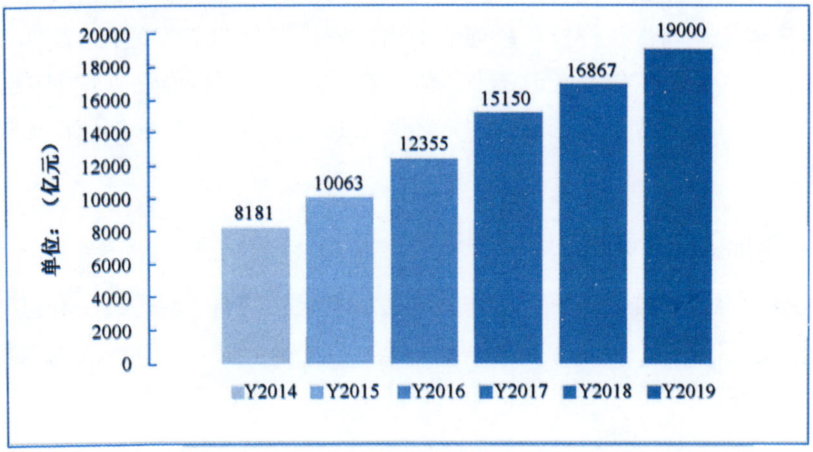

图6-1　我国智能制造装备产业市场规模

（数据来源：前瞻产业研究院，2018年12月）

3. 我国智能制造装备产业体系逐渐成形，但仍有较大上升空间

我国智能制造产业起步较晚，但经过最近几年国家的大力扶持及推动，在机器人技术、感知技术、智能信息处理技术等方面取得了一定突破，智能制造产业体系基本成型。但是我国智能制造产业中的一些先进制造设备、关键零部件和关键性技术依然依赖进口，自主创新能力较弱。如约90%的工业机器人、

① 工业和信息化部：《两部门关于印发国家智能制造标准体系建设指南（2018年版）的通知》，http://www.miit.gov.cn/n1146295/n1652858/n1652930/n3757016/c6429243/content.html，2018年10月15日。

70%的汽车制造关键设备、40%的大型石化装备、核电等重大工程的自动化成套控制系统等技术严重依赖进口，极大地增加了我国智能制造应用成本，阻碍了我国制造业智能化的发展。

（二）技术进展

1. 工业互联网关键技术取得突破

2018年10月11日，华为联合ALL、ECC打造的TSN+OPC UA开放互联网络荣获世界智能制造十大科技进展奖。TSN+OPC UA开放互联网络融合ICT和OT技术是构成工业互联网的重要基础，也是强化工业基础能力，推进智能制造，提升制造业数字化、网络化、智能化水平的关键技术。其通过提供一个实时、高确定性与真正开放互联通信网络，满足工业生产高安全、高实时和高可靠的需求，弥补了传统实时工业以太网在易用性、互操作性、宽带和设备成本上的不足。更高效、更智能的网络在制造业的大范围应用将加速产业转型升级速度。

2. 智能工厂智能化水平得到提升

2018年10月11日，浙江万丰科技股份有限公司的“铝轮毂全流程柔性智能制造”项目荣获“2018年世界智能制造十大科技进展”。其通过工艺装备的数字化、管控的集成化和生产决策的智能化，实现了铝轮毂全流程的数字化集成，实现了数据自由流通，打破了信息孤岛。

第三节　中国高端装备制造产业年度热点事件

一、全球首个智能制造服务平台国际标准正式发布

2018年5月，由中国航天科工集团有限公司所属单位航天云网天智公司牵头提出的《智能制造服务平台制造资源/能力接入集成要求》标准提案，以92.9%的赞成率高票通过国际电工委员会工业过程测量控制与自动化技术委员会的审核，成为国际上首个面向智能制造服务平台的标准规范，国际标准号为IEC PAS 63178。该标准的发布标志着我国在智能制造服务平台接入领域拥有了国际认可的自主核心技术，为全球异构工业云平台提供了可参照的统一制造资源接入技术方案，也意味着航天科工在智能制造领域国际标准化进程中迈出了重要一步，有力地提升了我国在国际标准领域的话语权和影响力。

二、中国自主研制的大客发动机验证机首台整机点火成功

2018 年 5 月，由我国完全自主研发、中国航发集团商发公司负责承担研制的大客发动机验证机（CJ-1000AX）首台整机在上海点火成功，核心机转速最高达到 6 600rpm。验证机首次点火一次成功，初步验证了各部件及相关系统的功能和匹配性。此前，商用发动机已经成为我国大飞机产业发展亟待突破的瓶颈，CJ-1000AX 实现商用后将标志着我国完整拥有了制造大型远程客机及先进大涵道比发动机的能力，我国航空制造业竞争力将大幅提升。

三、大型水陆两栖飞机 AG600 水上首飞成功

2018 年 10 月，我国首款大型水陆两栖飞机“鲲龙”AG600 成功完成水上首飞，标志着我国在大型水路两栖飞机研制上取得了重大突破，填补了我国在这一领域的空白，在我国通用航空产业和民机工业上具有跨越式的意义。AG600 两栖飞机研制项目由来自 20 个省市地区、150 多家企事业单位、十余所高校的数万名科研人员共同研制，其在飞机设计、制造等核心技术领域拥有完全自主产权，飞机机体结构、动力装置和主要机载系统完全由国内配套，充分发挥了政产学研用相结合的优势。AG600 是为了满足我国森林灭火、水上救援的迫切需求，首次研制的大型特种用途民用飞机，是国家应急救援体系建设急需的重大航空装备，对我国海洋强国建设具有重大意义。

四、国产航母四度出海

2018 年 5 月 13 日，我国首艘自主建造的 001A 型国产航母驶离大连码头，开启第一次海试任务。随后的 8 月 26 日、10 月 28 日、12 月 27 日依次进行了 3 次海试，均成功完成任务。这表明国产航母并未出现较大问题，我国航母建造工艺完善。美国有线电视新闻网评价称，海试任务的完成表明中国已经成功跨出了建设能与世界主要海上强国匹敌的海军的历史性一步，是中国海军的重要里程碑。此艘国产航母是目前世界上最大的常规动力航母，在全球同等级的中型航母中，技术水平处于前列，目前我国正努力掌握全球顶尖的航母技术，大力发展海洋工程装备产业。

五、全球首支世界最大 22000 箱船曲轴下线

2018 年 12 月 13 日，由大连华锐重工集团股份有限公司控股企业大连华锐船用曲轴有限公司研制的全球首支、世界最大的 22000 标箱集装箱船用曲轴（W12X92 型）成功下线，并顺利通过检测。此项成功打破了世界上在超大型低

速船用柴油机用曲轴制造领域的空白，是我国从“造船大国”到“造船强国”升级的标志性产品，预示着我国高技术船舶制造实现了从跟随到引领的重大飞跃，是我国海洋强国战略的重要成果。

第四节　中国高端装备制造产业重点企业分析

一、装备制造百强企业

2018 年“中国制造企业 500 强”暨“中国装备制造业 100 强”排行榜（见表 6-4）发布。本次通过对超过 11 000 家利润总额在 5 000 万至 470 亿元的中国大陆制造型企业进行了数据采集研究，基于财务分析、行业分析、市场占有率分析确定候选企业，比照国际上通行的做法，根据营业收入、资产总额、利润总额、研发投入等指标对候选企业进行综合评分，并对部分候选企业进行实地拜访排出，共遴选出 500 家“中国制造企业 500 强”企业和 100 家“中国装备制造业 100 强”企业。

表 6-4　2018 年“中国装备制造业 100 强”排行榜

排名	公司名称	所在地	排名	公司名称	所在地
1	上海汽车集团股份有限公司	上海	14	美的集团股份有限公司	广东
2	东风汽车公司	湖北	15	珠海格力电器股份有限公司	广东
3	中国兵器装备集团公司	北京	16	陕西有色金属控股集团有限责任公司	陕西
4	中国第一汽车集团公司	吉林	17	天津百利机械装备集团有限公司	天津
5	联想控股股份有限公司	北京	18	江苏悦达集团有限公司	江苏
6	宝钢集团有限公司	上海	19	长城汽车股份有限公司	河北
7	中国中车股份有限公司	北京	20	华晨汽车集团控股有限公司	辽宁
8	中国航天科技集团公司	北京	21	天津中环电子信息集团有限公司	天津
9	山东魏桥创业集团有限公司	山东	22	上海电气（集团）总公司	上海
10	中国船舶工业集团公司	北京	23	超威电源有限公司	浙江
11	中国建材股份有限公司	北京	24	南山集团有限公司	山东
12	江西铜业集团公司	江西	25	TCL 集团股份有限公司	广东
13	中国电子信息产业集团有限公司	北京	26	天能电池集团有限公司	浙江

续表

排名	公司名称	所在地	排名	公司名称	所在地
27	潍柴动力股份有限公司	山东	52	天津纺织集团（控股）有限公司	天津
28	河钢股份有限公司	河北	53	华勤橡胶工业集团有限公司	山东
29	铜陵有色金属集团股份有限公司	安徽	54	陕西汽车控股集团有限公司	陕西
30	北京金隅集团有限责任公司	北京	55	奇瑞汽车股份有限公司	安徽
31	杭州汽轮动力集团有限公司	浙江	56	云南锡业股份有限公司	云南
32	四川长虹电器股份有限公司	四川	57	天瑞集团股份有限公司	河南
33	河北新华联和冶金控股集团有限公司	河北	58	晶龙实业集团有限公司	河北
34	中国长城科技集团股份有限公司	广东	59	远东控股集团有限公司	江苏
35	万丰奥特控股集团有限公司	浙江	60	新余钢铁股份有限公司	江西
36	北京建龙重工集团有限公司	北京	61	沂州集团有限公司	山东
37	安徽海螺水泥股份有限公司	安徽	62	福建省三钢（集团）有限责任公司	福建
38	吉利汽车控股有限公司	浙江	63	江铃汽车股份有限公司	江西
39	鞍钢股份有限公司	辽宁	64	中航飞机股份有限公司	北京
40	安徽江淮汽车集团股份有限公司	安徽	65	柳州钢铁股份有限公司	广西
41	中国船舶重工股份有限公司	北京	66	中国航发动力股份有限公司	陕西
42	新兴铸管股份有限公司	河北	67	三一重工股份有限公司	湖南
43	盾安控股集团有限公司	浙江	68	安阳钢铁股份有限公司	河南
44	通威集团有限公司	四川	69	广东格兰仕集团有限公司	广东
45	中国重型汽车集团有限公司	山东	70	河北兴华钢铁有限公司	河北
46	德力西集团有限公司	浙江	71	中策橡胶集团有限公司	浙江
47	广东汽车集团股份有限公司	广东	72	厦门金龙汽车集团股份有限公司	福建
48	常林股份有限公司	江苏	73	江苏大明金属制品有限公司	江苏
49	广西柳州钢铁集团有限公司	广西	74	广州钢铁企业集团有限公司	广东
50	北京首钢股份有限公司	北京	75	环旭电子股份有限公司	上海
51	上海仪电（集团）有限公司	上海	76	广西汽车集团有限公司	广西

续表

排名	公司名称	所在地	排名	公司名称	所在地
77	福耀玻璃工业集团股份有限公司	福建	89	凌源钢铁股份有限公司	辽宁
78	中国忠旺控股有限公司	辽宁	90	广西柳工机械股份有限公司	广西
79	中国联塑集团控股有限公司	广东	91	厦门钨业股份有限公司	福建
80	深圳市中金岭南有色金属股份有限公司	广东	92	经纬纺织机械股份有限公司	北京
81	徐工集团工程机械股份有限公司	江苏	93	安踏体育用品有限公司	福建
82	五菱汽车集团控股有限公司	广西	94	华新水泥股份有限公司	湖北
83	云南铝业股份有限公司	云南	95	杭州橡胶（集团）公司	浙江
84	重庆市迪马实业股份有限公司	重庆	96	春风实业集团有限责任公司	河北
85	双钱集团股份有限公司	上海	97	株洲冶炼集团股份有限公司	湖南
86	河北冠丰冶金工业有限公司	河北	98	雷沃重工股份有限公司	山东
87	中国西电电器股份有限公司	陕西	99	三角集团有限公司	山东
88	海马汽车集团股份有限公司	海南	100	沈阳机床（集团）有限责任公司	辽宁

数据来源：中国装备制造业协会，2018年8月。

二、航空制造重点企业

我国航空制造产业起步较晚，与美国和俄罗斯相比还有很大差距。但在数十年的快速发展中取得了相当大的成果，如载人航天的实现、探月计划的有序推进、空间站的逐步建设等都表明我国航空工业具有较强实力，航空制造水平处于世界前列。在此过程中，我国涌现了一批技术先进的大型航空制造企业。如近年备受关注的C919大飞机，其核心零部件就是由我国中航飞机股份有限公司、中航西安飞机工业集团、四川成飞集成科技股份有限公司、沈阳飞机工业集团、中航江西洪都航空工业集团有限责任公司、哈尔滨哈飞工业有限责任公司等生产供应，由中国商飞进行整体组装完成。目前，这些企业已经成为我国航空制造行业的重点龙头企业。依托这些大型航空制造企业，我国将形成以沈阳、西安、哈尔滨、成都、南昌、上海为核心的东北、西北、西南、中部、华东五大航空产业集群。

三、轨道交通重点企业

2018年9月，中国企业联合会和中国企业家协会共同发布“2018年中国企业500强”榜单。其中，前100名企业中，有9家轨道交通相关企业入选（见表6-5），分别为中国建筑股份有限公司、中国铁路工程集团有限公司、中国铁道建筑有限公司、中国交通建设集团有限公司、中国宝武钢铁集团有限公司、中国电力建设集团有限公司、江苏沙钢集团有限公司、中国中车集团有限公司及国家电力投资集团有限公司。

表6-5　“2018年中国企业500强”轨道交通领域重点企业名单

排　名	公司名称	营收（万元）	总部所在城市
5	中国建筑股份有限公司	105 410 650	北京
13	中国铁路工程集团有限公司	69 456 232	北京
14	中国铁道建筑有限公司	68 163 814	北京
21	中国交通建设集团有限公司	53 674 740	北京
38	中国宝武钢铁集团有限公司	40 048 193	上海
41	中国电力建设集团有限公司	36 408 712	北京
86	江苏沙钢集团有限公司	22 006 344	江苏
88	中国中车集团有限公司	21 693 414	北京
96	国家电力投资集团有限公司	20 086 832	北京

数据来源：中国企业联合会，2018年9月。

四、中国港航船企收入排名

2018年5月，在我国四大证券交易所上市的69家中国港航船企2017年年报全部出炉。总体而言，2017年航运市场逐步回暖，其中的集装箱、干散货航运复苏势头强劲；港口业运行整体平稳；造船业持续低迷，海洋工程和传统造船细分行业的表现因企业而异，经营分化明显。根据这69家企业收入，中国航运交易公报公布了“2017年中国港航船企收入榜单”（见表6-6），这些企业的2017年收入总额高达8 043.67亿元，较上一年增长了14.29%。

表6-6　2017中国港航船企收入榜单

排　名	公司名称	营收（万元）	上一年排名
1	中远海控	9 046 396	1
2	中集集团	7 629 993	3
3	中国外运	7 256 718	4

续表

排　名	公司名称	营收（万元）	上一年排名
4	东方海外国际	3 991 318	5
5	中国重工	3 866 577	2
6	上港集团	3 742 395	6
7	长荣海运	3 311 313	7
8	阳明海运	2 882 401	8
9	中国动力	2 314 710	12
10	中船防务	2 231 338	10
11	振华重工	2 185 881	9
12	宁波港	1 818 292	13
13	中海油服	1 743 640	15
14	中国船舶	1 669 110	11
15	中远海发	1 594 034	14
16	天津港	1 423 441	17
17	天津港发展	1 389 434	16
18	厦门港务发展	1 371 270	22
19	万海航运	1 336 324	20
20	厦门国际港务	1 292 232	24
21	海油工程	1 025 254	21
22	青岛港	1 014 623	23
23	中远海能	975 944	18
24	太平洋航运	972 289	27
25	大连港	903 164	19
26	海丰国际	881 062	25
27	广州港	830 774	26
28	唐山港	761 219	33
29	中远海运国际	734 438	29
30	招商局港口	726 573	28
31	安通控股	703 325	38
32	秦港股份	676 062	35
33	中外运航运	657 599	32
34	中远海特	650 869	31
35	重庆港九	632 054	44
36	招商轮船	609 535	30

续表

排　名	公 司 名 称	营 收（万 元）	上 一 年 排 名
37	日照港	480 432	36
38	锦州港	453 150	42
39	中船科技	426 363	34
40	中远海运港口	414 732	37
41	营口港	381 830	39
42	台船	360 732	40
43	北部湾港	327 487	41
44	深赤湾	245 622	46
45	慧洋海运	242 738	43
46	珠江船务	203 000	45
47	裕民航运	186 944	50
48	珠海港	186 064	47
49	益航股份	160 471	48
50	宁波海运	158 724	53
51	渤海轮渡	151 096	51
52	天海防务	148 393	49
53	连云港	127 317	52
54	保税科技	104 854	55
55	亚星锚链	101 914	54
56	海峡股份	97 802	58
57	长航凤凰	83 243	59
58	四维航业	76 935	57
59	新兴航运	73 268	56
60	中航股份	70 772	60
61	南京港	67 784	66
62	台航股份	61 966	61
63	金辉集团	47 953	62
64	盐田港	34 378	64
65	中海重工	29 193	63
66	恒基达鑫	22 650	67
67	龙翔集团	20 184	65
68	中国基建港口	19 598	68
69	勇利航业	6 467	69

数据来源：《航运交易公报》，2018 年 5 月。

五、机床工具企业排名

2018 年 4 月，中国机床工具工业协会在上海举办的第十届中国数控机床展览会（CCMT2018）上公布了先进会员之"自主创新十佳"和"产品质量十佳"。中国机床工具工业协会聚焦于产品技术创新能力和质量可靠性水平的提升，组织行业专家对申报企业 5 年内研发、销售的产品进行了评议、排序。评定标准侧重于对研发生产的产品在实际生产应用中的效果和用户评价，以此来反映企业在开展企业技术创新、质量提升等方面取得的成效。机床工具企业"自主创新新十佳"和机床工具企业"产品质量十佳"如表 6-7 和表 6-8 所示。

表 6-7　机床工具企业"自主创新十佳"（按企业名称拼音排序）

序　号	企 业 名 称	创 新 产 品
1	北京工研精机股份有限公司	N2825-II 航天器对接机构用滚珠丝杠副
2	大族激光科技产业集团股份有限公司	W4020D 高架龙门三维五轴激光切割机
3	哈尔滨量具刃具集团有限责任公司	螺旋锥齿轮闭环制造成套装备
4	杭州杭机股份有限公司	HZ-0924m 级光学元件研磨抛光设备
5	齐重数控装备股份有限公司	DMVTM2500×60/550L-NC 数控龙门移动式双柱立式车铣床
6	秦川机床工具集团股份公司	QMK012 数控扇形齿轮磨床
7	上海机床厂有限公司	MK8220/SD 双砂轮架数控切点跟踪曲轴磨床
8	天津市天锻压力机有限公司	THP63-3500/5000 汽车大型铝合金覆盖件双动充液成形装备
9	宜昌长机科技有限责任公司	ZX300 数控梳槽机
10	株洲钻石切削刀具股份有限公司	汽车行业成套刀具

数据来源：中国机床工具工业协会，2018 年 4 月。

表 6-8　机床工具产业"产品质量十佳"（按企业名称拼音排序）

序　号	企 业 名 称	质 量 产 品
1	重庆机床（集团）有限责任公司	YW7232CNC 数控万能磨齿机
2	汉江工具有限责任公司	高精修缘插齿刀
3	济南二机床集团有限公司	XKV2525 五轴联动高架式龙门镗铣加工中心
4	江苏亚威机床股份有限公司	HLF 高速光纤激光切割机
5	科德数控股份有限公司	KToolG3515 五轴工具磨床
6	南京工艺装备制造有限公司	凹槽式滚动花键副
7	山东普利森集团有限公司	ZK2102A 数控深孔钻床

续表

序　号	企 业 名 称	质 量 产 品
8	沈阳机床（集团）有限责任公司	i5T3 系列智能车床
9	武汉重型机床集团有限公司	CKX53200 数控单柱移动立式铣车床
10	中南钻石有限公司	耐高温钛膜超硬复合材料

数据来源：中国机床工具工业协会，2018 年 4 月。

2017 年 3 月，中国机床工具工业协会公布了“中国机床工具行业 30 强企业”名单。本次评选以中国机床工具工业协会重点联系企业的月报和年报统计资料为依据，对主营业务收入超过 3 亿元人民币（含）以上的企业，按照“中国机床工具行业运行综合评价指数”计算方法进行同意评定，最终评选出“中国机床工具行业 30 强企业”，如表 6-9 所示。

表 6-9 中国机床工具行业 30 强企业（按企业名称拼音排序）

序　号	企 业 名 称	细 分 行 业 领 域
1	北京北一机床股份有限公司	金属加工机床
2	北京阿奇夏米尔工业电子有限公司	金属加工机床
3	北京精雕科技集团有限公司	金属加工机床
4	成都成量工具集团有限公司	工量具
5	大连机床集团有限责任公司	金属加工机床
6	东风设备制造有限公司	金属加工机床
7	广州数控设备有限公司	数控装置及机床电器
8	杭州友佳精密机械有限公司	金属加工机床
9	合肥合锻机床股份有限公司	金属加工机床
10	济南二机床集团有限公司	金属加工机床
11	江苏金方圆数控机床有限公司	金属加工机床
12	江苏亚威机床股份有限公司	金属加工机床
13	江苏扬力集团有限公司	金属加工机床
14	南通国盛智能科技集团股份有限公司	金属加工机床
15	宁波海天精工股份有限公司	金属加工机床
16	秦川机床工具集团股份公司	金属加工机床
17	瑞远机床集团有限公司	金属加工机床
18	山东威达重工股份有限公司	金属加工机床
19	上海工具厂有限公司	工量具

续表

序　号	企 业 名 称	细 分 行 业 领 域
20	沈阳机床（集团）有限责任公司	金属加工机床
21	泰安华鲁锻压机床有限公司	金属加工机床
22	天津市天锻压力机有限公司	金属加工机床
23	天水星火机床有限责任公司	金属加工机床
24	武汉华工激光工程有限责任公司	金属加工机床
25	武汉重型机床集团有限公司	金属加工机床
26	扬州锻压机床股份有限公司	金属加工机床
27	云南正成工精密机械有限公司	金属加工机床
28	浙江日发精密机械股份有限公司	金属加工机床
29	中南钻石有限公司	磨料磨具
30	株州钻石切削刀具股份有限公司	工量具

数据来源：中国机床工具工业协会，2017年3月。

第七章

新能源产业

第一节 国内外新能源产业发展动态

一、整体概况

（一）全球新能源产业实现高速发展

近年来，世界能源生产与消费格局向绿色低碳转型，全球新能源的生产和消费比例逐年迅速提高，更高效率、更低成本的能源新技术不断推广应用，能源电气化、智能化已逐渐成为能源发展主流，随着能源清洁高效开发、大规模可再生能源利用、智能电网、自主核能发电等技术的进步，构建低碳、清洁、高效、智能的能源新技术战略性新兴产业成为推动全球各国能源发展、培育经济增长新动能的重要力量。2018 年，全球清洁能源投资总额为 3 321 亿美元，同比下降 8%，其中，太阳能总投资同比下降 24%，海上风能同比增长 14%，生物质能和废物转化能源领域的投资同比增长 18%，生物燃料领域的投资增长 47%，地热能同比上涨 10%，小型水电能源同比下跌 50%，海洋能源同比上涨 16%。2017 年至今，全球范围内以风能、太阳能为首的可再生能源产业进入高速发展时期。世界各国对清洁、低碳的可再生能源需求增长带动了全球能源需求的增长，《BP 世界能源统计年鉴（2018 年版）》显示，2017 年，全球可再生能源发电量同比增长了 17%，即 6 900 万吨油当量，高于过去 10 年的平均增速，是有史以来最大幅度的增长，其中一半以上的增长是由风能贡献的，三分之一是由太阳能贡献的。2017 年，全球风电累计装机容量为 5.39 亿瓦，同比增长 10.64%。在全球范围内，亚洲、欧洲、北美洲仍然是风电新增装机容量最多的地区，欧洲风电更是实现创纪录增长，拉丁美洲、非洲、大洋洲风电发展仍然较为缓慢。海上风电新增装机实现跨越式增长。2017 年，全球海上风电新增装机容量为 4 334 万千瓦，同比增长 95.31%，占全球风电新增市场份额的 8.26%。2017 年，太阳能光伏发电装机容量达到 98 吉瓦，其中亚太地区装机容量占据了总装机容量的 75%，北美洲装机容量占据了总装机容量的 13%，欧洲装机容量占比为 7%。

（二）各国加快新能源各领域布局

1. 页岩气

随着油价的上涨，2017 年下半年，美国页岩油气产量增速明显加快。2017 年，美国页岩气产量为 4 746 亿立方米，占美国天然气总产量的 63%，同比增长 8.8%；美国页岩油产量为 2.3 亿吨，占美国原油产量的 41%。通过技术与管理创新，2017 年，美国不同盆地的页岩气开采成本出现了不同程度的下降，降幅为 10%～30%。在另一主要页岩气生产国加拿大，页岩气 2017 年产量达到 570 亿立方米；澳大利亚页岩气勘探取得积极进展，2017 年 2 月，澳大利亚一家公司宣布：在澳大利亚北部发现了超级页岩气田，约合 110 亿吨油当量。

2. 天然气水合物

日本在天然气水合物研究及开发方面进展加快。日本国内油气资源贫乏，因而对天然气水合物寄予厚望并持续加大研究及开发投入。2013 年 3 月，在日本南海海槽区实施世界首次海域水合物试采研究后，2017 年，日本按计划开展新一轮水合物中长期降压试采研究，试采地区与 2013 年的水合物试采地区为同一区域。2017 年 5 月 4 日，水合物降压试采研究正式开始，第一口井连续产气 12 天，累计采气 3.5 万立方米；6 月 5 日～28 日利用第二套试采设备开始试采，24 天共产气 20 万立方米，平均产量约 8 300 立方米/天。

3. 核电

俄罗斯在国际核电站设计和出口市场中占主导地位。俄罗斯国家原子能公司（Rosatom）一直在海外推销自己的产品，目前有 33 座新建核电站的订单，价值约 1 300 亿美元。俄罗斯的核计划能够持续发展的主要原因是 Rosatom 得到了俄罗斯政府的支持，核电站的市场定价合理，并能够提供核燃料服务。2018 年 5 月 17 日，“罗蒙诺索夫院士”号浮动核电站抵达摩尔曼斯克并装料，该核电站配备了 KLT-40S 小型反应堆装置，能够在标称运行模式下产生高达 70 兆瓦的电力和 50×10^9 卡/小时的热能，成为世界上迄今为止唯一运行的小型浮动核电站。

4. 地热

2017年以来，国际地热产业快速蓬勃发展，主要集中在美国和欧洲地区。美国犹他大学将在未来5年里获得来自美国能源部高达1.4亿美元的资助，以用于最前沿的地热研发。经过为期 3 年的规划、场地特征刻画及竞争，位于犹他州 Milford 附近的建议场地已被选定作为地热能研究前沿观测计划现场实验室，将致力于增强型地热系统或人造热储的研究。欧洲安装的地热发电量达到2.8吉瓦电力，目前有117家地热产业工厂，其中16家在2017年落成。由于地方和国家规划确定地热作为满足供暖需求的经济高效的解决方案，新地区供热网络的建设和旧区域的改造支持地热供暖的使用也在增加，2017年9家新工厂落成，在法国、荷兰和意大利增加了超过75兆瓦热功率。

5. 氢能

截至2017年年底，全球共有328座加氢站在运营，与2016年相比新增了64座。日本是全球拥有加氢站最多的国家，截至2017年年底共有91座加氢站在运营，比上一年新增11座。2017年，日本经济产业省在《氢能与燃料电池战略路线图》的基础上发布了《氢能基本战略》，提出：2020年加氢站数量提高到 160 座，2030 年建立国际氢能供应链，加氢站达到 900 座。德国共有 56 座加氢站，是全球拥有加氢基础设施数量排行第二位的国家，其中45座是公共加氢站，公共加氢站数量比2016年增加了一倍，计划于2019年将加氢站数量增加到 100 座。美国共有 39 座加氢站在运营，主要分布在加利福尼亚境内。2018年7月，法国公布了《法国氢能计划》，提出：从2019年起，法国环境与能源管理署将出资 1 亿欧元支持氢能发展，计划在 2028 年将加氢站增加到400～1 000座。

（三）我国新能源发展现状

近年来，我国已经逐渐形成以光伏、风电、新型核电为主，地热能、生物质能、海洋能等多种新型能源共同推进发展的新能源体系。

1. 新能源产业的能源替代效用逐渐增强

据统计，2018 年年底，我国的可再生能源发电装机容量达到了 7.28 亿千瓦，同比增长12%，占全部电力装机比重的38.3%。其中，水电为3.52亿千瓦、风电为 1.84 亿千瓦、光伏发电为 1.74 亿千瓦、生物质能发电为 1781 万千瓦。2018年可再生能源发电量达到18 700亿千瓦时，占全部发电量比重的26.7%。

2. 可再生能源利用率逐渐提高，“三弃”情况明显缓解

在水电方面，2018 年，我国弃水电量约 691 亿千瓦时，全国水电利用率平均达到 95%左右。在风电方面，新疆、甘肃、内蒙古是弃风主要集中地，2018 年全国弃风电量为 277 亿千瓦时，比 2017 年减少了 142 亿千瓦时。在光伏发电方面，新疆和甘肃是弃光主要集中地，2018 年，全国弃光电量比 2017 年减少了 18 亿千瓦时。

3. 新能源龙头企业实力明显增强

据 2018 年“全球新能源企业 500 强”榜单统计，我国有 217 家入围企业，比 2017 年增加了 19 家，而美国和日本分别只有 61 家和 58 家企业入围，分别排第二位和第三位。我国入选企业总营业收入达 13 837 亿元，同比增长 26.5%，牢牢占据全球首位。中国入榜企业呈现出太阳能、生物质能、储能和风能四足鼎立的基本格局，我国协鑫集团首次排名全球第一，而 GE Energy 则首次丢掉第一名，退居第四，在榜单前 30 名中有 9 家中国企业，显示出我国在新能源领域较强的实力。2018 年 1—12 月全国发电量统计如图 7-1 所示。

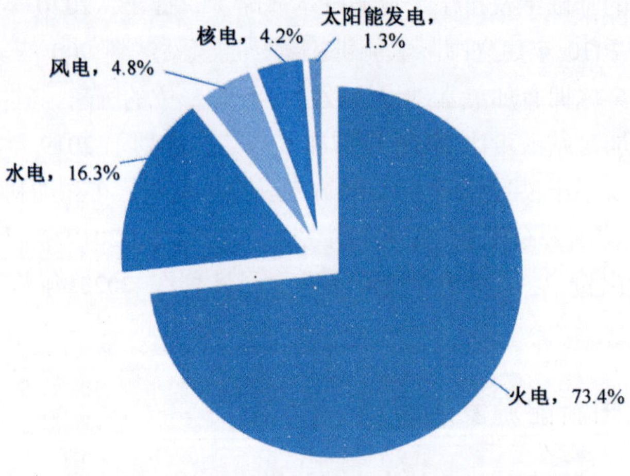

图 7-1　2018 年 1—12 月全国发电量统计分布

（数据来源：国家统计局网站，2019 年 1 月）

二、存在问题

1. 弃风、弃光在部分地区的矛盾依然突出

2018 年，我国弃风地主要集中在西北的新疆、甘肃、内蒙古地区，其中，

新疆弃风电量达到 107 亿千瓦时，弃风率为 23%；甘肃弃风电量为 54 亿千瓦时，弃风率为 19%；内蒙古弃风电量达到 72 亿千瓦时，弃风率为 10%。新疆和甘肃是主要的弃光地区，新疆（不含兵团）弃光率达 16%，甘肃弃光率达 10%。

2. 新能源电力交易“省间壁垒”仍待解决

当前，我国不同省域的电力交易市场间仍存在“省间壁垒”，突出表现为部分省份为了保障本省的就业和税收，对外来电力表示排斥，导致新疆、内蒙古等新能源发电大省的电力难以通过向外输送的方式消纳。

3. 国内同类企业合作不足，竞争和抢占资源问题严重

核电自主创新存在“重复、分散、封闭”现象，国内三大核电集团各自投入建立类似的研发设施，且研发成果难以有效共享，降低了资源利用效率。

三、政策动态

2017 年 12 月 6 日，国家发展改革委、国家能源局发布《关于促进生物质能供热发展的指导意见》，指出加快生物质能供热在区域民用供暖和中小型工业园区供热中的应用。2017 年 12 月 29 日，国家能源局发布《关于 2017 年光伏发电领跑基地建设有关事项的通知》，对作为光伏行业重要示范工程的光伏领跑发电基地的工作目标和要求进行了规定；同日，国家能源局、国务院扶贫办发布了《关于下达“十三五”第一批光伏扶贫项目计划的通知》，下达了 14 个省（自治区、直辖市）、236 个光伏扶贫重点县的光伏扶贫项目①。2018 年 5 月 18 日，国家能源局发布《关于 2018 年度风电建设管理有关要求的通知》，通过严格落实规划和预警要求、将消纳工作作为首要条件、严格落实电力送出和消纳条件、推行竞争方式配置风电项目、优化风电建设投资环境、积极推进就近全额消纳风电项目六条措施促进风电产业健康发展②。2018 年 8 月 13 日，《国家能源局综合司关于 2018 年度核电重大专项科研设施及验证平台开放共享试点平台的通知》发布，将“设备部件结构完整性及老化寿命评估试验平台”、

① 国务院扶贫开发领导小组办公室：《“十三五”第一批光伏扶贫计划下达》，http://www.cpad.gov.cn/art/2018/1/9/art_22_76421.html，2017 年 12 月 29 日。

② 中商情报网：《国家能源局关于 2018 年度风电建设管理有关要求的通知》，http://baijiahao.baidu.com/s?id=1601340223645058832&wfr=spider&for=pc，2018 年 5 月 18 日。

“核安全相关设备鉴定及材料评估试验平台”和“换热器关键性能试验验证平台”3 个以试验验证为主要功能的科研平台向社会开放。2018 年 10 月 30 日，国家发展改革委、国家能源局发布《清洁能源消纳行动计划（2018—2020 年）》，通过 7 大部分共 28 条具体措施，对全国平均风电利用率、弃风率、光伏发电利用率、弃光率提出了新的目标。2019 年 1 月 7 日，国家发展改革委、国家能源局发布《关于积极推进风电、光伏发电无补贴平价上网有关工作的通知》，通过 12 条措施促进可再生能源高质量发展，提高风电、光伏发电的市场竞争力。

第二节　中国新能源产业重点领域分析

一、光伏能源

（一）发展概况

（1）光伏发电市场规模持续迅速扩大。

2018 年，我国光伏发电新增装机容量达到 4 426 万千瓦。其中，集中式电站新增 2 330 万千瓦，分布式光伏新增 2 096 万千瓦；截至 12 月底，全国光伏发电装机容量达到 1.74 亿千瓦。从发电量来看，2018 年，全国光伏发电量达到 1 775 亿千瓦时，比 2017 年增长了 50%。

（2）“531”新政推动光伏行业转型升级。

2018 年 5 月 31 日，国家发展改革委、财政部、国家能源局联合发布《关于 2018 年光伏发电有关事项的通知》（以下简称“531”新政）。据统计，从 2018 年 5 月 31 日到 10 月 12 日，我国 66 家光伏上市（包括美股、港股、A 股）企业市值蒸发已超 2 423 亿元，较光伏产业过去 20 年的净利润还多。但在“531”新政发布后，我国光伏产业淘汰落后产能的步伐不断加快，光伏产业相关企业更加注重通过技术创新来实现提质增效。

（3）光伏平价上网有望加速。

2018 年 12 月 29 日，我国首个大型平价上网光伏项目在青海格尔木正式并网发电，该项目总装机 500 兆瓦，平均电价为 0.316 元/千瓦时，比青海省火电脱硫标杆上网电价（0.3247 元/千瓦时）低 2.68%。2019 年 1 月 9 日，国家能源局发布《关于积极推进风电、光伏发电无补贴平价上网有关工作的通知》，该政策提出，将开展平价上网项目和低价上网试点项目建设，促进风电、光伏发电通过电力市场化交易无补贴发展。

（二）技术进展

（1）量子裁剪太阳能聚光板成功制备。

2018 年 12 月，中科院大连化物所提出“量子裁剪太阳能聚光板”概念，合成了一种表现出典型量子裁剪特征的稀土金属镱掺杂的纳米晶材料，并采用此类纳米晶制备出量子裁剪荧光型太阳能聚光板原型器件，实现了约 120%的器件内部光学效率。据悉，荧光型太阳能聚光板是一种结构相对简单的大面积太阳能捕获装置，可以捕获太阳光后再将其转化为荧光，并利用全反射原理，将荧光传导到聚光板边缘，以激发贴在边缘处的太阳能电池，提高太阳能电池的光电转换效率。这种聚光板具有半透明的外观，可集成于建筑物玻璃中，制成新型“太阳能窗户”。

（2）有机太阳能电池新技术取得进展。

武汉大学科研人员提出了新的逐层刮涂技术，新的逐层溶液法制备出的活性层结构不仅展现出可比甚至更高的光电转换效率，而且显示出更加良好的器件热稳定性。他们利用逐层刮涂技术，成功地制备出了效率超过 10%的非富勒烯有机太阳能电池。该项工作为有机太阳能电池的大面积制备提供了一种新的涂膜技术，这一工艺将具有极大的应用前景。中国科学技术大学研究人员提出了首个自适应开关的有机分子太阳能电池设计，成功解决了有机太阳能电池中容易发生电荷复合和导电性无法切换的问题。

二、风能

（一）发展概况

（1）风电市场整体回暖，海上风电表现抢眼。

2018 年，全球新增风电装机容量为 49.7GW，陆上和海上风电装机容量分别新增了 45.4GW 和 4.3GW。中国仍是全球最大的风电市场，2018 年新增风电装机容量达 21GW，占全球总量的 42%；陆上装机容量回升，2018 年我国陆上装机容量新增 19.3GW，较 2017 年的 16.8GW 提高了 2.5GW，增幅达 14.9%；海上风电装机容量继续快速增长，2018 年我国新建 13 座海上风电场，新增装机容量 1.7GW，继 2017 年的 1.2GW 又创新高。

（2）弃风限电明显缓解，风电占比稳步提升。

2018 年，全国弃风限电情况得到改观，全国风电平均利用小时数同比增加 147 小时，达 2095 小时，增幅为 7.5%；全年的风电去风量同比减少 142 亿千瓦时，仅为 277 千瓦时，平均弃风率为 7%，同比下降 5 个百分点。风电占全部发电总装机容量和发电量的比重取得双提高。2018年，全国新增并网风电装机容量为2 059千瓦，累计并网装机容量达到1.84亿千瓦，占全部发电装机容量的9.7%[①]。风电发电量也有小幅增长，全年达到3 660亿千瓦时，占全部发电量的5.2%，比上一年提高了0.4个百分点。

（3）区域发展更加均衡，中东部地区成为重要增长区。

虽然当前全国“北高南低”的风电装机布局短期内不会改变，但拉动风电装机容量增长的地区已经逐步从三北地区向中部和东部地区转移。从东部地区来看，得益于海上风电、分布式风电的发展，新增装机容量增长加快。江苏、山东、福建的装机容量增长较快；由于这些地区消纳能力强，风电设备利用率近年来保持持续增长，在全国处于较高水平。从中部地区来看，随着山西等地风电建设解禁，以及分散式风电的发展，各省新增装机容量都有不同程度的增长；河南、山西增幅较大，各地的风电设备利用率也高于全国平均水平。从西部地区来看，各省市地区间差异明显，新疆、甘肃作为红色预警区域，新增装机容量基本没有变化；内蒙古、陕西、青海三地增长较快。从东北地区来看，由于吉林为红色预警区域，黑龙江为橙色预警区域，整个东北地区新增风电装机容量动力不大，东北三省风电装机容量与去年同期相比基本稳定，但风电设备平均利用小时数增长较为明显。

（4）龙头企业继续壮大，市场集中度进一步上升。

从企业经营来看，风电企业在过去一年里得到良好发展，据36家风电相关上市企业发布的2018年报业绩，27家公司业绩喜人、9家公司净利润增幅超过100%。从市场份额来看，近年来新增风电装机容量主要集中于龙头企业，且有愈加集中的趋势。2018年，前五大整机制造企业新增装机容量达到15GW，占当年新增风电装机总容量的72.9%，较上一年显著提升了9个百分点。2016年，风电装机容量前十强企业占据市场83.8%的份额，在2018年就达到了90%。其中份额最大的企业——金风科技的市场份额从2016年的27.7%上升到2018年的32%[②]。

（二）技术进展

（1）高海拔超低风速领域取得突破。

2018年6月12日，联合动力自主研发的UP2000-130超低风速高海拔机组

---

① 国家能源局：《2018 风电并网运行情况》，http://www.nea.gov.cn/ 2019-01/28/ c_137780779.htm。

② 资料来源：彭博新能源财经数据。

获得国内权威认证机构——中国船级社颁发的设计评估证书，这标志着我国在高海拔超低风速领域的自主创新能力实现新突破。该超低风速海拔机组主要针对我国云贵青等地海拔为2000 ~ 3000m、年平均风速为5m/s的环境设计，突破了高海拔环境适用性设计、低空气密度的最优发电量跟踪、高海拔热平衡控制等技术难题，实现了风电机组在高海拔适用性和整机成本内的最佳配置，也进一步提高了机组在该环境下的安全性和可靠性。

（2）低风速、超低风速风电机组实现新突破。

2018年3月22日和8月9日，中国海装120m轮毂高度钢混塔筒机组分别在河南内黄县和滑县完成吊装。该机组在开放利用低风速、超低风速地区风资源的同时不断提高发电量，突破了提高轮毂高度的技术难题，采取了提高机组容量、改进机组运行性能、加长叶片等措施，标志着我国已经全面掌握低风速高塔技术。

（3）潮流能发电机组创无故障运行时间记录。

截至2018年7月31日，由联合动力依托其“国家能源潮汐海洋能发电技术重点实验室”科研平台，在国家海洋局海洋可再生能源专项资金的支持下，由我国完全自主研发的世界首台应用270°变桨技术的300kW海洋潮流能发电机组已持续稳定运行3个月，在全球海洋清洁能源利用领域实现了重大突破，使我国海洋潮流能发电技术实现飞跃并进入世界先进行列。该机组实现了我国在该领域的多个全球“首次”：首次应用270°变桨技术，首次采用碳纤维大梁及叶根预埋螺栓，首次研制自适应双向主动防护密封技术，首创了潮流能机组动态仿真标准化工况表等。

（4）海上风力发电机组实现功率新突破。

2018年12月7日，上海电气研发的7MW海上风力发电机组在福建莆田下线，这是目前亚洲最先进的大功率海上风电制造工厂和国内商业化运行最成熟、功率最大的海上风电机组。目前，该机组已获得权威机构颁发的A类型式认证和DNV-GL颁发的低风险机组证书。同时，该机组也通过了国内涉网所需的全部测试，包括低电压穿越、电能质量测试、功率特性测试、噪声测试，确保机组满足国内电网特性。

三、新型核能

（一）发展概况

（1）核电实现全年平稳、安全发展。

截至2018年年底，我国投运核电机组共44台，装机容量达到44 645.16

MWe，商运核电机组累计发电量为 2 865.11 亿千瓦时，同比上升了 15.78%，约占全国累计发电量的 4.22%①。2017 年以来，各商业运行核电厂严格控制机组的运行风险，继续保持安全、稳定运行，未发生国际核事件分级（INES）1 级及 1 级以上的运行事件。

（2）全年新增 7 台核电机组。

2018 年 2 月 15 日、7 月 12 日、9 月 21 日、10 月 22 日、11 月 5 日、12 月 13 日、12 月 22 日，田湾核电 3 号机组、阳江核电 5 号机组、三门核电 1 号机组、海阳核电 1 号机组、三门核电 2 号机组、台山核电 1 号机组、田湾核电 4 号机组投入商业运行，新增装机容量 884.5 万千瓦。

（3）核电标准化工作积极推进。

近年来，我国持续推进核电标准化工作，并取得了阶段性进展，目前已发布了 900 余项核电标准，基本形成了覆盖核电全生命周期的标准体系。2018 年 7 月 23 日，国务院办公厅发布《关于加强核电标准化工作的指导意见》，提出加快建设与我国核电发展水平相适应的核电标准体系，并从优化完善核电标准体系、推动核电标准实施应用、扩大核电标准国际影响、强化核电标准能力建设、提升核电标准自主创新水平等方面提出了五类共 11 项重点工作。

（二）技术进展

（1）我国新一代铀浓缩离心机大型商用示范工程成功实现竣工验收。

2018 年 11 月 19 日，我国中核集团自主研发的新一代铀浓缩离心机大型商用示范工程通过国家竣工验收。这一工程的成功实施，标志着我国铀浓缩技术达到国际先进水平，铀浓缩离心机具备大规模商用条件。

（2）中国先进研究堆创造高功率连续运行新纪录。

2018 年 7 月 25 日 ~ 8 月 7 日，中国原子能科学研究院自主设计建造的中国先进研究堆（CARR）连续高功率安全运行 14 天，其稳定运行功率达到 30MW，具备国际先进水平，圆满完成其首次辐照任务，并创造了中国先进研究堆建成以来高功率连续运行的新纪录。

（3）我国企业首次中标的国际热核聚变实验反应堆（ITER）重要设备项目完成验收。

2018 年 8 月 9 日，在法国普罗旺斯地区卡德拉奇国际热核聚变实验反应堆

① 《2018 年 1—12 月全国核电运行情况》，http://www.china-nea.cn/site/content/35591.html。

（ITER）现场，ITER 核级压力容器蒸汽冷凝罐（VST）设计供货项目完成最终产权交接。据悉，该项目由中国广核集团下属的中广核工程有限公司牵头完成，该项目的顺利实施标志着我国企业具备了国际热核聚变实验反应堆压力容器设计供货能力。

四、氢能

（一）发展概况

（1）利好政策相继推出，政策支持力度加大。

国家发展改革委和国家能源局将“氢能与燃料电池技术创新”列为重要的技术创新方向[①]。工业和信息化部、商务部、科技部等部门也提出“发布实施节能与新能源汽车、智能网联汽车技术路线图”“加强燃料电池汽车、智能网联汽车技术的研发”，对燃料电池的汽车发展任务做了部署。

（2）氢能产业加速发展潜力巨大，氢能源电池占据半壁江山。

高工产研氢电研究所（GGII）数据统计，2016—2018 年，我国氢能源产业领域累计投资超过两千亿元，而其中与氢燃料电池汽车相关的投资额达一千亿元，占总投资额的一半。随着氢能产业的发展和应用领域的进一步开发，下游应用产业市场将得到快速拓展。当前我国氢燃料汽车基数低，而商用车运营模式日益成熟，未来氢燃料电池领域具有较大的增长潜力。有机构预测，2019 年氢气应用行业工业产值接近 4 000 亿元，到 2022 年将突破 5 000 亿元。

（3）各地加快布局氢能及下游应用产业，氢能源汽车成为焦点。

北上广等十多个省市地区已出台氢能发展规划等相关政策，促进氢能产业加快发展。北京在《北京市加快科技创新培育新能源智能汽车产业的指导意见》中提出要加大以氢燃料为主的燃料电池乘用车开发力度，上海发布《上海市燃料电池汽车发展规划》，苏州出台《苏州市氢能产业发展指导意见（试行）》，武汉出台“氢能产业发展规划建议方案”，山东出台《山东省打好柴油货车污染防治攻坚战作战方案》，提出鼓励各市组织开展燃料电池货车示范运营，建设一批加氢示范站；甘肃提出将加快建设全国首个国家网域大规模 720Mwh 电池储能电站试验示范项目，推进熔盐储能与高温制氢示范项目；江苏常熟在《常熟市氢燃料电池汽车产业发展规划》中，提出围绕氢燃料电池汽车的应用和推广

① 国家发展改革委：《能源技术革命创新行动计划（2016—2030 年）》，http://www.ndrc.gov.cn/zcfb/zcfbtz/201606/t20160601_806201.html。

示范建成一批市场优化运营的公共加氢站，建设更加完善的加氢设施，打造中国氢燃料电池汽车新高地；西安依托国内首个规模化氢发动机产业基地落地，提出打造氢能源和燃料电池汽车产业链。目前，全国氢能源汽车正处于示范运营阶段，商用燃料电池车将于2020—2025年进入成熟阶段，氢燃料电池车产业化走到全国前列的有广东云浮、江苏如皋等城市。

（二）技术进展

（1）氢能综合利用平台成立，推动技术突破。

2018 年 6 月 6 日，我国首个氢能工程技术研发中心在中国航天科技集团成立，这也是我国首个综合使用氢能源促进相关产业发展的平台。该平台旨在攻关氢能利用产业链的军民两用共性关键技术，建立氢能产业链的标准体系和技术体系，推动氢能利用领域高端装备的研发和产业化应用，为氢能技术在民用和国防领域的应用提供技术支撑。

（2）氢能领域相关催化剂取得新突破。

2018 年 3 月，武汉喜玛拉雅光电科技股份有限公司自主研发的燃料电池 Pt/C 催化剂量产技术取得重大突破，具备了多种类型催化剂产品规模化生产条件，打破了氢燃料电池核心材料长期被国外垄断的局面，该技术已经在多个高校院所和企业的燃料电池堆中使用。2018 年 12 月，中国科学技术大学研发出一种新型三元纳米片电催化剂，其催化性能优于当前商业贵金属材料，这种高性能、低成本的新型催化剂目前虽仍处于实验室阶段，但为中性水电解制氢提供了新的思路。

（3）我国自主技术燃料电池实现突破。

目前，燃料电池的大部分技术由国外掌握，国内燃料电池 70%的零部件需要进口。2019 年 1 月，国家电投集团氢能科技发展有限公司科研团队新研制的燃料电池实现了全产业链的自主化，实现了燃料电池堆的所有关键技术国产化，为燃料电池在我国大规模应用提供了可能。

第三节　中国新能源产业年度热点事件

一、中法两国元首共同为 EPR 全球首堆工程揭牌

2018 年 1 月 9 日，国家主席习近平与来访的法国总统马克龙在北京人民大

会堂共同为广东台山核电站 1 号机组成为 EPR 全球首堆工程揭牌①。据了解，该项目由中广核、法国电力集团和粤电集团共同投资，位于广东台山，其核电 1 号、2 号机组分别于 2009 年、2010 年开工建设，分别是全球第三、第四台开工建设的 EPR 三代压水堆核电机组。

二、国家积极推行可再生能源配额制

2018 年 3 月，国家能源局发布《可再生电力能源电力配额及考核办法（征求意见稿）》，该文件提出，未来将对各省规定最低的可再生能源消费比重，能源主管部门逐年制定各省可再生能源电力配额指标。2018 年 9 月，我国可再生能源配额制新一轮征求意见稿印制并正式下发给行业协会及相关企业，将进一步推动可再生能源的利用消纳。新能源行业期盼近十年的配额制，又迈出了实质性的一步。11 月 15 日，国家能源局综合司向社会各界征求《关于实行可再生能源电力配额制的通知》的意见，提出售电企业和电力用户协同承担配额义务。

三、全国首个省级海上风电大数据中心平台开工建设

2018 年 4 月，作为全国首个省级海上风电大数据中心项目，由中能远景信息技术（北京）有限公司承担的广东省海上风电大数据中心平台开工建设。该海上风电大数据中心建设，旨在集中采集和存储海上风电涉及的规划建设、工程信息、风机、升压站、气象、海事船舶、海缆、塔基、雷达、海洋监测等各种数据，为海上风电相关各方提供共享的数据融合服务，涉及海上风电建设和运维生态的诸如投资方、运维方、设备厂家、建设方、业主、气象局、海事局、地方政府、海洋局等多方主体，提供共享的数据服务和数据支撑。

四、光伏扶贫成为产业精准扶贫的创新举措

2018 年 5 月 18 日，《国家能源局关于印发进一步支持贫困地区能源发展助推脱贫攻坚行动方案（2018—2020 年）的通知》提出，国家将优先支持国内深度贫困地区建设村级光伏电站，鼓励各级地方政府统筹运用项目建设资金，通过采用农光、牧光、渔光等多种形式，实施差异化光伏扶贫。

---

① 《重磅！中法两国元首共同为 EPR 全球首堆工程揭牌》，http://www.tnpjvc.com.cn/tnpjvc/c102308/2018-01/10/content_58381e0e559e44cf9560177a3de8aa9c.shtml，2018 年 1 月 9 日。

五、国家发布《关于2018年光伏发电有关事项的通知》

2018年6月1日，国家发展改革委、财政部、国家能源局联合发布《关于2018年光伏发电有关事项的通知》[①]，因降补贴、限规模的力度超出预期，被称为“史上最严光伏新政”。该文件提出，2018年将暂不安排普通光伏电站建设规模，仅安排分布式光伏建设10GW，并提出要降低光伏发电的补贴力度。同时强调，对于新投资运营的光伏电站，其标杆上网电价统一降低0.05元/千瓦时，对分布式光伏发电项目，补贴标准降低0.05元/千瓦时。

六、中国“人造太阳”东方超环创造新的世界纪录

2018年7月3日，中国“人造太阳”——全超导托卡马克（EAST）东方超环装置成功实现超百秒稳态长脉冲高约束等离子体运行，并且创造了新的世界纪录。据有关方面介绍，当前，实现稳态长脉冲高约束等离子体运行是未来聚变堆亟待解决的关键科学问题，这项突破再次提升了我国在国际磁约束聚变实验研究中的重要地位，并对中国聚变工程实验堆的研发具有重要意义。

七、我国首个海上低电压穿越测试在兴化湾成功完成

在海上风电已经进入规模化和快速发展阶段，为避免大容量风电场集中接入电网后对电力系统安全稳定运行的扰动和冲击，低电压穿越能力将成为海上风电机组的必备技术和各企业开拓海上风电市场的技术前提。2018年12月，明阳智能MySE5.5-7.0MW平台海上风电机组在兴化湾试验风场零故障一次性完成了海上低穿测试，这是我国首次在海上进行风电机组低电压穿越测试[②]。

八、我国首座35千伏高电压大功率固体储能风电专属热源站投用

2018年12月14日，张家口市尚义县大青沟镇易地扶贫搬迁项目恩泽苑小区热源站一期工程调试成功，标志着我国首座35千伏高电压大功率固体储能风电专属热源站建设成功并投入使用。该热源站为时获2018年度国家电网有限公

① 国家发展改革委：《关于2018年光伏发电有关事项的通知》，http://www.ndrc.gov.cn/zcfb/zcfbtz/201806/t20180601_888637.html，2018年6月1日。

② 北极星电力网：《明阳智能MySE5.5-7.0MW平台机型正式进入批量化交付安装阶段》，http://news.bjx.com.cn/html/20181209/947443.shtml。

司科技进步一等奖的“大容量固态储热消纳清洁能源关键技术与应用项目”研究成果的产业化应用。该项目所应用的35千伏高电压固体储能技术在国内的首次应用，在形成一定规模后，不仅可以实现清洁能源功能，还可大幅提高当地风电消纳比例。

九、我国风电制造领域首得“中国专利金奖”

2018年12月25日，在北京国家知识产权局和世界知识产权组织共同主办的第二十届中国专利奖颁奖大会上，由国电联合动力技术有限公司自主发明的专利《一种风电场功率协同控制方法及其系统》获中国专利金奖，成为我国风电制造领域首个作为专利权人获得该奖项的企业。该专利旨在提出一种基于“风能-风电机组-风电场-电网信息”的功率协同控制方法和系统，以及融合尾流预测和智能分群的多约束多目标功率优化策略[①]。

十、《关于积极推进风电、光伏发电无补贴平价上网有关工作的通知》发布

2019年1月9日，国家发展改革委和国家能源局联合下发《关于积极推进风电、光伏发电无补贴平价上网有关工作的通知》，明确提出要促进风电、光伏发电通过电力市场化交易无补贴发展。对无补贴平价上网项目，该文件从避免不合理收费、鼓励通过绿证交易获得收益、明确电网企业建设接网工程、鼓励就近直接交易、执行固定电价收购政策、强化全额保障性收购政策、创新金融支持方式、调动地方政府积极性八个方面明确了支持措施。该文件的实施，为光伏发电、风电产业发展提供了广阔的市场，行业潜力有望加速释放[②]。

第四节　中国新能源产业重点企业分析

一、全球新能源企业五百强

2018年12月12日，“2018国际能源高峰论坛暨第八届全球新能源企业500强峰会”在人民日报社举行，“2018全球新能源企业500强”榜单也同步

① 北极星电力网：《我国首个风电制造领域“中国专利金奖”得主诞生》，http://news.bjx.com.cn/html/20181225/951923.shtml，2018年12月25日。

② 国家能源局：《关于积极推进风电、光伏发电无补贴平价上网有关工作的通知》，http://www.nea.gov.cn/2019-01/10/c_137731320.htm。

发布。相比往年，本次榜单发生了较大的变化：入围门槛不断提升、国家分布基本稳定、新兴市场国家扩大优势、中国优势不断扩大、储能产业快速发展。

在“2018 全球新能源企业 500 强”榜单中，从数量来看，我国企业共有 217 家入选，比上一年增加了 19 家，占榜单总数的 43.4%，继续巩固企业总数第一的地位，远多于排名第二的美国（61 家）和排名第三的日本（58 家），协鑫（集团）登顶榜单①。从营收来看，我国入选企业年度总营业收入达 13837 亿元，比上一年增加了 2 897 亿元，增长率高达 26.48%。榜单排名前 100 强的中国大陆地区企业如表 7-1 所示。

表 7-1 中国大陆地区入选“2018 全球新能源企业 500 强”榜单的企业及排名（前 100 强）

序　号	公　司	榜单排名
1	协鑫（集团）控股有限公司	1
2	晶龙实业集团有限公司	11
3	天能国际集团	15
4	晶科能源控股有限公司	16
5	常州天合光能有限公司	17
6	龙源电力集团股份有限公司	21
7	新疆金风科技股份有限公司	23
8	超威集团	25
9	阿特斯阳光电力集团	30
10	中国国际能源集团控股有限公司	33
11	明阳新能源投资控股集团有限公司	37
12	通威集团有限公司	38
13	宁德时代新能源科技股份有限公司	40
14	晶澳太阳能控股有限公司	43
15	江苏中利集团股份有限公司	45
16	中国光大国际有限公司	51
17	隆基绿能科技股份有限公司	53
18	江苏爱康实业集团有限公司	57
19	欣旺达电子股份有限公司	63
20	洛阳栾川钼业集团股份有限公司	66

① 中国新能源网：《2018 全球新能源企业 500 强榜单发布》，http://www.china-nengyuan. com/news/132853.html。

续表

序号	公司	榜单排名
21	国电科技环保集团股份有限公司	70
22	宁波东力股份有限公司	71
23	比亚迪股份有限公司	73
24	深圳市德赛电池科技股份有限公司	75
25	中国能源建设股份有限公司	78
26	北京新能源汽车股份有限公司	83
27	东方日升新能源股份有限公司	84
28	新特能源股份有限公司	86
29	上海电气集团股份有限公司	90
30	中国船舶重工集团动力股份有限公司	94
31	华能新能源股份有限公司	95
32	特变电工新疆新能源股份有限公司	97

数据来源：《中国能源报》，2018 年 12 月。

二、“北极星杯”十大光伏品牌企业

2018 年度“北极星杯”十大光伏品牌评选活动是由北极星太阳能光伏网连续举办的第七届评选活动。本次评选共选出十大光伏原材料及辅料企业、十大光伏电池/组件企业、十大光伏集中式逆变器企业、十大光伏分布式逆变器企业、十大光伏支架企业、十大光伏电气配套企业、十大光伏 EPC 企业、十大光伏电站运维企业、十大光伏户用系统企业、十大储能逆变器企业和十大储能电站品牌供应商企业。2018 年度“北极星杯”十大光伏品牌企业具体名单如表 7-2 所示。

表 7-2 2018 年度“北极星杯”十大光伏品牌企业

序号	排名领域	入围企业
1	十大光伏原材料及辅料企业	四川永祥多晶硅有限公司、中天光伏材料有限公司、新特能源股份有限公司、浙江弗沙朗能源股份有限公司、福建安铝业有限公司、史陶比尔（杭州）精密机械电子有限公司、广州金升阳科技有限公司、上海回天新材料有限公司、山东大海新能源发展有限公司、大全集团有限公司
2	十大光伏电池/组件企业	隆基乐叶光伏科技有限公司、晶澳太阳能控股有限公司、无锡尚德太阳能电力有限公司、徐州嘉乌光能科技有限公司、苏州腾晖光伏技术有限公司、合肥中南光电有限公司、苏州爱康光电科技有限公司、浙江启鑫新能源科技股份有限公司、安徽大恒能源科技有限公司、晶科能源有限公司

续表

序号	排名领域	入围企业
3	十大光伏集中式逆变器企业	上能电气股份有限公司、厦门科华恒盛股份有限公司、特变电工西安电气科技有限公司、深圳市禾望电气股份有限公司、深圳晶福源科技股份有限公司、北京能高自动化技术股份有限公司、山东奥太电气有限公司、上海正泰电源系统有限公司、深圳古瑞瓦新能源股份有限公司、深圳佳硕电气有限公司
4	十大光伏分布式逆变器企业	华为技术有限公司、深圳古瑞特新能源股份有限公司、阳光电源股份有限公司、深圳市禾望电气股份有限公司、宁波锦浪新能源科技股份有限公司、深圳晶福源科技股份有限公司、深圳市英威腾光伏科技有限公司、深圳市盛能杰科技有限公司、深圳市首航新能源有限公司、上海兆能电力电子技术有限公司
5	十大光伏支架企业	苏州康全属科技有限公司、厦门格瑞士太阳能科技有限公司、清源科技（厦门）股份有限公司、江苏中信博新能源科技股份有限公司、苏州瑞得恩光能科技有限公司、迈贝特（厦门）新能源有限公司、索沃（厦门）新能源有限公司、厦门科盛金属科技有限公司、福建奋安铝业有限公司、上海晨科太阳能科技有限公司
6	十大光伏电气配套企业	民电电气有限公司、德力西电气有限公司、浙江奔一电气有限公司、西安西电高压开关有限责任公司、长园深瑞继保自动化有限公司、环宇集团浙江高科股份有限公司、北京双杰电气股份有限公司、浙江天正电气股份有限公司、新风光电子科技股份有限公司、北京奥德威特电力科技股份有限公司
7	十大光伏 EPC 企业	特变电工新疆新能源股份有限公司、西安隆基清洁能源有限公司、苏州腾晖光伏技术有限公司、中天光伏技术有限公司、湖南红太阳新能源科技有限公司、合肥中南光电有限公司、展宇光伏科技（中国）有限公司、北京双杰电气股份有限公司、丽瀑能源工程技术（上海）有限公司、清源和科技（厦门）股份有限公司
8	十大光伏电站运维企业	青岛萨纳斯新能源科技有限公司、国能日新科技股份有限公司、特变电工新疆新能源股份有限公司、苏州中康电力开发有限公司、安徽大恒能源科技有限公司、浙江正泰新能源开发有限公司、深圳市晟鑫能源科技有限公司、无锡乐伏能源科技有限公司、北京寰宇环能科技发展有限公司、中天光伏技术有限公司
9	十大光伏户用系统企业	江苏天合家用光伏科技有限公司、无锡尚德益家新能源有限公司、晶澳太阳能控股有限公司、浙江晴天太阳能科技有限公司、深圳市英威腾光伏科技有限公司、阳光电源股份有限公司、浙江启鑫新能源科技股份有限公司、常州瑞峰新能源有限公司、合肥中南光电有限公司、深圳市首航新能源有限公司

续表

序号	排名领域	入围企业
10	十大储能逆变器企业	阳光电源股份有限公司、厦门科华恒盛股份有限公司、南京冠隆电力科技有限公司、深圳市科陆电子科技股份有限公司、上能电气股份有限公司、深圳晶福源科技股份有限公司、深圳古瑞瓦特新能源股份有限公司、深圳市英威腾光伏科技有限公司、深圳市禾望电气股份有限公司、合肥聚能新能源科技有限公司
11	十大储能电站品牌供应商企业	中天储能科技有限公司、中国长城科技集团股份有限公司、深圳市科陆电子科技股份有限公司、南京冠隆电力科技有限公司、浙江南都电源动力股份有限公司、北京睿能世纪科技有限公司、天能电池集团有限公司、烟台创为新能源科技有限公司、北京双登慧峰聚能科技有限公司、长园深瑞继保自动化有限公司

数据来源：北极星太阳能光伏网。

三、风电整机制造企业装机容量排名

2018 年，我国共有 22 家风电领域整机制造企业实现新增装机，领军企业仍不断扩大在装机容量上的领先优势。国外风电企业也增长迅速，2018 年共有三家国外风电整机制造企业新增装机容量，其中丹麦的维斯塔斯在中国市场新增容量达到 584MW，重新跻身中国市场企业排行前十。2018 年，主要风电整机制造企业中国新增装机容量及市场份额如表 7-3 所示。

表 7-3　2018 年主要风电整机制造企业中国新增装机容量及市场份额

序号	公司名称	2018 年风电装机容量（GW）	2018 年中国市场份额（%）
1	金风科技	6.7	31.9
2	远景能源	3.7	17.6
3	明阳智慧能源	2.5	11.9
4	国电联合动力	1.3	6.2
5	上海电气	1.1	5.3
6	运达风电	0.9	4.3
7	中国海装	0.8	3.8
8	湘电风能	0.7	3.3
9	东方电气	0.7	3.3
10	维斯塔斯（丹麦）	0.6	2.9
11	其他（含国外整机制造企业）	2.0	9.5

数据来源：彭博新能源财经。

四、中国核能行业协会常务理事单位

中国核能行业协会成立于2007年4月18日，主要职能是协调政府与企业之间的关系以及加强与国外相关行业企业的联系，目前，中国核能行业协会的会员有400家，常务理事单位有29家，名单如表7-4所示。

表7-4 中国核能行业协会常务理事单位名单

序号	企业名称
1	核电秦山联营有限公司
2	广东核电合营有限公司
3	华能山东石岛湾核电有限公司
4	华能核电开发有限公司
5	江苏核电有限公司
6	秦山核电有限公司
7	秦山第三核电有限公司
8	香港核电投资有限公司
9	中国核工业地质局
10	中广核铀业发展有限公司
11	电力规划设计总院
12	中国核电工程有限公司
13	中广核研究院有限公司
14	中广核工程有限公司
15	中国核工业华兴建设有限公司
16	大全集团有限公司
17	哈尔滨工程大学
18	中国大唐集团核电有限公司
19	宝银特种钢有限公司
20	浙江宏伟供应链股份有限公司
21	广东省粤电集团有限公司
22	清华大学核能与新能源技术研究院
23	国核示范电站有限责任公司
24	上海阿波罗机械制造有限公司
25	上海核工程研究设计院有限公司
26	武汉第二船舶设计研究所
27	江苏海龙核科技股份有限公司
28	中国核科技信息与经济研究院
29	国核工程有限公司

数据来源：中国核能行业协会。

第八章

新材料产业

第一节 国内外新材料产业发展动态

一、整体概况

当前，全球正迎来新一轮科技革命与产业变革，新材料产业正处于从蓄势待发到颠覆性变化的关键时期，以纳米材料、超导材料、半导体材料、新型显示材料、生物材料等为代表的材料技术创新异常活跃，与信息、能源、通信、生物等技术加速融合，不断催生材料基因组计划、增材制造、二维材料等新技术、新模式蓬勃兴起。“一代材料、一代制造、一代装备”，每一次新材料的重大突破都会引起制造业的重大变革，带动新兴产业崛起，新材料已成为各个国家抢占未来发展制高点的重中之重，呈现出以下三个趋势。

（一）市场需求保持旺盛，产业规模持续扩大

新材料产业是当今科技创新最为活跃的产业之一，全球各国包括发达国家各自提出发展或重振制造业的计划，不约而同地聚焦新材料领域，以之作为回归和深耕实体经济、抢占新一轮国际科技经济竞争制高点的基石，不断加大对新材料、新工艺、新产品的工程化应用研究支持力度，以新材料为重要支撑的集成电路、新型显示、动力电池等高技术产业快速发展，以新材料为突破口的机械制造、石化能源、化学工业、纺织服装、建筑材料等传统产业加快转型提升，由此带动新材料产品及技术市场不断扩大。到2017年年底，全球新材料产业规模已超过 2.2 万亿美元，每年持续以 10%以上的速度增长，其中集成电路材料、新型显示材料、生物医药材料、航空航天材料等，市场规模均已达到数百亿到数千亿美元。

（二）区域差距梯次特征显著，跨国公司垄断格局加剧

从全球格局来看，目前全球新材料产业创新主体仍是美国、日本及欧洲等发达国家及地区。其中占据领跑地位的是美国；日本在高分子纳米材料、半导体硅材料、新型显示材料等领域具备明显优势；欧洲在光学与光电材料、结构材料等方面具有优势。

中国、韩国、俄罗斯紧随其后，在全球竞争格局中处于第二梯队。中国在稀土永磁材料、人工晶体材料、非线性激光晶体材料等领域具有鲜明特色；韩国在显示材料、存储材料等领域走在世界前列；俄罗斯在耐高温材料、宇航材料等领域具有相对优势。除巴西、印度等少数国家外，大多数发展中国家的新材料产业处于相对落后的状态。从领先企业来看，发达国家拥有绝大多数的大型跨国集团公司，巴斯夫、杜邦、拜耳、陶氏等，凭借其技术研发、资金、人才和专利优势，形成了较深的“护城河”，在高技术含量、高附加值的新材料产业领域占据主导地位。例如，在半导体硅材料领域，信越、瓦克、住友、MEMC 和三菱材料占据国际市场销售额的 80%以上。

（三）产业上下游融合加速，多专业协同创新需求提升

当前，集群化、高效化、集约化成为新材料产业发展的突出特点，新材料产业和上下游关联产业的配套协作与渗透融合更加紧密，新材料产业结构逐步呈现垂直扩散趋势，新材料技术产业化的中间环节大幅减少，研究成果转化周期大为缩短，研发与市场风险得到降低和规避，通过技术突破、协同创新打通产业化瓶颈的案例逐渐增多。同时，伴随着元器件逐步向微型化、集成化、智能化和高频化发展，新材料技术与元器件一体化综合集成日趋明显，新材料产业跨行业跨领域结合日益紧密，前沿新材料原始创新推进速度大幅提升，新材料产业与相关应用产业进一步协同创新发展。例如，氮化镓等化合物半导体材料为照明工业带来革命性的变化，质子膜燃料电池（PEMFC）逐渐成熟并推动新能源汽车突破性能瓶颈。

二、存在问题

目前，我国已成为全球制造业规模最大的国家，制造业正加速向高质量发展迈进，新材料应用基础雄厚，市场需求保持高速增长。2018 年，我国新材料产业市场规模超过 3.5 万亿元，占全球比重逐年提升，其中，稀土功能材料、光伏材料、有机硅、超硬材料、特种不锈钢等产能居于世界前列，对战略性新兴

产业有重要支撑作用的锂电材料、钛合金、复合材料、高性能纤维等继续以较高增速发展。作为新兴产业，部分关键领域取得较大突破，创新能力不断提高，科技成果转移转化取得一定成效，纳米材料技术的研发和应用处于国际先进水平，石墨烯材料研发投入、创新团队和技术应用水平迅猛发展。其中，石墨烯触摸屏技术处于世界领先地位，超导材料、超材料、低温材料等的研究和产业化水平达到世界先进水平，为新材料产业高质量发展打下了良好基础。

然而，我国新材料产业健康可持续发展依然存在以下三个方面问题。

（一）基础材料产能过剩，新材料供给不足

我国上百种基础材料的产量已经达到世界第一，但从质量和效益水平来看，大多处于产业链和价值链的低端环节，面临低端产能过剩局面，“大而不强，大而不优”的问题亟待改善。主要原因有：一是以要素驱动和投资规模驱动的发展不可持续，部分地区和企业严重依赖资源和投资，盲目跟风上马项目扩大产能，产业同质化竞争严重，影响了行业可持续发展。2017 年，分布式光伏建设爆发式增长，光伏高效产品领域的各大企业掀起了新一轮产能扩张，多晶硅、硅片、电池、组件领域都出现了产能过剩迹象，光伏产能过剩与市场消纳能力不足之间存在矛盾，行业洗牌隐忧再现。二是产业上下游协作融合不足，供应链信息不对称，部分产品商的性能、产量不能满足下游应用市场实际需求。国内稀土永磁生产企业难以精准获取下游应用客户对产品性能一致性、稳定性、可靠性等方面的要求，导致生产的产品常无法满足实际需求。

（二）关键战略材料核心技术缺失，进口替代迫在眉睫

除稀土功能材料、第三代半导体、纳米科技等部分领域外，我国多数关键战略材料支撑保障能力较弱，与国际水平尚存明显差距，受制于人等问题依然突出。2018 年，工业和信息化部对全国 30 多家大型企业的 130 多种关键基础材料调研结果显示，32%的关键材料在中国仍为空白，52%依赖进口，计算机和服务器通用处理器领域中 95%的高端专用芯片、70%以上的智能终端处理器及绝大多数存储芯片依赖进口。在装备制造领域，高档数控机床、高档装备仪器、运载火箭、大飞机、航空发动机、汽车等关键件精加工生产线上逾 95%制造及检测设备依赖进口。一方面，关键战略材料的核心技术几乎被国外垄断，并通过专利技术加以保护，一旦国内企业实现技术突破，就通过降价压制利润，打压中国企业生存空间；另一方面，配套产业落后使产业突破“举步维艰”，新材料产品成套技术不完备，生产设备发展滞后严重制约产业发展壮

大。例如，由于国外碳纤维高温碳化炉的稳定性及技术先进性较好，国内企业多数引进国外设备，导致运营成本偏高，形成规模效应需付出较大代价。

（三）前沿新材料创新不足，传统研发模式亟待改善

技术创新是贯穿新材料产业的核心驱动力，直接决定了产业发展前景和先发优势。目前，我国自主创新能力依然不足：实验室阶段，研发大多跟踪模仿国外，极少有原始创新，研发周期较长，直接影响了在后续产业链中的价值分配；工程化阶段，作为实验室和产业化两者之间的“关键纽带”，缺乏高通量计算、高通量合成与表征、材料基因组等新型研发方式支撑，导致科研成果转化率低，新产品、新材料无法市场化应用，造成资源浪费；产业化阶段，例如，半导体材料作为半导体产业链的重要组成部分，产品升级路径清晰稳定，但由于面临专利技术封锁严重、升级迭代速度较快及资本投入密集，我国相对于全球领先水平的差距在于芯片设计及制造环节，国外龙头企业保持和掌控产业链定价权或市场份额获取超额利润。

三、政策动态

（一）搭建技术转移、转化平台，加快完善产业创新体系

建设国家新材料产业资源共享平台。为全面提升我国新材料产业资源共享服务水平，2018年4月，工业和信息化部、财政部联合印发了《国家新材料产业资源共享平台建设方案》，将以国家战略和新材料产业发展需求为导向，建立和完善新材料领域资源开放共享机制，联合龙头企业、用户单位、科研院所、互联网机构等各方面力量，整合政府、行业、企业和社会资源，同时紧密结合政务信息系统平台建设工作，充分利用国家数据共享交换平台体系和现有基础设施资源，加强与各部门现有政务信息服务平台及商业化平台的对接和协同。同时提出，到2020年，围绕先进基础材料、关键战略材料和前沿新材料等重点领域和新材料产业链各关键环节，基本形成多方共建、公益为主、高效集成的新材料产业资源共享服务生态体系；到2025年，新材料产业资源共享服务生态体系更加完善，平台集聚资源总量和覆盖领域、共享开放程度、业务范围和服务能力进一步提升，平台网络体系和线下基础设施条件更加完备，新材料产业资源共享能力整体达到国际先进水平①。

① 工业和信息化部、财政部：《工业和信息化部 财政部关于印发国家新材料产业资源共享平台建设方案的通知》，http://www.miit.gov.cn/n1146295/n1652858/n1652930/n3757017/c6189597/content.html。

（二）强化政策保障，培育重点产品应用市场

深化开展重点新材料首批次应用保险补偿机制试点工作。2018 年 12 月，《工业和信息化部办公厅银保监会关于开展 2018 年度重点新材料首批次应用保险补偿机制试点工作的通知》发布，完善新材料首批次保险机制，将从制度安排上对新材料应用示范的风险作出分担，突破新材料应用的初期市场瓶颈，激活和释放下游行业对新材料产品的有效需求。2018 年 12 月，工业和信息化部发布了《重点新材料首批次应用示范指导目录（2018 年版）》，涵盖 166 种材料，比 2017 年增加了 45 种，包括先进基础材料 17 种、先进有色金属材料 22 种、先进化工材料 33 种、先进无机非金属材料 46 种、关键战略材料 39 种、前沿新材料 9 种。

第二节　中国新材料产业重点领域分析

一、先进半导体材料

（一）发展概况

（1）我国半导体材料细分领域正在逐一突破。

半导体材料主要包括两种类型：晶圆材料与芯片封装材料。其中，晶圆制造材料包括硅晶圆、光刻胶、光刻胶匹配试剂、湿电子化学品、电子气体、CMP 抛光材料、靶材等，硅晶圆是在半导体材料市场中占比最大的，约占 33%；芯片封装材料包括封装基板、引线框架、树脂、键合丝、锡球和电镀液。随着国内 OEM 生产线、存储器生产线和封装测试线加大规模建设，国内半导体材料市场规模发展迅速。在靶材、CMP 抛光材料、湿电子化学品、研磨液等晶圆制造材料领域，以及封装基板、引线框等部分封装材料领域，中国的产品技术标准已经达到全球一流水平，生产线已实现中大批量供货。在电子气体、硅片、化合物半导体、掩模版等领域，涌现出上海新阳、中环股份和晶盛电机等龙头企业。

（2）大尺寸硅片等高端领域与发达国家的差距仍然很大。

从行业竞争格局看，日本、美国、韩国、德国等国家和地区在硅晶圆、特种气体、溅射靶材等领域占据绝对主导地位。以硅晶圆为例，日本 Shinetsu 与 Supreme High-Tech、德国 Silitronic 及韩国 LG 几乎占据了 90%以上的市场份额，特别是在 8 英寸和 12 英寸集成电路硅片领域。我国自主生产的硅片主要是 6 英寸硅片，销量占全球总量比重不到 5%，主要的应用领域仍然是光伏和低端分

立器件制造。在光刻胶领域，KrF（248nm）和 ArF（193nm）的核心技术被日本和美国企业垄断，JSR、信越化学、SEMATECH、IBM 等企业占据了 95%左右的市场份额，我国光刻胶工艺仍处于落后状态。此外，在 SiC、GaN 等第三代半导体研究方面，目前只有美国的 Cree 公司、德国的 SiCrystal 公司和日本的新日铁公司掌握先进技术，我国起步较晚，尚未实现超越。

（3）国家对半导体材料的政策支持显著增加。

近年来，我国制定了一系列产业政策，加快半导体材料供应的本土化。例如，科技部于 2017 年印发《“十三五”材料领域科技创新专项规划》，广东、苏州、上海、北京等省市地区相继出台针对第三代半导体的支持政策。还有很多省市地区设立了集成电路专项基金，对半导体材料进行补贴。例如，上海重点支持晶圆制造材料代工制造业，围绕上海华力、华虹宏力等骨干企业展开布局，重点支持先进工艺和特色工艺生产线，基金总规模 500 亿元。

（二）技术进展

（1）摩尔定律已经放缓，我国企业迎来技术追赶的机会。

近年来，随着晶体管发展接近极限，摩尔定律趋势不断放缓。2018 年 8 月，联电宣布放弃 12nm 以下的先进工艺研发[①]。紧接着，格芯也宣布将无限期地暂停 7nm 制程工艺的开发。英特尔在其 10nm 制程产量化方面也遭遇了困难。国内企业则抓住本次机会，缩小与海外企业的差距。例如，中芯国际于 2018 年第二季度实现 14nm 制程量产，未来将在 14/16nm、28nm 等领域与海外企业展开竞争。

（2）我国大尺寸硅片技术水平正在提升。

8 英寸和 12 英寸大硅片的制备生产对倒角、精密磨削的加工要求高，良品率对于企业来说是非常大的挑战。上海新阳、中环股份等龙头企业正在加大投入，提升大尺寸硅片的技术水平。2018 年 4 月，上海新阳透露，上海新昇 300mm 大型硅片测试片产能已达到 5 万～6 万片 / 月，销售量达到 2 万片 / 月左右，且产能持续提升。中环股份在内蒙古、天津、江苏三地布局 8～12 英寸晶体、抛光片的研发和生产，2018 年 3 月，天津的 8 英寸抛光片产能已达到每月 10 万片，预计建成后产能将达到每月 30 万片，实现国内最大市场占有率；12 英寸抛光片试验线已经建成，到 2018 年年底达到每月 2 万片的生产能力；江

① 搜狐科技：《拼盈利不拼技术 联电宣布放弃 12nm 以下先进工艺投资》，https://www.sohu.com/a/246834854_100191018，2018 年 8 月 13 日。

苏的项目投资完成后，预计到2022年，8英寸抛光片产能将实现75万片/月，12英寸抛光片产能将达到60万片/月。

（3）我国正在积极推动第三代半导体材料布局。

随着资本不断进入第三代半导体领域，产业特色集聚区正在不断形成完善。在SiC领域，主要在北京、山东、江苏、河北、山西、湖南、福建等地布局，目标是4英寸及6英寸的SiC单晶衬底材料研发。其中，天科合达、山东天岳、中电二所等初步实现了4英寸SiC单晶衬底材料批量生产及6英寸样品的开发；泰科天润、世纪金光、中电五十五所及十三所等多家企业和机构已实现600~3300V的SiC肖特二极管的批量生产，处于用户验证阶段。中车株洲时代电气、国家电网联合研究院、厦门三安等企业和科研院所都建设了6英寸SiC电力电子器件工艺线。在GaN领域，主要在河北、江苏、广东、浙江等地布局，其中中电13所已形成系列化GaN微波功率器件和MMIC产品，并被华为、中兴用于基站研发。苏州纳维、东莞中镓拥有2~4英寸GaN单晶衬底材料的供应能力；三安集团也建立了GaN射频器件生产线。海特高新通过其子公司海威华芯，建设砷化镓半导体芯片40 000片/年、氮化镓半导体芯片30 000片/年的集成电路芯片生产线。

二、新型显示材料

（一）发展概况

（1）液晶行业整体实力稳步提升。

2018年在大尺寸、全面屏、4K超高清市场显著增长的情况下，面板价格保持稳定增长，价格比上一年增长了8%。其中，液晶显示面板表现最为优异，2018年出货面积达到2.2亿平方米①。在全球市场的推动下，国内液晶显示产业继续呈现良好的发展态势。国内多个企业实现新生产线量产，包括京东方福州8.5代及合肥10.5代，中电熊猫在咸阳的8.6代产线、在成都的氧化物8.6代产线，以及重庆惠科金隅光电的8.6代产线、华星光电在深圳的11代产线等。在此带动下，国内企业市场占有率超过22%，产业规模超过3000亿元，位居全球第一。2018年前三季度，京东方和华星光电、天马三家主营业务收入高达1100亿元，约合163.7亿美元，比上一年同期增长10.4%，超过全球LCD液晶材料

① 耿怡：《新型显示：全球出货面积同比增长8%，我国站稳TFT-LCD领域优势地位》，《中国电子报》，2019年1月4日。

行业平均水平。

（2）关键材料本土支撑配套能力不断提高。

随着我国成为全球新型显示产业的重要市场，多家关键材料的国外龙头企业包括康宁玻璃、日东电工、默克等纷纷增加了在中国的投资布局，选择在国内建厂或与国内企业开展合作。在国外企业的技术输入下，国内企业的技术水平显著提升。2018 年，国内液晶材料企业市场份额超过 50%，铜靶、铝靶、钼靶的规模化生产打破了外国公司在技术和市场的垄断。

（3）OLED 材料展现进口替代趋势。

在大尺寸电视领域，LCD 依然保持主流地位。然而，随着 OLED 技术的逐渐成熟，OLED 显示面板即将取代 LCD 显示面板。OLED 面板具有自发光、无须玻璃基板覆盖的特点。结构上的差异让 OLED 显示面板可以比 LCD 面板更薄，而且面板柔性可弯曲。据预测，2018 年全球 OLED 面板出货数量将达到 4.5 亿片，同比增长 3%。其中，智能手机用 OLED 面板出货量将达到 4 亿片，OLED 电视面板出货量有望达到 400 万片。我国大陆企业在 OLED 领域已取得长足进步。京东方在成都的 6 代柔性 AMOLED 生产线已经实现量产，并为华为 Mate 20 Pro 手机提供屏幕材料；维信诺致力于 OLED 面板生产，现已开始为锤子坚果 Pro2S 和小米手机供货。

（二）技术进展

（1）印刷 OLED 显示技术成果产业化逐步实现。

我国不断增加对印刷 OLED 领域的投入，提升技术水平。其中，华南理工大学、天津大学、中国科学院长春应化所等高校和科研院所的荧光材料、磷光材料等发光材料，以及载流子传输材料研究实力强劲，还在墨水材料技术、电化学溶液成膜技术、喷墨打印技术、电湿润显示技术、印刷显示相关材料性能评价方面拥有坚实的研发基础。其中，华南理工大学基于自主研发的聚合物发光材料及印刷阴极材料，成功制备了全球首个全喷墨打印的 4.8 英寸全彩柔性 OLED器件，从原理上实现了器件的全印刷技术①。一些龙头企业也取得了技术进展。例如，汉王推出使用电子纸为显示屏的电子书为我国首例，电子书采用 5 英寸电泳显示电子纸，分辨率为 800×600dpi；TCL 集团、深圳华星光电有限公司、天马微电子集团、广州新视界光电科技有限公司等公司在柔性显示基板

① 史冬梅 等：《印刷与柔性显示材料与器件技术发展现状与趋势》，《科技中国》，2018，第 16-18 页。

技术、柔性封装与阻隔膜技术、印刷背板驱动技术等方面也积累了许多研究经验。维信诺(固安)独立设计并建造的第六代全柔性 AMOLED 生产线项目，能够生产曲面屏、全面屏，以及折叠显示屏、全柔性显示屏等。生产线设计产能 3 万片 / 月，可满足近亿个智能终端屏幕需求。

(2)发光新材料研发取得突破。

未来的显示材料聚焦在自发光材料领域。我国在有机发光二极管等领域取得了国际领先的技术。例如，吉林大学研究团队成功应用有机发光自由基材料制备有机发光二极管，并开发出高发光效率的自由基发光材料和发光器件，可以解决传统有机发光二极管发光效率不高、成本较高等问题①。南京理工大学纳米光电材料研究所运用独创的室温离子交换组装法研究钙钛矿发光，在全球率先实现了“最绿”的高效纯色发光，标志着我国在新型显示材料研究领域取得了重大突破，相关技术处于世界前沿。

三、稀土功能材料

(一)发展概况

(1)稀土新材料产业的应用价值得到进一步增强。

随着新能源汽车、轨道交通装备、节能家电、电动工具、工业机器人等行业需求不断提高，稀土新材料产业也在不断发展。特别是在包头、赣州等稀土原材料产地，应用发展更加全面。例如，包头积极推进稀土产业转型升级试点，重点关注稀土冶炼分离、低端材料加工等传统产业的转型升级，同时注重稀土新材料的发展，扶持培育高端稀土功能材料及合金产业，同时，积极向下游应用延伸，推动稀土在钢铁、有色金属、高端装备等领域的应用，争取高附加值产品，向价值链高端攀升，建设全球轻稀土产业中心。江西赣州经开区坚持“建链、强链、补链”，向产业链高端延伸，实现科技创新和效益并重也成为稀土新材料企业的发展方向。

(2)我国稀土永磁材料产业发展已经进入快车道。

随着电子化和自动化水平的不断提升，钕铁硼稀土永磁材料的应用领域也在显著扩大。凭借稀土资源优势，我国大力发展钕铁硼永磁材料行业，年产量高达 10 万吨，全球占比达到 80% ~ 90%，成为世界上生产和销售钕铁硼最多的

---

① 搜狐新闻：《吉林大学在有机发光二极管研究上取得新进展》，http://www.sohu.com/ a/279668871_343161，2018 年 12 月 4 日。

国家。据中国稀土行业协会磁性材料分会分析统计，2018 年烧结钕铁硼毛坯产量约 15 500 万吨，同比增长 5%；粘结钕铁硼产量 7 000 吨，同比增长 5%；钐钴磁体产量 2500 吨，与去年同期持平。目前，我国已培育出中科三环、宁波韵升、正海磁材等龙头企业，可以批量生产 N50、48M、45H、42SH、40UH 等世界公认的主流高档产品。

（3）稀土催化材料在环境和能源催化领域应用广泛。

在社会对节能环保的要求不断提高的背景下，对化学工业催化剂的需求也随之提升。2017 年，全球化学工业催化剂达到 63.35 亿美元的市场规模。其中，稀土在石油化工催化材料中的应用广泛，利用稀土催化技术可用于挥发性有机废气治理、工业废气清理和人居环境净化。全世界每年约消耗 3 万～4 万吨的氧化镧和氧化铈稀土化工催化剂。我国大型稀土催化剂企业包括中石化催化剂分公司、中石油兰州催化公司、乐山润和稀土催化剂公司等。2018 年，石油裂化催化剂产量 20 万吨，与去年同期持平。

（二）技术进展

（1）钕铁硼永磁材料技术不断改进。

钕铁硼是产量最高、性能最好、应用最为广泛的永磁材料，我国和日本是目前全球最大的钕铁硼永磁材料生产国。目前，钕铁硼的生产方式主要是烧结和粘结。其中，粘结钕铁硼是将磁粉通过压延成形、注射成形、挤压成形、模压成形等工艺制作而成的，工件精度高但机械强度低；烧结钕铁硼通过粉末冶金工艺制备而成，由于磁体内部存在较强的各向异性，抗弯强度受到影响。因此，针对烧结钕铁硼永磁材料的强韧化、高矫顽力研究成为热点。目前，我国科研人员已经提出“速凝铸带+氢破”“双合金+氢破”等多种工艺，力求通过精准控制粉末颗粒大小，对织构进行控制。在未来，将在减少稀土用量、降低稀土损耗率、提高产品质量等方面进一步加强研究。

（2）高端稀土发光材料推动我国照明和显示产业的健康发展。

以稀土化合物为基质和以稀土元素为激活剂的发光材料研发及产业化水平提升，我国白光 LED 荧光粉的自给程度得到显著提高。20 世纪 80 年代以来，我国已经成为世界上最大的稀土发光材料生产国和消费国。为了提升稀土荧光粉的发光效率和稳定性，满足无极荧光灯、白光 LED 及等离子显示屏等下游应用日益提升的需求，我国正在通过添加硫化物、砷酸盐、钨钼酸盐等，提升荧光粉的显色指数。

（3）稀土储氢材料为储氢蓄电池的发展提供支撑。

稀土储氢材料主要用于镍氢电池和储氢装置。近年来，我国在混合动力汽车领域取得了技术突破，这离不开稀土储氢材料的支撑。吉利和科力远作为汽车整机和电池企业正在开展合作，开发的混合动力汽车已开始小批量生产。但是混合动力电池用储氢材料仍主要来自日本。我国一些生产企业正在积极开发 RE-Mg-Ni 系储氢合金，厦门钨业、北京浩运金能、三德电池材料等企业已进入混合动力电池供应链。在民用电池和工业电池领域，我国储氢材料产品已出口到日本、韩国和欧洲等国家和地区。

四、先进有色金属材料

（一）发展概况

（1）有色金属行业产量平稳增长。

随着产业下游的汽车、航空航天、高端装备等产业的快速发展，我国有色金属行业产量稳步增长。2018 年，10 种有色金属产量为 5 688 万吨，同比增长 6%，波动范围较小①。在产业发展过程中，由原来的规模扩张逐渐向产业转型升级聚焦，一方面加大技术改造，重视环保安全；另一方面，加强高端材料技术及工艺研发，在此带动下，有色金属行业投资有所恢复。

（2）我国新型轻合金产业稳步发展。

出于环保和节能的需求，汽车和航空航天的轻量化已经成为一种发展趋势。以航天为例，2015—2017 年，轻合金在中国航天领域的应用量从 27.85 万吨增长到了 33.39 万吨。在铝合金领域，精密铝合金结构件在汽车零部件领域的应用日益广泛，应用范围已经从发动机缸体、变速箱壳体、轮毂等扩展到冷却系统、减振系统、微型电机、动力系统等重要零部件中，全铝缸体的发动机可减重 30kg 以上。在镁合金领域，稀土高强镁合金被用于直升机减速机匣、歼击机翼肋等重要结构件。

（3）高温合金的市场规模不断扩张。

高温合金材料最初主要应用于航空航天领域，之后逐渐应用到电力工业、汽车工业、石油石化、玻璃建材等诸多工业领域。目前，航空航天仍是高温合金最重要的下游应用。据统计，全球每年消费高温合金材料约 28 万吨，市场规

① 国家发展改革委：《2018 年中国十种有色金属产量 5688 万吨，同比增长 6%》，https://ys. zh818.com/ view.aspx?id=16026315，2019 年 1 月 31 日。

模为 100 亿美元。其中，航空航天、军工领域需求占 55%，电力、机械、汽车、石油石化等民用领域需求占 45%左右。

（二）技术进展

（1）高温合金生产工艺和质量稳定性显著提升。

我国的高温合金材料发展主要依托航空发动机企业及科研院所开展相关研发工作。在中航发 621 研究所、中科院金属所等单位的不断努力下，以 GH4169 合金为代表的高温合金质量水平显著提高。合金纯度不断提升，盘件加工工艺显著改善。最近，大型难变形合金盘件的生产也取得重大突破，能够满足大型舰用和地面燃气轮机发展的需要。

（2）形状记忆合金在医疗领域用途广泛。

全球形状记忆合金市场不断扩张，这种增长可归因于生物医学、航空航天、国防，以及消费电子和家用电器行业的需求增加。特别是在生物医学领域，利用形状记忆合金伪弹性、形状记忆效应和高阻尼性能等特点，可在口腔科、外科、妇科等领域发展医疗植入物和电子应用。在我国，应用形状记忆合金制作环抱器、椎体扩张器等医疗器械方面取得积极进展。2017 年，我国形状记忆合金行业市场规模约 56.8 亿元，其中，医疗领域用形状记忆合金规模达到了 43.5 亿元。

（3）新能源汽车的发展推动有色金属功能材料腾飞。

随着新能源汽车市场壮大，相关配件需求也在不断攀升。其中，新能源汽车的电气配件比传统汽车更多，对电控硬件的要求也更高，从而带动了以铜材为代表的有色金属功能材料消费提升。预计到 2020 年，中国新能源汽车年销量将在 140 万辆左右，至少需用铜 5.6 万吨，比传统汽车用铜量高出 220%～530%。我国的技术水平不断提高，正在加速追赶世界先进水平。特别是在铜板带箔材领域，我国已成为世界上最大的铜箔生产基地，铜板带箔材产量和消费量约占世界的五分之二，技术接近世界先进水平。

五、石墨烯材料

（一）发展概况

（1）石墨烯市场正在急速拓展。

2018 年，全球石墨烯产业规模达到 3418 万美元，到 2025 年有望超过 21.03 亿美元。在我国，石墨烯市场发展更为迅猛。2017 年，我国石墨烯产业市场规模达到 70 亿元，比 2015 年增长 10 倍。2018 年，中国石墨烯市场规模预计可以达到 280 亿元，是 2017 年的 4 倍。据预测，今后 5 年其平均复合增长率可达到 70.48%。

（2）我国石墨烯全产业链初具规模。

国家发展改革委、工业和信息化信部、科技部等部委高度重视石墨烯发展，不断加大对研发、生产与应用的投入和支持力度。在政策引导和市场带动下，已经有几百家科研机构和企业开展石墨烯材料及其相关产品的研发。截至 2017 年年底，根据工商部门的统计，营业范围包含石墨烯相关业务的注册企业超过 4 800 家。石墨烯应用环节企业数量占比大幅提升，超过研发企业。

（3）我国石墨烯热点城市与产业园区不断涌现。

2018 年，工业和信息化部编制并修订了《产业转移指导目录（2018 年本）》，涉及石墨烯的包括吉林、黑龙江、北京、上海等 15 个省（自治区、直辖市），涉及石墨烯制品、石墨烯产业化生产及应用等多个环节。各地发展石墨烯产业热情也在不断提高。截至 2018 年 3 月，在常州、无锡、重庆、北京等城市，有 21 家在建或已建成的石墨烯研究院或产业基地。其中，江苏省表现尤为突出，是石墨烯企业聚集程度最高的省份，仅常州一个市便拥有石墨烯原料制备及应用领域企业 100 多家。

（4）产业低端化发展苗头初显。

与美日韩等发达国家相比，我国石墨烯产业的低端产能扩张速度过快，产品附加值较低，产品同质化严重。石墨烯上游材料主要是多层石墨烯、类石墨烯粉体，高品质单层石墨烯产能较低。目前，下游产品主要集中在石墨烯智能保暖理疗暖贴、石墨烯发热服、石墨烯织物面料等轻工业应用，存在“炒概念”的嫌疑。产品同质化现象十分严重，在晶体管、传感器、柔性触摸屏、可穿戴设备、环境治理等高端应用领域偏少。

（二）技术进展

（1）石墨烯电池领域代表性应用成果频出。

浙江大学团队研制出一种新型石墨烯-铝电池，经 250 000 次充放电循环后，仍然可以保持 91%的容量，并且可在 1.1s 内完全充满电；北京碳世纪公司发布了可循环使用 3 万次的石墨烯锂离子充电电池，已正式投放市场；宁波材料所研制出能量密度高达 510 瓦时/千克的石墨烯电池发电系统；比亚迪新能源汽车已大规模配置石墨烯导电剂。

（2）石墨烯在其他领域的产业化应用也在开展。

在手机触摸屏、锂离子电池、超级电容器和复合材料的产业化进程上，我国处于领先水平。例如，广东三和化工科技有限公司和北京理工大学合作，成功研发石墨烯水性电磁屏蔽材料；宁波材料技术与工程研究所开发的新型石墨烯改性重防腐涂料耐盐雾寿命超过 6 000 小时，已成功应用在国家电网、石油化工等领域；东旭光电开发的石墨烯散热大功率 LED 照明系列新品“超级灯”，已在北京、大庆、湖州等 20 多个城市实现应用。

第三节　中国新材料产业年度热点事件

一、工业和信息化部增材制造（3D 打印）研究院新材料研究所揭牌成立

2018 年 12 月 28 日，工业和信息化部增材制造（3D 打印）研究院新材料研究所揭牌仪式举行。新材料研究所由工业和信息化部下属的工业文化发展中心增材制造（3D 打印）研究院，以及苏州博理新材料两家单位联合成立，主要负责研究和开发新的材料技术、技术传播、成果转化、工业交流和技能发展，并致力于成为一个专门从事新的增材制造（3D 打印）材料生产的“智囊团”，推动增材制造（3D 打印）产业健康快速发展。增材制造逐渐从一般的消费品制造拓展到航空航天、医疗器械等高端装备的研发制造。增材制造研究院新材料研究所的成立，将提升我国增材制造产业的竞争力。

二、中冶在曹妃甸投产全球最大的新材料研发生产项目

2018 年 12 月 22 日，中冶新材料项目一期在曹妃甸举行投产仪式。中冶瑞木新能源科技有限公司是中冶集团整合境内外资源，依托中国五矿和中冶集团镍、钴、锰、钪的矿产资源优势，与国轩高科、比亚迪等新能源汽车行业优秀企业一道，采取强强联合的模式投资建设的高新技术企业，是中冶集团的重大战略布局。项目总投资 36.9 亿元，分为一期和二期，一期投资 23.5 亿元，生产年产 4 万吨的市场主流 NCM622 高镍三元前驱体；二期投资 13.4 亿元，生产年产 6 万吨的新型高镍三元前驱体 NCM811，合计将实现销售额约 80 亿元。该项目将成为全国最大的高镍三元前驱体研发和生产基地、世界上最大的高纯氧化钪研发生产基地，填补了河北省新能源汽车高镍三元动力电池材料及高纯氧化钪等领域的空白。

三、《战略性新兴产业分类（2018）》公布

2018 年 11 月 26 日，国家统计局最新的《战略性新兴产业分类（2018）》（国家统计局令第 23 号）发布，其中包括细化完善的新材料产业目录，标志着新材料产业统计体系基本形成。目录将新材料产业分为先进钢铁材料、先进有色金属材料、先进石化化工材料、先进无机非金属材料、高性能纤维及制品和复合材料、前沿新材料、新材料相关服务 7 大领域，包括高性能轴承用钢加工、高技术船舶用钢加工、高强度汽车用冷轧板加工、新型铝合金制造、金属增材制造专用材料制造、新材料研发与设计服务等 166 个子类，其中新增子类别达到 135 个。

四、国家印刷及柔性显示创新中心启动建设

2018 年 1 月 9 日，国家印刷及柔性显示创新中心启动会在广州召开。此创新中心于 2017 年 10 月由工业和信息化部批复成立，将广东聚华作为载体，整合深圳华星光电、华南理工、华中科技、中国科学院福建物质结构研究所等 22 家重点企业、高校及研究机构，采取“企业法人+联盟”的形式成立，还与国际多个先进材料和设备企业达成战略合作协议。此创新中心聚焦印刷柔性显示器件与材料创新的重大需求，通过建设印刷与柔性显示技术集成与研发公共开放平台，完成关键共性技术研发供给、转移扩散和首次商业化的目标。目前，此创新中心已经在建设 G4.5 和 200mm 的印刷显示平台，完成了 31 英寸印刷 AMOLED 器件结构开发，以及 TFT 背板阵列设计、印刷工艺等关键技术的研发，在 2019 年展示 31 英寸印刷 AMOLED 显示样机。此创新中心将继续建设 G8.5 以上的印刷显示平台，争取实现“弯道超车”。目前，印刷及柔性显示创新中心与 2017 年成立的增材制造创新中心一道成为与新材料产业相关的 2 家国家制造业创新中心。

五、中国钢铁工业协会颁发了首批团体标准

团体标准具有制定速度快、快速响应市场和创新需求等特点，其技术指标严于国家标准和行业标准，已成为填补标准空白、增加标准有效供给和助推高质量发展的重要抓手。2018 年施行的《中华人民共和国标准化法》修订版正式赋予团体标准法律地位。钢铁行业积极贯彻落实国家培育发展团体标准的战略，于 2018 年 3 月正式发布首批 7 项团体标准。其中，《汽车座椅骨架用钢丝》《高压锅炉用中频热扩无缝钢管》《绿色设计产品评价规范 管线钢》《绿色设计产品评价规范 取向电工钢》《绿色设计产品评价规范 新能源汽车用无取向电工

钢》5项中国钢铁工业协会团体标准成功入选工业和信息化部2018年度“百项团体标准应用示范项目”名单。

六、华为发布全球首款石墨烯散热手机

2018年10月，华为在英国伦敦发布新机型Mate 20 X。Mate 20 X创造性地采用“石墨烯+液冷散热系统”组合而成的散热系统，这是石墨烯技术自问世以来首次在智能手机上得到应用。新机型利用石墨烯界面材料几何结构、机械弹性和低界面热阻优势提升散热性。据悉，石墨烯材料散热能力比普通铝合金高4倍，也远超碳纳米管、金属纳米粒子和其他填料。以往，手机厂家通过大面积的金属背板、限制最高温度来实现手机温度控制，但是会造成性能限制或重量增加，石墨烯散热材料的出现将为手机发展提供新思路。

第四节　中国新材料产业重点企业分析

一、中国新材料行业上市公司分析

根据WIND统计的新材料和石墨烯概念板企业，沪深两市的新材料企业共计78家，市值排名前二十的企业如表8-1所示。方大炭素、东旭光电和龙蟒佰利的市值排名前三。其中，方大炭素和东旭光电属于炭素制品领域，龙蟒佰利属于精细粉体材料领域。

表8-1　沪深两市新材料企业市值的排名前二十的企业（WIND统计）

排　名	证券简称	新材料领域	省　份	总市值（亿元）
1	方大炭素	炭素制品	甘肃	369
2	东旭光电	炭素制品	河北	306
3	龙蟒佰利	精细粉体材料	河南	284
4	光启技术	超材料	浙江	225
5	中泰化学	氯碱化工产品	新疆	176
6	ST康得新	高分子材料	江苏	175
7	光威复材	高性能纤维复合材料	山东	158
8	新纶科技	TAC膜、铝塑膜、PBO纤维	广东	153
9	中材科技	特种纤维复合材料	江苏	145
10	南都电源	电池材料	浙江	132
11	国瓷材料	MLCC配方粉	山东	115

续表

排　名	证券简称	新材料领域	省　份	总市值（亿元）
12	中航高科	航空新材料	江苏	106
13	中国宝安	综合类	广东	102
14	宝泰隆	纳米新材料、煤基石油化工	黑龙江	98
15	大富科技	高分子材料	广东	97
16	火炬电子	电容材料	福建	86
17	惠程科技	高分子电气绝缘材料	广东	83
18	鼎龙股份	光电显示材料	湖北	81
19	飞荣达	电磁屏蔽材料、导热材料	深圳	76
20	飞凯材料	涂覆材料	上海	73

数据来源：WIND 数据库，以 2019 年 2 月 18 日收市价格计算。

二、2018 年度最具创新力新材料企业排行榜

2018 年 10 月，“新材料在线”服务平台评选出“2018 年度最具创新力新材料企业 TOP10”（见表 8-2）。其中，福建夜光达、桑顿新能源和广东银禧科技作为我国反光材料、环保材料和高分子材料行业龙头企业，分获“2018 年最具创新力新材料企业”前三名。

表 8-2　2018 年度最具创新力新材料企业 TOP10

排　名	名　称	新材料领域	省　份
1	福建夜光达科技股份有限公司	反光材料	福建
2	桑顿新能源科技有限公司	锂离子电池材料	湖南
3	广东银禧科技股份有限公司	高分子材料	广东
4	上海东杰高分子材料有限公司	高分子材料	上海
5	珠海兴业新材料科技有限公司	光学薄膜材料	广东
6	宁波麦维科技有限公司	智能材料、功能材料	浙江
7	上海锦湖日丽塑料有限公司	高分子材料	上海
8	北京中科纳通电子技术有限公司	纳米电子材料	北京
9	云南中宣液态金属科技有限公司	液态金属材料	云南
10	深圳市飞荣达科技股份有限公司	电磁屏蔽材料、导热材料	深圳

数据来源：新材料在线。

第九章

新能源汽车产业

第一节　国内外新能源汽车产业发展动态

一、整体概况

（一）新能源汽车产销保持 60%的高速增长

2018 年，国内新能源汽车产销增长幅度达到 60%左右，发展速度仍然保持在较高水平。据中国汽车工业协会统计，2018 年，国内新能源汽车生产了 127 万辆，同比增长 59.9%；销售了 125.6 万辆，同比增长 61.7%。其中，纯电动汽车生产了 98.6 万辆，同比增长 47.9%；销售了 98.4 万辆，同比增长 50.8%。2018 年，我国插电式混合动力汽车增长幅度扩大，生产 28.3 万辆，同比增长 122%；销售了 27.1 万辆，同比增长 118%。燃料电池汽车的生产销售有所突破，产销了 1527 辆[①]。

从全球看，新能源汽车的销量也保持了高增长。据 EV Sales 对外公布的全球电动车销量，2018 年，全世界电动车销售突破了 200 万辆，其中，电动汽车的全球市场比重达到 2.1%，同比增长 72%[②]。媒体报道，美国于 2018 年交付新能源汽车 36.08 万辆，同比增长 81%，达到 6 年来涨幅的最高水平，其中，纯电动汽

① 工业和信息化部网站：http://www.miit.gov.cn/newweb/n1146285/n1146352/n3054355/n3057585/n3057592/c6600201/content.html。

② 盖世汽车资讯：http://auto.gasgoo.com/News/2019/02/040827182718I70087055C102.shtml。

车的市场销售占比达 66%，插电式混合动力汽车的市场销售占比达 34%[①]。欧洲范围内的纯电动汽车和插电式混合动力乘用车、轻型商用车的销量达到了 40.8 万辆，同比增长 33%[②]。

（二）续航里程等电动汽车技术取得了新进展

2018 年是各大车企全线突破续航里程的一年，各大品牌车企及新兴的造车势力所生产的纯电动汽车的平均续航里程突破了 2017 年的 300km，多数车企普遍达到了 400km 的续航能力。各生产厂商在 2018 年内推出一批新车型，总体来看，整车技术进一步提升。例如，荣威 MARVEL X 配置双电机后驱、三电机四驱两种动力系统，最大续航里程为 500km，具有 AI Pilot 驾驶辅助系统。比亚迪新一代唐 EV，内部根据纯电动车属性进行调整，其技术特点是双电机驱动，500km 续航里程，配备 ACC 自适应巡航系统，百公里加速只需 4.5s。途观 L PHEV 采用全新样式的车身，搭载一套由 1.4T 发动机和电动机组成的插电式混动系统，发动机最大净功率为 150Ps（110kW）。在汽车芯片方面，比亚迪发布了一款 4.0 版 BYD IGBT，其性能与国外同类产品相当，比亚迪也已拥有国内首个包括 IGBT 芯片设计、晶圆制造、模块封装、仿真测试、整车测试的汽车 IGBT 全产业链。

（三）新能源汽车造车新势力继续发力

2018 年，互联网资本与汽车、其他领域资本与汽车的联姻更加紧密，各新兴势力推出了一系列新车型，互联网造车从概念到真车、从纸上到路上又迈出了一大步。蔚来汽车依靠淡马锡、红杉、厚朴、百度资本、联想集团等数十家投资机构的加盟，推出了蔚来 EP9 纯电动超级跑车，时速高达 257km/h，为全球最快的无人驾驶汽车。纯电动 SUV 威马 EX5 配备智能车窗交互功能，可在用户上车前识别车主身份，并显示续航里程、行程安排及路线推荐等信息。拜腾首款车型 BYTON Concept，最大续航里程可达到 520km，采用 L3 级自动驾驶技术，规划在 2019 年年底量产。云度 π 7 采用未来主义造型，引入折叠式和楔形轮廓设计，采用 CATL 高密度 VDA 电芯，最大续航里程超过 550km；NEDC 综合续航里程超过 400km，百公里加速只需 9s。此外，长江汽车、帝亚一维、

① 亿欧网：https://www.iyiou.com/p/90817.html。

② 第一电动网：https://www.maiche.com/news/detail/1731840.html。

陆地方舟、理想智造、合众新能源等造车新势力均发布了新产品。2018 年还可以称为造车新势力的交付元年，威马在 9 月完成了威马 EX5 的私人交付，蔚来在 11 月底累积交付了 8030 辆 ES8。

二、存在问题

（一）“后补贴”时代的转型压力更加明显

2018 年，新能源汽车补贴的退坡政策更加明确，新能源汽车补贴在 2017—2019 年逐年递减，到 2020 年将完全退出。从政策制定层面看，退坡政策要分阶段释放给车企带来的经营压力，确保在完全取消补贴以后，整个新能源汽车产业能够平缓过渡，防止大起之后的大落。此外，“双积分政策”正式实施，新能源汽车产业的发展动力能否从政府转移到市场，也要经受一定的考验。从车企方面看，补贴退出后，车企竞争的焦点将从价格逐步转到技术创新、产品质量、售后服务及商业运营模式上。目前，国内高端新能源汽车产品不多、低端产品相对过剩，那些依赖补贴政策、自身市场竞争力不强的车企将经受较大考验。

（二）产业如何应对电池报废潮的来临

据业内专家综合测算，2018 年将迎来第一个新能源汽车动力电池报废高峰期。到 2020 年，全国累计报废的动力电池体量将达到 12 万 ~ 20 万吨。新能源汽车报废后，动力电池的流向、如何梯次利用和再生处理，将是一个重要问题。废旧铅酸蓄电池的污染性较大，尤其应当予以重视。尽管锂电池的污染性较小，但电解液中还有镍、钴、锰等重金属，也要设置严格的回收处置程序并监督执行。新能源汽车电池报废处理中的危害性事件，可能包括起火爆炸、重金属污染及有机物废气排放等。我国有关部门已经制定了《新能源汽车动力蓄电池回收利用管理暂行办法》《废电池污染防治技术政策》《电动汽车动力蓄电池回收利用技术政策（2015 年版）》《车用动力电池回收利用拆解技术规范》等制度、规范、标准等，但核心在于这些制度的严格执行，而执行的好坏则取决于报废电池处理的产业化。目前，废旧电池的回收成本较高，盈利空间不大，甚至有测算表明每回收 1 吨磷酸铁锂电池反而亏损 500 元。

三、政策动态

（一）行业管理规范相关政策

2018年年底，国家发展改革委发布《汽车产业投资管理规定》，新建的纯电动乘用车生产企业（含现有的汽车企业跨类生产纯电动乘用车）项目，不再实行核准管理，改为实行备案管理；规定了纯电动整车投资项目的必备条件，要求前两年度的汽车产能利用率高于同行业平均水平，现有新建项目均已建成并达到建设规模。工业和信息化部、科技部、环保部、能源局等七部委发布《新能源汽车动力蓄电池回收利用管理暂行办法》，对生产、使用、利用、储存及运输过程中产生的废旧动力蓄电池处理办法做出规定。工业和信息化部、公安部、交通运输部印发《智能网联汽车道路测试管理规范（试行）》，对测试主体、测试驾驶人、测试车辆等条件进行规范。2018 年 11 月，工业和信息化部、国家发展改革委等 6 部委发布通知，开展低速电动车清理整顿工作，要求各地停止制定及发布鼓励低速电动车发展的政策，停止制定及发布低速电动车准入条件，停止核准或备案低速电动车投资项目，停止新建低速电动车企业、扩建生产厂房等基建项目，停止新增低速电动车车型。财政部、税务总局、工业和信息化部、交通部发布通知，对符合条件的节能汽车减半征收车船税，对符合条件的新能源汽车免征车船税。

（二）基础设施建设政策

云南省加快新能源汽车推广应用工作方案提出，优先统筹解决公共充电设施新增土地利用计划指标，2020 年年底前经营性充换电站向用户收取不超过 0.8 元/千瓦时的充电服务费，鼓励政府部门和公共机构对内部新能源车辆实行免费充电；对公共充电桩按直流桩 500 元/千瓦、交流桩 200 元/千瓦给予补助，省财政和州、市财政各补助 50%。广西壮族自治区印发《支持新能源汽车发展的若干措施》，新能源汽车充电服务费实行政府指导价，向电网经营企业直接报装接电的经营性集中式充电设施，用电执行大工业电价；企业可利用原有建设用地建设充电设施，交运企业利用自有道路、运输站场建设充电设施，用地手续采用协议方式。北京市出台加强停车场内充电设施建设和管理的实施意见，要求新建的配建停车场和公共停车场，严格按照《电动汽车充电基础设施规划设计标准》规定的充电车位配建指标，建设充电设施。

（三）推广和应用政策

2018 年 2 月 12 日，财政部、工业和信息化部、科技部、国家发展改革委联合发布《关于调整完善新能源汽车推广应用财政补贴政策的通知》，提高电动汽车动力电池系统能量密度门槛，调整优化新能源乘用车补贴标准，新能源客车和专用车补贴标准合理降低，并设定 4 个月过渡期，这期间的新能源乘用车和客车、新能源货车和专用车，分别按 2016 年对应标准的 0.7 倍和 0.4 倍予以补贴。2018 年 1 月，上海市发布《上海市鼓励购买和使用新能源汽车实施办法》，对符合条件的纯电动汽车，按照中央财政补助 1∶0.5 给予财政补助；对符合条件的插电式混合动力（含增程式）乘用车且发动机排量不大于 1.6 升的，按照中央财政补助 1∶0.3 给予财政补助；对燃料电池汽车，按照不超过中央财政补助 1∶1 的比例给予财政补助。2018 年 2 月，北京市发布《北京市推广应用新能源商用车管理办法》，加快新能源商用车推广应用，市级补助金额按照中央补助的 50%执行，商用车补助政策执行按量累计退坡机制。2018 年 6 月，《广东省人民政府关于加快新能源汽车产业创新发展的意见》发布，鼓励辖内地级市对新能源公交车实行联合集中采购；推动新能源汽车在出租、环卫、物流等领域的应用，要求不得对新能源汽车进入租赁市场设置高于传统燃油、燃气车辆的技术参数限制。2018 年 9 月，《云南省加快新能源汽车推广应用工作方案》发布，按照中央财政同期补贴标准，省财政对省内上牌的新能源车配套补贴 25%，州、市财政再配套补贴 25%。

第二节　中国新能源汽车产业重点领域分析

一、动力电池

（一）发展概况

动力电池装机量再获历史性突破，2018 年动力电池装车量达到了 56.9GWh，同比增长 56.3%，出货量继续保持全球领先。其中，三元电池装车量为 33.1GWh，占比为 58.1%；磷酸铁锂电池装车量为 22.2GWh，占比为 39%。动力电池的产业集聚发展水平提高，京津冀、长三角、珠三角地区的动力电池产业的集聚发展水平进一步提高，三个地区的动力电池产能达到世界总产能的一半以上①。

（二）技术进展

在实现规模应用的产品中，电池单体能量密度达到了 265 瓦时 / 千克，同时，生产成本降到低于 1 元 / 瓦时。这些指标与 2012 年相比，能量密度提高了 2.2 倍，成本下降了 75%。磷酸铁锂电池的单体比能量达到了 160Wh/kg，成本下降到 0.7 元 / 瓦时②。在电池生产技术方面，芳纶涂覆隔膜实现量产：2018 年，金力股份完成对位芳纶涂层隔膜的研发定型，该产品突破了芳纶成膜、造孔加工的关键技术，解决了热稳定性瓶颈，攻克了芳纶合成、储运等难题，率先在国内实现量产。比克电池开发的新产品 18650－3.0Ah 高能芯，所生产的电池使用高镍 811 作为正极材料，能量密度达到了 250Wh/kg。瑞翁集团研发了新型无氟粘结剂替代传统 PVDF，新无氟粘结剂与活性物质有更好的亲和性，可在表面形成类 SEI 的保护膜，使充放电反应更均匀，从而减少内部应力③。

二、充换电基础设施

（一）发展概况

2018 年，全国充电桩累计达到 72.8 万台。据报道，截至 2018 年 11 月，我国的充电联盟内成员单位上报公共类充电桩约 29 万台，其中，交流充电桩 18.1 万台、直流充电桩 10.8 万台、交直流一体充电桩 500 台。2018 年 11 月，公共类充电桩同比增长 41.5%。2017 年 12 月—2018 年 11 月，月均新增公共类充电桩约 7 000 台。充电基础设施分布集中，北京、上海、广东等地区占全部设施的 75%以上。从充电电量来看，分布的集中度也比较高，主要集中在广东、陕西、江苏、北京、湖北等东部和中部省份④。

---

① 旺财锂电：http://h5.china.com.cn/fandoc/doc_1_3837972_5255444.html?d=1548184478000。

② 旺财锂电：http://h5.china.com.cn/fandoc/doc_1_3837972_5255444.html?d=1548184478000。

③ 高工产研：http://www.gg-ii.com/gg/cygc/dldc/20190109/2394.html。

④ 车云：http://www.cheyun.com/content/25131。

（二）设施建设支持政策

2018 年，为解决新能源汽车的充电难题，各地纷纷出台充电基础建设支持政策，明确了充电桩建设和运营支持标准。在设施建设方面，大连按建设场所和充电桩类别给予最高 800 元 / 千瓦的财政支持，对于集中式充电站建设，则在此基础上再按总投资的 20%给予支持。在设施运营方面，云南、长春、潍坊等地提出，对向电网经营企业直接报装接电的经营性集中式充换电设施用电，2020 年前暂免收取基本电费。例如，广东对 2016—2018 年建成竣工的设施，按直流充电桩不高于 550 元 / 千瓦、交流充电桩不高于 100 元/千瓦的标准支持，对 2019—2020 年建成竣工的设施，直流充电桩支持不高于 300 元 / 千瓦、交流充电桩不高于 60 元 / 千瓦。唐山市按电量收取电动汽车充电服务费：城市电动公交车每千瓦时 0.6 元，其他电动汽车每千瓦时 0.9 元[①]。

第三节　中国新能源汽车产业年度热点事件

一、新能源汽车起火事故频发，工业和信息化部启动行业专项排查

据不完全统计，2018 年 8—9 月，被媒体报道的新能源汽车起火事故已达 12 起，力帆 650EV 于广州起火、威马 EX5 于成都起火、珠海三辆正在充电的新能源汽车自燃，事故车辆涉及乘用车、物流车、客车等多类车型。2016 年 11 月，《工业和信息化部关于进一步做好新能源汽车推广应用安全监管工作的通知》（工信部装〔2016〕377 号）发布（以下简称《通知》），要求各新能源乘用车及载货汽车生产企业，尽快对本公司生产的新能源乘用车及物流车的 IP 防护失效、车辆泡水、车辆碰撞、线束连接松动、频繁充放电、长期搁置等方面，开展安全隐患排查工作，要求各企业在 2018 年 10 月底前完成排查，并将结果上报工业和信息化部装备工业发展中心。针对可能的弄虚作假情况，《通知》明确规定，最为严重的将采取暂停或取消推荐车型目录、企业及产品公告等处罚措施。同时，《通知》也要求对新能源出租车、网约车、物流车等使用强度高的运营类车辆及私家车，由生产企业通知用户在指定条件下回店检查维护，并将结果报备工业和信息化部。新能源汽车频繁起火，对行业的发展产生了极大负面影响，而起火的根本原因在于动力电池的安全性与稳定性波动较

① 搜狐：http://www.sohu.com/a/240522215_465907。

大。其实，对动力电池生产企业来说，提升电池的安全性能才是首要任务，但从我国目前对新能源汽车的补贴政策看，政策仍倾向于提高动力电池能量密度。如果安全技术的提升仍滞后于能量密度升级速度，新能源汽车起火事故还将更加突出。

二、补贴新政倒逼企业加快升级核心技术，加速破除地方保护

2018 年 6 月 12 日，新能源汽车补贴新政正式实施，续航 150km 以下的乘用车将不再享受国家补贴。新政重在引导整车和动力电池厂商加快技术升级步伐，明确将“提高技术门槛要求”作为开宗明义的首条纲领，提出“要鼓励高能量密度、低能耗车型应用，将补贴资金显著倾斜于更高技术水平的车型，维持对燃料电池的补贴额度不变”。同时，新政着重强调了破除地方保护，规定“地方政府不得要求对新能源汽车进行重复检验；列入《车辆生产企业及产品公告》的新能源汽车产品应一视同仁，执行免限行、免限购、发放新能源汽车专用号牌等支持措施”等。因新政实施，使得地方补贴资金逐步转向支持充电基础设施建设、分时租赁等方面，标志着补贴已从单纯的购置环节转移至新能源汽车的使用、运营等环节，进一步消除了新能源汽车推广过程中的地区壁垒，强化了产业链下游配套。目前，我国新能源汽车推广的主要驱动力仍在于政策而非消费，补贴减免直接影响车企销售量，但由于部分省市地区（如北京市）对燃油车牌照进行摇号控制、部分省市地区（如深圳市）出台禁止非纯电动汽车注册成为网约出租车等政策，在一定程度上激发了市民对新能源汽车购买的意向，所以从整体看，即便补贴减少，我国新能源汽车的产销量仍会保持较快增长。但从长远看，国家政策中的补贴激励只是产业发展初期的助燃剂，要想推动产业健康持续发展，还应引导企业加强对产业链核心环节的把控，如对动力电池原材料供应等的把控。

三、四部委联合发文，全面提升新能源汽车充电保障能力

近年来，我国充电基础设施快速发展，已建成充电桩数量超过 60 万个，但仍面临公共充电基础设施利用率较低、新型大功率充电技术相对滞后、标准体系建设不健全、充电桩布局建设不合理、运营商之间数据联通不畅等问题。特别是充电基础设施建设落地难、运营效率低等，已成为制约我国新能源汽车产业发展的短板之一。为加快推进充电基础设施规划建设，提升充电保障能力，2018 年 11 月，国家发展改革委、能源局、工业和信息化部、财政部四部委联合印发《提升新能源汽车充电保障能力行动计划》，明确提出：力争用 3

年时间大幅提升充电技术水平，提高充电设施产品质量，加快完善充电标准体系，全面优化充电设施布局，显著增强充电网络互联互通能力，快速升级充电运营服务品质，进一步优化充电基础设施发展环境和产业格局。《行动计划》从提高充电设施技术质量、提升充电设施运营效率、优化充电设施规划布局、强化充电设施供电保障、推进充电设施互联互通、完善充电设施标准体系六方面，明确了未来一段时间的重点任务；从积极鼓励商业模式创新、持续加大政策支持力度、充分发挥行业协会的作用等三方面强化行动保障。根据《电动汽车充电基础设施发展指南（2015—2020年）》，2015—2020年需新建分散式充电桩超过480万个，充电站1.2万座，以满足全国500万辆电动汽车的充电需求。预计2018—2020年充电桩/站建设端市场空间约600亿元，充电运营市场空间可达到千亿元。

四、市场准入放开，或会催生更多新能源汽车独资合资企业

在2018年4月10日的博鳌论坛上，国家主席习近平提到要尽快放宽外资车企股比限制。2018年6月，国家发展改革委会同商务部发布《外商投资准入特别管理措施（负面清单）(2018年版)》，明确表示我国要在2018年内取消专用车、新能源汽车外资股比限制。部分国外车企开始加大在华投资力度。例如，特斯拉已在上海注册成立了特斯拉（上海）有限公司，注册资金1亿元，成为开放新能源汽车外资股比后第一家外商独资的汽车工厂，主要从事电动汽车及零部件、电池、储能设备、光伏产品领域内的技术开发、技术服务、技术咨询、技术转让，以及上述同类商品的批发、佣金代理（拍卖除外）与进出口业务，并提供相关配套服务、电动汽车展示及产品推广等；已明确在上海临港开工建设特斯拉超级工厂（Gigafactory 3），项目总投资高达500亿元，第一期投资160亿元，主要建设组装生产线，用于特斯拉“国产”，生产Model 3和Model Y两款车型，年产量可达25万辆。

股比限制放开后，新能源汽车合资公司迎来成立小高潮，除成立整车企业外，还有合资产业呈现下游化发展趋势。例如，长城汽车与宝马集团共同出资设立了光束汽车有限公司，计划生产纯电动MINI、紧凑级纯电动SUV；江淮汽车、大众汽车集团（中国）、西雅特三方明确计划合作建立新能源汽车研发中心，并计划将西雅特品牌引进中国市场；爱信同时与广汽、吉利新建两家生产变速箱的合资企业，并在天津艾达新建6AT生产线。股比限制的放开，在一定程度上“终结”了合资车企中缺乏核心技术的中方公司，营造了内外资企业公平、公正、公开的市场竞争环境，对进一步促进自主品牌技术能力提升和盈

利能力提升起到了积极作用。

第四节 中国新能源汽车产业重点企业分析

一、2018 年新能源汽车企业销量排名

2018 年，国内新能源汽车市场中自主品牌汽车销量仍占据绝对主力。从车企看，比亚迪以 23 万辆销量位居第一，同比增长 102%；北汽、上汽分别以 15.6 万辆、9.7 万辆位居第二、第三，分别同比增长 49%、119%；在销量前 5 名的车企中，主要以 A 级、B 级为主且销量增速均在 100%以上。从车型看（见表 9-1），北汽 EC 系列以年销售 9 万辆持续位列第一，同比增长 16.6%；奇瑞 eQ、比亚迪秦 Pro DM、比亚迪 e5、江淮 IEV 销量均超过 4 万辆，同比增长均超过 80%；此外，上汽荣威 i6 1.0T EDU、比亚迪唐混动和江铃 E200S 三款车型销售量增速最大，分别增长 273.6%、154.6%和 146.7%。

表 9-1 2018 年新能源汽车畅销车型销量排行

排　名	厂　商	车　型	销量（万辆）	同比增长（%）	类　别
1	北汽新能源	EC 系列	90637	16.6	纯电动
2	奇瑞汽车	eQ	46967	82.7	纯电动
3	比亚迪	秦 Pro DM	45054	128.7	插电式混合动力
4	比亚迪	e5	43902	95.8	纯电动
5	江淮汽车	IEV	42024	81.5	纯电动
6	江铃	E200S	39883	146.7	纯电动
7	比亚迪	宋 DM 1.5T	37352	27.2	插电式混合动力
8	比亚迪	唐	35289	154.6	插电式混合动力
9	比亚迪	元	33915	—	纯电动
10	上汽	荣威 i6 1.0T EDU	33347	273.6	插电式混合动力

数据来源：全国乘用车市场信息联席会。

二、主要新能源汽车企业发展路线

（1）比亚迪一直是我国新能源汽车企业的领航者，多年蝉联年度销售榜首。但随着北汽新能源、上汽荣威、吉利、长城等自主品牌在新能源汽车领域的加速布局，以及宝马、奔驰、奥迪等高端车企强势进军新能源领域，比亚迪面临严峻挑战。2019 年，从车型看，比亚迪推出续航里程达 600km 的唐 EV600、元 EV500、汉 PHEV 跑车，以及多款 10 万元级别的 A 型轿车和 SUV

车型，进一步丰富了产品线，满足不同市场需求；从营销看，比亚迪新增“e网”销售网络，将销售渠道下沉至三线甚至是四五线城市及乡村，着重推广比亚迪的小型纯电动汽车。

（2）北汽新能源能够被市场广泛认可，除车型多为“占号车”外，还得益于北京市地方政策的偏向，使得北汽汽车能够独占北京市场。但随着北京取消新能源汽车备案制、国家补贴政策向拥有更高续航里程倾斜，北汽新能源的天然优势被逐步打破。2018 年，北汽新能源畅销车型 EC 系列，虽然销量排名仍为第一，但增速远不及其他车企车型，特别是在 11 月，EC 系列销量同比下跌 28.8%。为加快补齐产品质量短板，2019 年北汽新能源发布了“2049 计划”，从谱系、技术、驾乘体验、品质及研发管理五大维度全方面推进，计划陆续推出全智能长续航纯电动 SUV EX5 等高品质车型，并与滴滴出行等企业成立合资公司，全面拓展新能源汽车运营、网约定制车、智能充换电等领域的业务合作。

（3）上汽荣威一直立足高端，逐步实现了从 A 级到 B+级、从轿车到 SUV 再到休旅车的全覆盖。面对特斯拉上海建厂的巨大竞争压力，上汽一方面专注提升纯电动汽车续航里程，2019 年新上市的 ei5 车型，在 NEDC 综合工况下可实现续航里程为 420km 的目标，即便在拥堵、严寒等路况下，续航里程也能保持在 340km；另一方面，上汽深入推进“电动化、智能网联化、共享化、国际化”战略，打造移动出行大平台，旗下的 EVCARD 已成为全球最大的电动汽车分时租赁品牌，在全国范围内已进驻 64 个城市，用户注册量超过 400 万人，运营车辆已达 45 000 台。

（4）吉利汽车在 2018 年推出的帝豪 EV450、帝豪 GSe、博瑞 GE 等均取得了不错的销售成绩。吉利控股集团总裁表示，吉利将从一个传统的汽车公司转向新能源汽车公司；董事长李书福更是强调，吉利将协同合作伙伴搭建全球产业价值链，持续为消费者提供具有市场竞争力的新能源和电气化车型。2019 年，吉利新能源板块独立，吉利和领克两个品牌并行发展，全年至少推出 9 款新能源车型，其中包括 7 款 PHEV、2 款 EV。按照“蓝色吉利行动”纲领，到 2020 年，新能源汽车销量要占到总体销量的 90%以上，新能源汽车车型中，HEV、PHEV 销量要占到 65%，EV 要占到 35%。主要自主品牌新能源汽车企业战略发展目标如表 9-2 所示。

表 9-2　主要自主品牌新能源汽车企业战略发展目标

车　企	战　略	电动车的国内规划
比亚迪	7+4 战略&542 科技	到 2020 年，新能源汽车在比亚迪汽车业务中将占到 90%，市场份额在 70%以上；到 2030 年将完全实现比亚迪私家车产品的电动化
吉利	蓝色吉利行动	到 2020 年，产销量达到 200 万辆，新能源产品占比达到 90%，其中，插电式混动和油电混动车型占新能源汽车的 65%，纯电动汽车占 35%
上汽	2020 计划	到 2020 年，新能源汽车销量将占上汽通用汽车总销量的 5%，新能源产品销量达到 60 万辆，其中，自主品牌实现 20 万辆
广汽	2020 计划	到 2020 年，新能源汽车年销量将达到 10 万～20 万辆规模
北汽	π 计划	到 2020 年，实现自主产销 80 万辆，这其中包含新能源汽车 20 万辆，实现销售收入 700 亿元
江淮	2020—2025 计划	到 2020 年，将发布 7 款新能源车型；到 2025 年，江淮新能源汽车总产销量占集团总产销量的 30%以上
长安	香格里拉计划	到 2020 年，完成三大新能源专用平台的打造；到 2025 年，累计推出 21 款纯电动产品。12 款插电式混合动力产品，将涵盖从小型车到高性能轿跑的全谱系车型
奇瑞	全系列“457”发展计划	到 2020 年，实现 20 万辆新能源车的销售目标
一汽	中国一汽新能源汽车战略规划	到 2020 年，实现 6 个新能源整车平台、16 款车型全系列产业化准备，并在新能源市场占据 15%以上份额
长城	2020 战略	到 2020 年，投入 300 亿元用于新能源、智能化等项目，以插电混动和纯电两种路线共同发展

数据来源：汽车之家，长城证券研究所。

第十章

数字创意产业

2018 年是数字创意产业蓬勃发展、快速上升的一年。数字创意产业是在 2017 年新加入战略性新兴产业的，是战略性新兴产业中的新鲜事物。从字面看，数字和创意的融合性是数字创意产业的最主要特征，数字化是底层基础，创意则成为主要商品。严格地讲，数字创意产业是新一代信息技术产业等制造业与文化创意等服务业深度融合的产物，是产业界与互联网深度融合的结果。与其余战略性新兴产业不同的是，数字创意产业并非完全依托于物质生产，其可以包括有形的信息会展、数码消费品等，也可以表现为不依赖物质实体的电子游戏、电子音乐、社交平台等。因此，数字创意属性是互联网维度而非完全现实维度的独特领域，是一个尚待深入挖掘的蓝海。近年来，我国的数字创意产业发展较为迅速，虚拟现实、增强现实等成为新兴产业投资的重点领域，虚拟现实、增强现实、全息成像、裸眼 3D 等数字创意技术的触角广泛深到了军事、工业、农业、教育、医疗、娱乐等领域。在制造业领域，数字创意技术成为传统产业转型升级不可或缺的组成部分，在产品设计、流程监控、产品加工等环节均有试用。数字创意产业在 2018 年获得了长足的发展和一系列卓越的突破。然而必须看到，数字创意产业目前还面临着基础不强、盈利能力不足、保证可持续发展的网络文明体系建设欠缺、设备领军产品体验不佳等问题，尚未到达成熟的商业化阶段，缺少必要的约束和规则。目前大规模的资本投入、花样繁多的各类概念，很难说是稳健的长效投资，产业发展亟需结构性优化。

第一节 国内外数字创意产业发展动态

一、整体概况

数字创意产业主要可以划分成四个环节。第一个环节是数字创意的技术开发，它支撑整个数字创意产业发展，为创意内容的生产和媒介平台的开发提供核心技术，包括数字创意基础技术、产业技术标准、数字设备操作系统等。第二个环节是数字创意设备制造，包含苹果、三星、华为、小米等提供的智能硬件设备平台。第三个环节是提供传输通道和消费平台，传输通道的代表性企业包括美国 AT&T、中国电信、中国移动等电信运营商，消费平台则包含苹果、谷歌、腾讯等提供的在线服务平台。第四个环节是向消费者提供创意内容，代表企业包括华特迪士尼、21 世纪福克斯等，这个环节直接面向最终消费者，并提供创意内容满足消费者的消费需求，是数字创意产业最为核心的价值所在。据 CISAC 和 EY 共同发布的最新报告显示，全球数字创意产业从业人数超过 2 950 万。

我国数字创意产业始于 20 世纪 80 年代。在前互联网时代，我国的数字创意产品最早发源于广播、电视、动画、音频制作。随着个人计算机和互联网技术的普及，我国的数字创意产业在艰难转型之后，正在迎来快速发展。最近 10 年，我国数字创意产业的产值、从业人数、用户规模均呈几何级增长。

2018 年，全国规模以上文化及相关产业企业总数为 6 万多家，全行业实现营收 89 257 亿元，同比增长 8.2%。从产业类型看，文化制造业营收为 38 074 亿元，同比增长 4.0%；文化批发和零售业营收为 16 728 亿元，同比增长 4.5%；文化服务业营收为 34 454 亿元，同比增长 15.4%。从行业类别看，新闻信息服务业营收为 8 099 亿元，同比增长 24.0%；创意设计服务业营收为 11 069 亿元，同比增长 16.5%；文化传播渠道营收为 10 193 亿元，同比增长 12.0%；文化娱乐休闲服务业、文化投资运营业营收微跌。数字创意产业分类如表 10-1 所示。

表 10-1 数字创意产业分类

分 类	子 分 类	主 要 内 容
数字创意设备制造	—	数字创意产业相关的电影设备、广播电视设备、智能消费设备等
数字创意内容服务	文创内容制作服务	动漫、游戏数字内容服务、广播电视电影服务、文艺创作与表演、互联网游戏服务、地理遥感信息服务
	数字创意软件服务	数字创意软件开发
	新型媒体服务	互联网信息服务、数字出版

续表

分　类	子 分 类	主 要 内 容
数字设计服务	—	工程类数字设计活动
		规划设计管理
		工业类数字设计服务
		专业类数字设计服务
数字创意融合服务	—	互联网广告服务、会展服务、旅游服务、电子出版物出版、其他广告服务等

数据来源：赛迪智库。

中国互联网络信息中心发布的《中国互联网络发展状况统计报告》指出，2018年6月，我国网络游戏用户达4.86亿人次，占整体网民的60.6%；手机游戏用户为4.58亿人次，占我国手机网民的60.4%；手机视频用户规模为5.78亿人次，使用率为76.3%；网络直播用户共4.25亿人次，使用率为53.0%，其中，游戏直播和真人秀直播使用率分别为26.8%和25.3%。

二、存在问题

在传统文化创意产业中，西方发达国家凭借历史上积累的知识产权优势、技术优势、市场优势占据了全球价值链的主导地位。而中国及其他发展中国家进入全球经济中后，承担了产业链中的很多功能，获得的利润分配却与付出不相匹配。在数字创意产业发展的过程中，美国等一些发达国家的企业也试图以同样的手段来获取数字创意产业中的高度垄断地位，并将中国排除出去。

目前，中国数字创意产业企业在数字创意内容核心环节的竞争力差距较为明显。面对华特迪士尼、时代华纳、集英社等国际知名企业在电影、电视、动画、娱乐等数字创意内容生产创作方面的优势，国内的三家“世界500强”企业（腾讯、万达和阿里巴巴）只是在数字创意运营方面具备一定的影响力。在内容方面，仅腾讯在游戏行业领域具备较强的国际竞争力，其他企业与欧美数字内容生产企业相比，在竞争力方面还有很大差距。在技术方面，国内数字创意产业基础技术正在快速发展，但我国数字创意产业的相关设备和应用作品均处于追赶者的位置，距离世界顶尖水平仍有较大差距。例如，在游戏产业，行业中规模应用的大部分数字建模工具、交互引擎、后期特效系统都来自国外，我国国产游戏仍然未能掌握核心技术。然而，全息成像技术、可穿戴技术、虚拟现实/增强现实技术、人工智能、裸眼3D技术更新换代日新月异，为我国企业加大研发力度、实施赶超战略提供了条件。万达、今日头条、腾讯等中国企业在境外的数字创意产业投资也为中国数字创意产业提升全球地位带来了更多可能。

此外，我国数字创意产业发展还面临着机制问题。在数字创意产业发展过程中，市场和政府常常受到发展传统产业方式的局限，行业中存在许多诸如融资渠道不畅、复合型专业人才短缺等限制。受传统人才观念、经济观念影响，顶尖人才对数字创意产业有一定的排斥心态，传统产业缺乏与数字创意产业高度融合的意愿，市场对数字创意产品的需求程度也存在摇摆。我国在电子信息制造业上的产业链优势、庞大的创新创业人才队伍和文化创意产业规模未能得到充分发挥，对进一步开发技术成熟、使用便利、效益良好的数字创意产业装备和软件产品形成了一定阻碍。

第二节　中国数字创意产业重点领域分析

一、虚拟现实、增强现实

（一）发展概况

虚拟现实（Virtual Reality，VR）融合应用了多个领域的技术，如多媒体、传感器、新型显示、互联网和人工智能等。它能够扩大人类感知能力，改变产品形态和服务模式，给经济、科技、文化、军事和生活等领域带来深刻影响，已经充分引起社会各界的关注。通过三维立体的视觉体验和高度仿真的人机交互，虚拟现实在各个领域显示的潜力意义巨大。据虚拟现实产业联盟的统计数据，2017 年我国虚拟现实产业的市场规模已经达到了 160 亿元，比上一年增长了 164%，预计到 2020 年国内市场规模将超过 900 亿元。根据规划，到 2020 年，我国虚拟现实产业将初步形成技术、产品、服务、应用协同推进的发展格局，建成若干个运营良好的产业技术创新中心，创建一批特色鲜明的虚拟现实产业创新基地。到 2025 年，我国虚拟现实产业在国际市场的整体实力取得领先地位，研发并掌握虚拟现实关键核心专利和标准，形成一批具有较强的国际竞争力的虚拟现实骨干企业，创新能力显著提升，应用服务供给水平大幅改善，产业综合发展实力实现跨越式发展，虚拟现实的应用能力明显提高。

增强现实（Augmented Reality，AR）是一种实时计算摄像机图像位置和角度，并添加相应的图像、视频和 3D 模型的技术。该技术的目标是将虚拟世界置于现实世界中并在屏幕上进行交互。据预测，到 2020 年，AR/VR 行业的总利润将达到 1200 亿美元，其中 AR 将占到 75%。从产品看，硬件设备是 AR/VR

行业的主要利润来源，AR应用场景（利润来源）比VR要更丰富。从地域结构看，亚洲国家将占有近50%的市场蛋糕，预计中国、日本、韩国和印度将成为AR/VR的主要市场。

（二）技术进展

立体显示技术。当前大多数的立体显示都需要佩戴立体眼镜等辅助工具来观看三维图像，随着显示技术和视觉研究的进一步发展，裸眼可观察的立体显示技术成为发展的重点和趋势。目前比较有代表性的技术有分时技术、全息显示技术、光栅技术、分色技术、光谱技术。

人机交互技术。人机交互技术（Human-Computer Interaction Techniques）是指通过计算机输入和输出设备，用信息模式转化的方式实现计算机系统与人之间的信息交流。信息交流既包括显示输出的各种信息提示等输出手段，也包括通过键盘鼠标等外部介质转换信息，实现信息输入。当然，在虚拟现实领域中最常用的信息交互技术是我们常说的手势感知、面部识别、眼动追踪等。

二、数字游戏

（一）发展概况

2018年，《绝地求生》计算机端游戏打开全球市场，带动了《绝地求生》衍生系列国产手机游戏在国内市场掀起热潮。与此同时，《王国纪元》《火枪纪元》等国产手机游戏在海外市场持续火爆，说明我国游戏产业迎来了收获。2018年，国内网络游戏业企业业务收入1948亿元，比上一年增长了17.8%，游戏类应用数量约138万款，应用下载量达到3099亿次，行业的创新、创业活力得到保持。

繁荣之下也有隐忧。国内游戏巨头腾讯公司发布的2018年第二季报显示，智能手机游戏收入为176亿元，环比下降19%；PC游戏收入为129亿元，环比下降8%。分析认为，主力游戏暂时缺乏商业化条件和新游戏发布推迟是导致腾讯游戏业务表现不佳的主要原因。《绝地求生：刺激战场》和《绝地求生：全面出击》两款游戏虽然表现优异，但是受到监管政策的影响，缺乏商业化条件，为腾讯公司的收入带来很大压力。此外，国内游戏用户规模增长已经到了稳定状态，用户活跃度上升空间有限。

从2018年8月开始，网络游戏总量调控政策开始实施。从短期来看，新政策对游戏市场造成了巨大冲击，中小网游企业受到明显压力。但从长远来看，网络游戏行业的集中度将进一步提高，给网络游戏行业带来持续健康发展的条件。

（二）技术进展

沙盒游戏（Sandbox Games）近年持续火爆。此类游戏的特点是：交互性强，玩家可以在被创造出的游戏世界中自由地与各类要素互动，包括驾驶、探险、生产、作战等；自由度高，和以往依靠任务线索推进的视角不同，沙盒游戏并不限制玩家的行动方式和进程，玩家可以选择自由地决策和发展，没有线性的强制视角和动作；创造力强，沙盒游戏往往可以凸显不同的世界观和风貌，无论是制作还是使用，都需要把创造力转化成现实。沙盒游戏一般制作的难度较大，对制作团队的要求较高。目前，火爆国内外市场的《绝地求生》系列游戏即战术竞技型射击类沙盒游戏。此外，知名的沙盒游戏还有《巫师》系列、《上古卷轴》系列等。

游戏引擎。游戏引擎是游戏产业的核心技术，它的一般定义是“一个用于控制所有游戏功能，包括从计算碰撞物理系统和物理的相对位置到接受玩家的输入等功能，甚至按照正确指令输出声音的主程序。这个主程序一般内置在游戏中，起到核心作用[①]”。当前，游戏引擎的开发技术依然垄断在老牌软件强国（如美国）手中，目前最新的游戏引擎包括 Creation 引擎、UnrealEngine（虚幻引擎）、FrostbiteEngine（寒霜引擎）等，大多是美国公司开发的。我国在游戏引擎方面尚无太大建树，这是积累不足、龙头企业投入意图较弱、成熟产品已经占据市场等因素造成的。通常，游戏引擎可以理解为一个包含了渲染引擎（也就是俗称的渲染器，分为二维图像引擎和三维图像引擎两类，目前后者占据主流）、物理引擎、物理碰撞检测系统、网络引擎、计算机动画数据包、音效数据包、脚本程序引擎、场景管理引擎及人工智能组件。

三、数字文创产品

2018 年，我国数字文创内容产业快速发展，网络小说、网络电视、网络视频、网络主播、网络动漫等细分领域均有长足的发展。根据国家统计局数据，2018 年，全国文化及相关产业 6 万家规模以上企业实现营收 89 257 亿元，同比增长 8.2%。内容创作生产服务营收为 18 239 亿元，同比增长 8.1%，创意设计服务业营收为 11 069 亿元，同比增长 16.5%。数字文创内容产品由于门类较

① 引自谷歌官网。

多，且以具体创作内容为主，数字和设备主要承担的是传播和辅助，因此数字文化创意产业并没有传统意义上的核心技术，计算机软硬件、互联网设备和大数据等是决定数字文化创意产业发展的技术基础。

2018年，网络娱乐市场需求强劲，一些政策出台并鼓励、引导互联网娱乐业态持续健康发展。网络音乐原创作品得到支持，网络文学的阅读方式多样化，短视频应用迅速崛起，网络游戏的种类和内容质量得到提升。

第三节　中国数字创意产业年度热点事件

一、国家新闻出版署国家电影局揭牌

2018年4月16日上午，国家新闻出版署国家电影局在北京揭牌。根据官方报道，此次国家新闻出版署国家电影局的揭牌，是按照中央深化党和国家机构的改革方案要求，旨在进一步强化我党对宣传舆论工作的集中统一领导，更好综合发挥影片在宣传、文化、娱乐方面的特殊作用，由中共中央宣传部统一管理。根据报道，国家电影局的工作职责包括：管理电影领域的行政事务；监管并指导电影的制片、发行和放映工作；组织电影内容的修订；指导和协调主要国家电影活动、承担对外合作制片、输入/输出影片的国际交流等。

2018年，我国数字创意产业中的电影作品有较快发展，各类影片主题都有很大突破。例如，军事题材电影《红海行动》作为偏写实战争电影，在特效、情节和贴近现实程度上受到了市场的好评，取得了35.51亿元的票房，弘扬了爱国主义；跨年科幻电影《流浪地球》上映短短15天，累计票房就突破了40亿元大关，暂居《战狼2》之后排国内影史第二，在网络上引爆了舆论狂潮，被网友爱称为“小破球”的影片成为新时代我国网络精神、社会精神的一块试金石，成为中国科幻史乃至世界科幻史的里程碑式作品。演员吴京在《战狼2》与《流浪地球》中都扮演了较为重要的角色，甚至零片酬自带投资参演后者，获得了市场的认可。社会现实题材喜剧《我不是药神》深入融合我国仿制药产业的现实问题，为我国仿制药产业突破国外知识产权封锁、破解用药难问题提供了舆论基础。此外，动画电影《白蛇：缘起》《熊出没》等，喜剧电影《疯狂外星人》等，都收到了较好的市场反响。随着我国电影工业数字化制作水平的提升和优秀剧本的增多，优秀的电影产品快速增长，与广大观众的正向互动越发频繁，中国电影工业已经由野蛮生长、跑马圈钱阶段向高质量、可持续发展阶段转化。

国家新闻出版署国家电影局的揭牌对数字创意产业具有很大的影响，主要

影响方向包括数字电影、动画电影、创意电影、VR 电影、电视连续剧等，对未来我国数字创意产业的发展和海外市场数字创意产业的进出口具有重要意义。主要体现在此举明确了责任划分和主管单位，凸显了责权明晰，解决了以往数字创意产业中电影工业“多龙治水”的混乱情况。由中共中央宣传部统一管理，既明确了党的领导这一大前提，也体现了具体工作权责的整理与统一，对简化办事流程具有积极意义。

二、VR/AR 技术辅助医疗服务在国内多个城市推开

2018 年，一款由中国技术人员自主研发的医疗用途机器人在上海、新疆和西藏等地的医院试点使用，VR/AR 技术直接助力产业发展进入快速发展阶段。远程医疗会诊技术是VR/AR医疗技术实用化的标志，是新一代信息技术、穿戴装备、信息传输分析与医疗的深入融合，是数字化医疗的重要风向标。

近年来，基于 VR/AR 等技术的数字创意新产品和新模式层出不穷。在美国，利用 AR 技术的驾驶辅助、飞行辅助、医疗辅助等已经开始在军工联合体下属企业和特斯拉等私人企业所应用。例如，洛克希德马丁公司 F22“猛禽”战机和 F35“闪电”战机等采用了 AR 辅助技术为飞行员的飞行起降、态势感知和作战提供帮助，此外，美军还开始用 VR 技术培训为 F35 战机进行日常养护的地勤人员。我国基于 VR/AR 技术的数字创意新模式也正逐步铺开，2017 年全球首例混合现实技术三地会诊手术在协和医院成功实施，武汉和美国的专家和顾问通过 AR 设备对病患伤处的立体成像进行了全方位的观察，指导远在新疆的主刀医生进行复杂手术。

我国幅员辽阔、地势复杂，客观交通和人居条件极大地限制了一些地方提升生活质量的努力成效。2020 年，我国将实现全面小康，这意味着我们要找到低成本、长时间提升老少边穷地区人民生活质量的技术手段，VR/AR 医疗技术为代表的数字化技术是理想的发展方向之一。对于人工智能自动装备无法自行处理的疑难问题，如高难度手术等，地处荒漠、高山、高原和海岛的工作站无须长期保有全门类高水平专家，只需要若干全科医生甚至准卫生人员加上远程的医疗指导就可以完成地级乃至省级医院才能完成的大部分医疗过程；同理，对于我国为数众多的社区医院和私人全科医生，VR/AR 医疗技术也是提升医疗水平和加强前期防病的有效手段。数字创意产业的本质是互联网为媒介或手段的创新，数字创意指向的是社会上依靠传统手段成本高昂或难度过大的供给短板，VR/AR 数字创意技术作为人的感官在空间上的无限延伸，在我国有巨大的市场价值和社会价值，是数字创意产业的重要增长点。

三、中国电子信息产业发展研究院承办的世界 VR 产业大会在江西举行

2018 年 10 月 19 日，工业和信息化部和江西省人民政府联合主办、中国电子信息产业发展研究院等机构共同承办的“2018 世界 VR 产业大会”在江西举行。

本次世界 VR 产业大会以“VR 让世界更加精彩”为主题，旨在关注先进技术前沿发展，探索发展路径及创新点，展示最新成果，推动应用推广，创建交流平台，汇聚各方资源。互联网界领军人物和技术专家为本次世界 VR 产业大会贡献了智慧，阿里巴巴集团董事局主席马云先生与中国工程院院士、北京航空航天大学教授赵沁平在上午的演讲环节发言，美国科学院院士、诺贝尔物理学奖得主乔治·斯穆特等外国专家也到会进行了演讲。

世界 VR 产业大会是世界级影响力的会议，能在中国由中国机构承办，说明中国庞大的 VR 创意产业未来市场和日益提升的数字创意产业竞争力与影响力已经得到了世界的认可。2018 年，世界 VR/AR 数字创意产业发展迅速，Oculus Go、Magic Leap One 等高端产品在市场上获得广泛好评，根据《中国电子报》报道，2019 年全球增强现实和虚拟现实市场规模近 204 亿美元①。

在我国加速推动 5G 商用的大背景下，我国 VR/AR 技术的应用面将快速拓宽、市场明显加大、创新明显增强，所谓“VR 严冬”在 5G 等基础设施完备后将自动消解，有望出现如 iPhone4 一样的标志性产品和模式，是下一步智力、资本、技术和产能争相投入的增长蓝海，例如，2019 年的中央电视台春节联欢晚会采用“5G+VR”模式进行直播。中国电子信息产业发展研究院作为国家工业和信息化部的附属单位，长期跟踪 VR/AR 产业情况和前沿技术，在 VR/AR 数字创意研究开发及信息支持上具有比较优势，是中国 VR/AR 数字创意市场不可忽视的重要因素。

四、数字创意产业论坛（2018 年）召开

2018 年 9 月 8 日，“数字创意产业发展论坛”在西安市召开。来自数字技术、互联网平台、初创公司等学术界和企业界的数字创意专家和从业者 300 多人参加了会议，会议就数字创意产业的未来各方面内容进行了深入研讨，包括

---

① 中国电子报：《5G+VR 的春晚都要来了，VR 的春天还会远吗？》，http://www.mtx.cn/detail/zxdetail.jspx?id=678545，2019 年 2 月 12 日。

开发、市场、人才培养、学术研究等。会议认为，要实现“一带一路”倡议的文化生产和输出，不仅要结合中国特色的文化内涵和文化精神，还要深入融合数字化技术和数字创意产业，为传统作品和基础内容注入新的活力，进一步升华其中的中国文化内核。

2018年10月17日，“2018首届武汉数字创意产业创新发展论坛”在湖北召开。会议由武汉市政府组织，从数字创意产业发展的角度探讨数字经济对社会进步的重要性、产业的未来形态、投资市场规模以及数字创意产业总体与细分领域的多种发展模式，通过了解数字创作行业的发展潜力、潜在问题、改进方式等，更好地满足经济、政治、文化、社会和生态方面综合发展的需求。会议还邀请了行业巨头百度、网易、阿里巴巴等，为学术讨论和行业的产学研对接创建一个完善的公共服务平台，实现数字创意产业产学研无缝对接。

数字创意产业方兴未艾，但作为一个战略性新兴产业和融合产业，也存在边界不清、市场不明、盈利点不足等问题，亟待进行学术性研究和出台商业规则。数字创意产业论坛虽然规模不大，却集中了全国数字创意产业的先行者，包括各个研究领域的专家学者、企业家、投资专家、咨询机构、地方政府、创业者和文创从业者，通过不断集思广益和思维碰撞，数字创意产业的概念必将越发清晰，市场也将逐渐被挖掘出来，各种盈利点、风险点和潜在发展点都将在讨论穷举中被发现并给出相应的对策，对产业良性发展具有很大的益处。

五、网络游戏道德委员会成立

2018年12月，在中宣部的指导下，网络游戏道德委员会在北京成立。网络游戏道德委员会随后针对20款存在道德风险问题的网络游戏作品进行评议。网络游戏道德委员会的成立，意味着国家正式将游戏这一数字创意产品纳入正规管理范围，使游戏产业终于走出了“三不管”的灰色地带，进入正规发展和培育的道路。

国家开始注重游戏产业是由我国游戏市场日益扩大的规模和游戏产业日益强劲的发展速度决定的。2018年，我国游戏产业发展迅速，出现了一系列里程碑式的事件。例如，我国的iG战队在全胜击败欧洲强队FNC之后获得《英雄联盟》2018年全球总决赛冠军，实现了大陆赛区冠军奖杯零的突破，引起了线上玩家集体狂欢。此外，国产游戏的崛起势头较大，《太吾绘卷》和《中国式家长》等独立游戏获得市场和口碑的双丰收，其中《太吾绘卷》更是在发售当天即登顶热销榜。此外，我国线上及线下混合游戏也不断增多，如《电子飞镖》等。

游戏产业不仅是数字创意产业中发展最为迅速的金矿，也是集合文化传播、教育育儿、科技普及、卫生计生、人际关系和科研创新等功能为一体的产业门类。自然界中人类最初的学习和传承就是游戏，未来以数字互联网为载体、以智能可穿戴设备为依托、以5G技术实现实时互联、以超级计算机为服务器的游戏产业有难以估量的潜力。因此，国家力量尤其是党群团组织，应该更加深入地应用和生产包括游戏在内的数字创意产品。

六、工业和信息化部出台《关于加快推进虚拟现实产业发展的指导意见》

2018年12月，工业和信息化部发布了《关于加快推进虚拟现实产业发展的指导意见》(以下简称《意见》)。

《意见》提出，以习近平新时代中国特色社会主义思想为指导，全面贯彻党的十九大精神，提升产业创新发展能力，推动我国信息产业高质量发展。《意见》提出，到2020年我国要建立比较健全的虚拟现实产业链条，我国虚拟现实产业的整体实力要进入全球前沿水平。

《意见》从6大方向明确了发展虚拟现实产业的重点任务：核心技术、产品供给、行业应用、平台建设、标准构建和安全保障。具体任务包括：在近眼显示、感知交互、渲染处理和内容制作4类共性关键核心技术上取得突破；在整机器设备、感知交互应用设备、内容采集和制作设备、相关工具软件、解决方案及分发平台6类产品上扩大供给；促进虚拟现实技术产品在制造、教育、文化、健康、商贸5个行业中的应用；建设公共服务平台；构建标准规范体系，并强化虚拟现实系统平台的安全可靠性建设及重要数据安全的保护。

《意见》提出8项具体推进措施。发展虚拟现实产业，就要建立有益的政策环境和市场环境，激发企业创新研发活力。《意见》在政府支持、地方政府功能作用、示范应用市场推广、产业集群基地建设、优势品牌打造、专业人才培养、行业组织发展及国际交流合作8个方面提出发展虚拟现实产业的着力方向[①]。

第四节　中国数字创意产业重点企业分析

2018年，我国数字创意产业持续高速发展，随着国内新一轮创新高峰的到来，优质企业、优质产品和优质模式层出不穷。同时，我国各大数字龙头和资

① 工业和信息化部：《〈关于加快推进虚拟现实产业发展的指导意见〉解读》，http://www.miit.gov.cn/newweb/n1146285/n1146352/n3054355/n3057643/n3057648/c6562944/content.html，2018年12月27日。

本集团纷纷加大对数字创意产业如人工智能应用、数字设计、数字影音娱乐、可穿戴数字设备等的投入，逐步依靠我国巨大的市场开始持续突破国外巨头对数字创意产业解释权的垄断。数字创意产业的特色是以企业为主体，各类近似技术和业务汇聚于大型企业中，带动整个行业的进步。

一、智能消费龙头企业

随着经济技术的发展，智能消费品成为 2018 年数字创意领域丰收的热门，一大批国内高技术企业在智能消费品领域快速发展，包括著名的 BAT、京东、搜狗等，也包括专精语音识别或图像识别的科大讯飞、旷视科技等。在人工智能领域，产业发展被科技企业的研发能力和研发方向所影响，每一家科技企业代表着一种人工智能应用研发的思路，也代表着一种人工智能的发展方向。对行业巨头如腾讯、阿里巴巴、百度等而言，进一步加大投入、从产业链上下游完成整合和跨行业并购形成行业矩阵，是资本布局博弈的主要焦点；同时，鉴于中美贸易摩擦的现状，各大集团纷纷强化了核心技术的自主研发和与科研院所的合作关系。对细分领域龙头企业而言，趁 5G 通信部署尚未完成，尽快完成在技术上甩开对手的科研竞争，显然是“5G+智能消费”蓝海爆发之前的主要工作。2018 年，国内智能消费综合性龙头企业情况如表 10-2 所示；智能消费语音识别与自然语言处理类龙头企业情况如表 10-3 所示；智能消费计算机视觉类龙头企业情况如表 10-4 所示。

表 10-2　2018 年国内智能消费综合性龙头企业

企业名	简　介
腾讯	腾讯集团创立于 20 世纪 90 年代，是中国最领先的互联网企业之一，也是世界上最大的互联网增值服务提供商之一。通过互联网，腾讯极大地提升了我国人民生活的品质。“连接一切”是腾讯的战略目标，腾讯通过提供社交平台如微信、QQ 等和互联增值服务来达成这个战略目标。公司中研发人员占据总员工数的一半以上。腾讯拥有完善的自主研发体系，在许多尖端技术上拥有优势。在世界互联网企业中，腾讯的办理申请和授权总量都处于前列。在投资的技术类别上，腾讯的资本主要投向于存储、数据挖掘、多媒体等六大关键方向，并取得了相当数量的专利。腾讯的人工智能主要基于专注机器学习、自然语言处理、语音识别和计算机视觉四个方向的基础研究。腾讯云拥有高水平的深度学习平台 DI-X，这个平台不仅具备一般的智能平台所具备的智能图像识别、智能语音识别等传统功能，还有智能自然语言处理和仿生视觉等尖端领域的研究。这个平台可以为腾讯的智能体系提供数据开发训练预测等服务，并且有助于腾讯智能的抢先部署。深度学习平台也是腾讯的核心产品之一。腾讯云小微是腾讯云倾力打造的一个智能服务开放平台，可以让硬件快速具备语音和视觉感知能力；同时，腾讯云小微又是一种智能解决方案，可以赋予硬件更多的能力扩展，从而构建一个从云到端的“智能云生态”

续表

企业名	简　介
阿里巴巴	阿里巴巴旨在赋能企业改变营销、销售和经营的方式。阿里巴巴为商家、品牌及其他企业提供基本的互联网基础设施，还提供营销平台，让商家可以借助互联网的力量，通过这些营销平台和互联网基础设施和客户进行有效互动，保持经营活动顺利进行。阿里巴巴的业务包括核心电商、云计算、数字媒体和娱乐及创新项目等。阿里巴巴人工智能实验室研究方向为消费级人工智能产品的研发，第一款产品是智能语音终端设备“天猫精灵 X1”。iDST(数据科学与技术研究院)则是阿里巴巴最“神秘”的研究机构，是阿里巴巴负责人工智能技术研发的核心团队、阿里巴巴 NASA 计划的人工智能大脑
百度	百度是全球最大的中文搜索引擎、最大的中文网站。作为一家以技术为信仰的高科技公司，百度将技术创新作为立身之本，着力于互联网核心技术突破与人才培养，在搜索、人工智能、云计算、大数据等技术领域处于全球领先水平。百度建有世界一流的研究机构——百度研究院，广揽海内外顶尖技术英才，致力于人工智能等相关前沿技术的研究与探索，着眼于从根本上提升百度的信息服务水平。目前，百度人工智能研究成果已全面应用于百度产品，让数亿名网民从中受益。今天，百度已经成为中国最具价值的品牌之一。百度在《麻省理工科技评论》评选的全球最聪明 50 家公司排名中高踞第二，还拥有“亚洲最受尊敬企业”“全球最具创新力企业”“中国互联网力量之星”等一系列荣誉称号

数据来源：赛迪满天星产业大脑。

表 10-3　2018 年国内智能消费语音识别与自然语言处理类龙头企业

企业名	简　介
科大讯飞	科大讯飞是专业的智能语音服务商。从 1999 年开始，科大讯飞就专注于研究智能语音及语言技术、人工智能技术的深度开发研究。此外，科大讯飞还涉及软件和智能芯片产品的开发，以及语言信息服务等。作为国家级的人工智能骨干软件企业，科大讯飞还承担了一系列的电子政务系统的集成和服务。当前科大讯飞作为中国人工智能产业，尤其是中国智能语音的领跑者，语音合成等多项技术具备世界领先的自主知识产权成果和产品。此外，科大讯飞在语音识别、口语评测、自然语言处理等方面也处于国内外的领先水平。科大讯飞是我国唯一一家以语音技术为优势的高科技重点企业，在科技成果转化方面也有一定的优势，在产业化方面科大讯飞拥有国家“863”计划成果产业化基地等荣誉，被工业和信息化部认定为中文语音交互技术标准工作组组长单位并牵头制定国家级中文语音技术标准
云知声	云知声成立于 2012 年 6 月 29 日，总部位于北京，在上海、深圳和厦门设有分支机构。该公司专注于物联网人工智能服务，拥有全部自主知识产权，是世界领先的语音识别人工智能技术公司之一。作为云知声研发的主力，所有 Unisound AI Labs 研究人员都拥有硕士或更高学位，其中超过 45%拥有博士学位，而且许多人在研发和应用方面拥有超过 10 年的经验并且大多具备多年的技术创新实践和多项知识产权或软件著作权。该公司使用机器学习平台，在语音技术、语言技术、消费者计算和大数据分析领域构建了最先进的技术系统，且形成了完整的人工智能技术路径图

续表

企业名	简 介
思必驰	2007年，思必驰在剑桥高新区成立，公司创始人均来自剑桥大学，并在2008年回到苏州。该公司专注于人性化智能语音交互技术，为企业和开发人员提供自然语言交互解决方案，包括开放式DUI平台、企业级智能服务、企业操作系统和企业对企业解决方案、人机对话、人工智能芯片模块等。公司在深圳、北京、上海设立了分支机构和研究机构，并与上海交通大学建立了专门的人机交互-语音实验室。2017年年底，公司与苏州市人民政府合作，创建“思必驰-上海交大苏州人工智能研究院”

数据来源：赛迪满天星产业大脑。

表10-4 2018年国内智能消费计算机视觉类龙头企业

企业名	简 介
旷视科技	旷视科技成立于2011年10月，是中国领军的人工智能产品公司。旷视科技以深度学习和物联传感技术为核心，立足于自有原创深度学习算法引擎Brain++，深耕金融安全、城市安防、手机AR、商业物联、工业机器人五大核心行业，致力于为企业级用户提供全球领先的人工智能产品和行业解决方案。发展至今，旷视科技已在北京、西雅图、南京设立独立研究院，并在十余个核心城市设立分部。旷视科技的核心人脸识别技术Face++被《麻省理工科技评论》评定为2017年全球十大前沿科技，同时公司入榜“全球最聪明公司”并位列第11名。在中国科技部火炬中心“独角兽”榜单中，旷视科技排在人工智能类首位
川大智胜	川大智胜是我国空中交通领域主要的技术、系统和服务供应商，是独具特色的企业，同时也是产学研用深度融合的科研创新企业。川大智胜的研发工作主要聚焦于图像图形技术领域，自主研发的大型实时监控软件促进了重大系列装备和系统的快速发展。在民用领域，以航空和空中交通管理为核心，产业链延伸至飞行模拟控制、三维测量、安检人脸识别装备系统、智慧城市、文化娱乐等领域。其中，航空和空中交通管理产品为其主要产品，市场占有率占据优势。在重大奖项方面，川大智胜已获国家科技进步一等奖一次、二等奖三次
商汤科技	商汤科技专注于计算机视觉和深度学习的原创技术，是中国领先的人工智能公司，估值超过20亿美元。以“坚持原创，让AI引领人类进步”为使命，商汤科技建立了国内顶级的自主研发的深度学习超算中心，并成为中国一流的人工智能算法供应商。商汤科技不仅在技术实力上领跑行业，商业营收亦领先同行业，在多个垂直领域的市场占有率居首位，涵盖安防、金融、智能手机、移动互联网、汽车、智慧零售、机器人等诸多行业，为其提供基于人脸识别、图像识别、视频分析、无人驾驶、医疗影像识别等技术的完整解决方案

数据来源：赛迪满天星产业大脑。

从国外来看，欧美智能消费的龙头企业依然是亚马逊、谷歌、特斯拉、IBM等。美国企业是世界人工智能研究的先行者，在2018年也依然把持着人工智能应用领域，包括底层代码和基础技术。虽然我国人工智能应用领域发展很快，但相对于这些巨头仍然有很大的追赶空间，尤其是在基础软件、程序乃至底层代码的智能方面，需要大规模的投入。

二、国内数字文创知名品牌

数字文化创意产业是文化创意产业的重要分支。随着数字化深入生活，2018年，多个网络巨头开始争夺数字创意蛋糕，其中小说、游戏、短视频、音乐、网络剧、漫画等网上文创产品成为主战场。由于数字文创产品起点低、资本要求低，因此新生的数字文创企业多如繁星，但同时，由于竞争的日益白热化，数字文创产业的龙头企业基本都是之前的网络巨头或大型资本集团。2018年国内数字文创知名品牌情况如表10-5所示。

表10-5 2018年国内数字文创知名品牌

品牌	简介
爱奇艺	爱奇艺致力于成为中国最佳的高质量视频娱乐服务提供商。公司于2010年4月22日正式开展活动，根据“悦享品质”品牌的口号，积极推动产品、技术、内容、营销等方面的创新。目前，公司已成功建立了商业视频生态系统，包括电子商务、游戏、电影票务等服务，将人与服务联系起来，引领模式的多元化发展
万达文化	万达文化集团是中国领先的文化企业，也涉足数字文化创意产业。在万达文化占据优势的影视制作行业，大量投入网络电影、微电影视频的制作占据了较大的市场。万达网络科技集团是“互联网+”概念的大型开放平台创新公司，为原本在线下的文化创意产业提供数字化升级服务，运用大数据、云计算、人工智能和场景应用等技术将线上及线下的文化产品联动，提供全新的数字文化创意消费服务
百度音乐	百度音乐是中国音乐门户网站之一，旨在为用户提供真实的音乐服务和相关研究服务，并在此基础上为音乐产业建立一个双赢的生态渠道。该公司以“通过技术和艺术支付音乐，让听众随时享受音乐，音乐家寻找朋友并体验商业成功”为使命，打造中国数字音乐产业的龙头。该公司致力于在互联网公司、音乐制作人和音乐消费者之间建立一个发展的桥梁，以实现双赢。该公司为用户提供在线收听歌曲和在线音乐内容，为他们提供丰富而直接的聆听体验。该公司的“我的音乐”产品不仅满足用户在线收听歌曲的需求，还为用户提供独家的远程音乐服务

续表

品　牌	简　介
阿里巴巴	网络音乐是数字文化创意产业的重要组成部分。阿里巴巴在网络音乐层面以天天动听和虾米网作为平台，滚石唱片、华研国际、韩国 SM 娱乐作为版权原创保障。线上体育节目也是数字文化创意产业的重要组成部分。阿里巴巴体育集团以“互联网+”的模式进行体育运营，融合了电商平台、网络媒体、网络营销、网络视频、智能设备、云计算、大数据等，打造了贯穿体育生态的线上体育平台。在网络视频领域，阿里巴巴拥有优酷和土豆两个高端 IP，占据较大的市场份额
腾讯	网络小说是数字文化创意产业的重要组成部分。腾讯旗下的阅文集团是我国网络小说的代表性领军企业。阅文集团拥有起点中文网、QQ 阅读等网络小说知名的品牌，储备了众多的优秀网络小说作家和作品，覆盖几乎全部的产品类别，占据国内网络小说 IP 改编市场的优势份额，成功输出《鬼吹灯》《盗墓笔记》《琅琊榜》《择天记》等大量优秀作品。网络动漫是数字文化创意产业的重要组成部分。腾讯动漫是我国最大的互联网动漫平台之一，拥有 PC 动漫网站、手机动漫 App 等，并且有基于实时通信软件的 QQ 动漫。目前腾讯动漫上拥有数字化漫画作品超过两万部，投稿作者超过 5 万人，签约作者超过 500 人，有 40 多部作品点击率过亿次

数据来源：赛迪满天星产业大脑。

热 点 篇

第十一章

新兴产业发展前沿

第一节 从“世界 500 强”的十年变迁研判全球产业演替趋势

《财富》发布的世界 500 强排行榜作为评价全球大型公司实力的著名榜单，根据企业营收高低进行排名，每年发布一次，简称“世界 500 强”。其对 2008—2017 年近十年榜单中企业相关指标进行长期跟踪，从行业、国家等多维度进行数据挖掘，揭示各国在产业领域的整体实力、行业特色和周期阶段等多维度变化，以进一步探索全球产业演替和格局变迁。

一、“世界 500 强”榜单视角下的全球产业演替态势

（一）互联网服务等新兴领域正迅速崛起

根据“世界 500 强”榜单企业的主营业务情况，可将这 500 家企业分入 56 个行业。近十年的数据分析显示，互联网服务业和零售业发展速度较快，营收年均增速达 36.1%，由 2008 年的 212.5 亿美元提高到 2017 年的 3 394.4 亿美元。亚马逊、谷歌、京东、脸书、阿里巴巴、腾讯等企业是该行业的代表企业，如图 11-1 所示。例如，亚马逊在 2009 年进榜单，2017 年其排位就迅速提升至 26 位，8 年平均营收增速达 27.8%，主因是其电子商务零售销售额不断增长和 AWS 云计算业务的快速扩张。我国的互联网巨头企业阿里巴巴、腾讯也在 2017 年进入“世界 500 强”榜单。

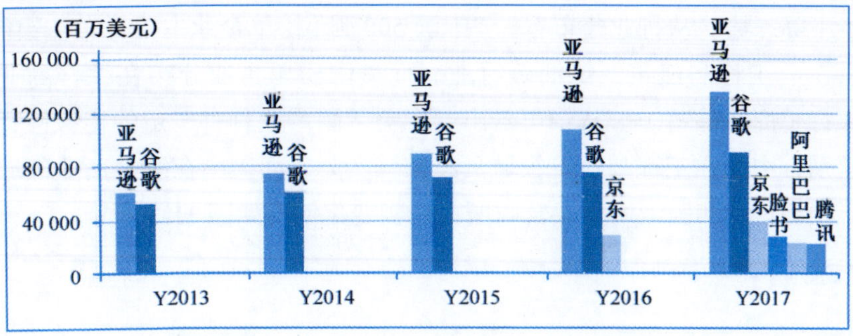

图 11-1　互联网巨头企业的营收变化情况

（二）石化、冶金等传统领域占比不断萎缩

在第二次工业革命中，诞生了诸如石化、冶金、化学品等行业，当时的这些新兴产业现在已经成为支撑全球经济发展的支柱型产业，但在新一轮科技革命和产业变革中，其相对规模呈现出不断缩减的态势。其中，以炼油行业萎缩程度最大，营收占比从 2008 年的 12.6%降至 2017 年的 8.8%。采矿、原油生产、金属冶炼、化学品制造等行业相对份额也出现了不同程度的减少（见图 11-2）。一些石化、冶金领域的巨头企业甚至出现了巨额亏空。2017 年，墨西哥石油集团的亏损达到 102.6 亿美元，德国意昂集团亏损达 93.4 亿美元，中国五矿集团、中国铝业分别亏损 4.5 亿美元和 2.8 亿美元。

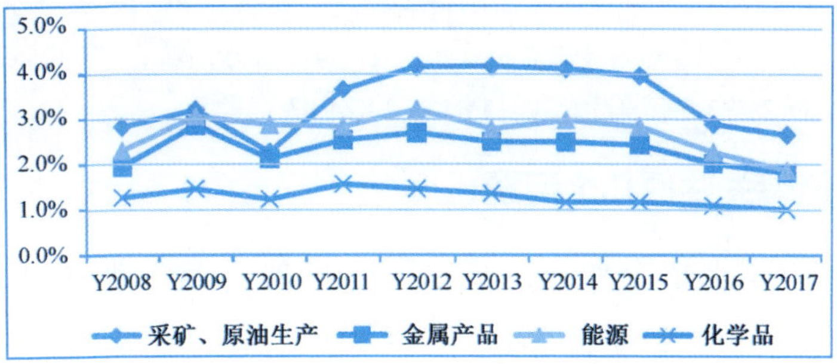

图 11-2　传统石化行业营收占比变化情况

（三）中美成为“世界 500 强”企业榜单的主要阵营

从企业数量看，中国在 2008 年只有 35 家公司上榜，到 2017 年上榜公司已上升至 115 家，增长了 3.3 倍；美国的上榜公司仍然最多，为 132 家，占 500 强的 26.4%。从营收份额看，“中国 500 强”榜单企业份额从 5.6%上升至 22.8%，“美国 500 强”榜单企业份额长期在 30%上下波动，日本、德国的份额

呈稳步下降态势。从行业分布看，“中国 500 强”榜单企业主要分布在银行（商业储蓄）、工程与建筑、炼油等行业，而美国榜单企业分布在综合商业、炼油、银行（商业储蓄）。从中可看出，中美两国产业具有一定的相似性，但也存在差别，中国在工程与建筑领域具有较强实力，而美国在综合商业领域具有优势。中美日德四国上榜企业营收所占份额变化情况如图 11-3 所示。

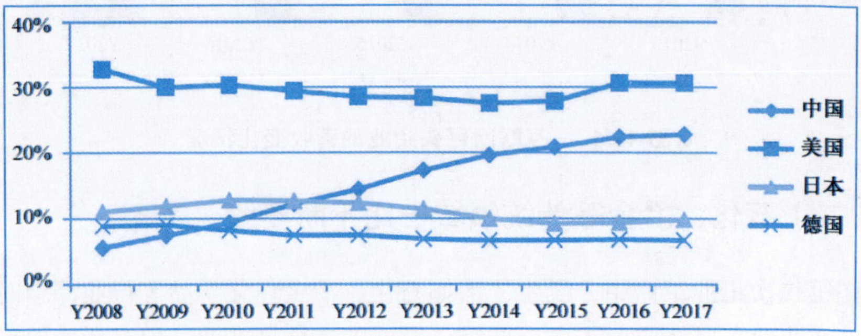

图 11-3　四国上榜企业营收所占份额变化情况

（四）中美企业成为全球高技术产业增长极

中美两国的互联网服务、网络通信设备、航天防务、生物医药等高技术产业领跑全球，并已成为互联网服务和零售领域的两个重要发展极。美国、中国的互联网服务和零售业 2017 年营收分别为 2 538.97 亿美元和 855.4 亿美元，位列全球第一、二位。在网络、通信设备领域，“中国 500 强”榜单企业营收为 785.1 亿美元，而美国的为 492.5 亿美元。在航天防务领域，“中国 500 强”榜单企业营收为 2 777.5 亿美元，美国的为 2 824.03 亿美元。

二、值得关注的几个问题

（一）我国上榜企业收入规模不断增加，但企业盈利水平与美国存在较大差距

从企业收入指标看，我国的企业收入增速远高于“世界 500 强”榜单企业平均水平。2017 年我国上榜企业的营收总额 6.5 万亿美元，占世界的 22.8%，较上一年增长 19.3%，远高于“世界 500 强” 榜单企业营收增长的 0.36%。但从利润指标看，我国榜单企业所获利润的增速仅与世界平均水平持平。2017 年中国上榜企业的利润总额为 3 473 亿美元，占世界的 21.9%，同比增长 2.9%，增速仅持平于“世界 500 强”榜单企业利润总额增长水平。我国榜单企业的利润只有美国企业的 1/2，差距远大于两者营业收入的差距，说明我国企业的利

润率远低于美国。从人均指标看，我国的人均营收和利润指标均落后于美国、日本，也低于世界平均水平，人均营收是美国的 3/5，人均利润约为美国的一半左右。这表明我国“500 强”榜单企业的劳动力密集程度仍较高，还意味着企业的盈利能力跟不上规模扩张。

（二）我国在部分领域取得进展，但不同行业的发展存在明显偏科

自 2008 年以来，我国进入“世界 500 强”榜单的企业逐渐增多，2009 年其数量就超过法国和德国，到 2011 年超过了日本，仅次于美国。中美两国虽占据“世界 500 强”榜单企业数量前两位，但我国上榜企业集中在上游产业，重化工业和基础设施建设类企业比重大，在高端新兴领域的企业较少；而美国上榜企业集中于产业高端，上下游产业分布合理。我国的优势主要集中于金融、工程建筑、石化冶金等领域，行业规模居于全球第一。以银行业为例，2017 年我国银行（商业储蓄）业的营业收入达 7 673 亿美元，比美日两国银行营业收入之和还要高。而美国在互联网服务、网络通信设备、航天防务、生物医药等高端产业领域的排名都位列全球第一。日本在车辆与零部件、电子电器设备领域占据全球首位。

（三）我国互联网企业上榜步伐加快，但体量规模仍明显偏低

在十年来的“世界 500 强”榜单中，我国互联网企业上榜数量不断提升，上榜企业数量从 2008 年的 0 家提升至 2017 年的 3 家，企业数量已占据互联网服务和零售业的半壁江山。从发展速度看，我国企业迎头赶上，亚马逊近五年的营收平均增速为 22.1%，同期谷歌平均增速为 14.7%，京东近两年增速是 35.7%，阿里巴巴和腾讯都于 2017 年年初进入榜单。从体量规模看，中国的互联网服务和零售领域上榜企业总体量仅占美国上榜企业的 1/3，亚马逊的体量规模（年营业收入）约是京东的 3.5 倍、是阿里巴巴的 5.9 倍。从盈利能力看，我国互联网企业盈利能力普遍较强。2017 年阿里巴巴、腾讯的营业收入利润率为 27.6%和 27%，居于该行业前两名。谷歌、亚马逊的营业收入利润率分别为 21.6%和 1.7%，而京东则是亏损。

三、相关启示

（一）提实力：加强关键核心技术攻关

缺少核心技术是我国企业的弱势。例如，我国很多代工厂为苹果等公司创造了巨大价值，但并未占据核心价值链领域，一直在为苹果公司“打工”。可以有针对性地结合我国强企的实际需求和未来产业发展制高点，制定发布重点领域技术创新路线图。推动建立一批产业创新联盟，开展“产学研用”协同创新，攻克一批对产业发展有全局性影响、带动性强的关键共性技术，加快成果转化。

（二）激活力：鼓励民营企业参与全球竞争

与其他国家相比，中国上榜企业排名靠前的多为央企或国企，2017年又有一批民营企业或资本进入“世界500强”榜单，这表明民营企业进入“世界500强”榜单的潜力较大。“一带一路”倡议为企业发展提供了难得的契机，为民营企业和资本走出去创造了良好环境，可以促进我国民营企业成为参与国际竞争的新活力。

（三）强盈利：提升质量和品牌国际化水平

从对“世界500强”榜单企业的分析可知，我国企业仍偏重规模扩张，企业盈利水平较弱，应加快实施质量和品牌战略，不断提升产品和服务竞争力。一方面，促进企业提升产品质量，塑造良好的中国制造的国际形象；另一方面，加强自主品牌培育，引导企业推进品牌的多元化，创建具有国际影响力的世界级品牌，加快品牌的国际化运营。

（四）聚资源：提高全球创新资源利用深度和广度

力争形成我国新兴产业技术标准体系，提升国际合作的话语权。同时，要在技术、商业模式等各领域鼓励原始创新，加强对消费者的影响力，尽量做到引领消费，而不仅仅是满足消费。促使全世界的优秀创新资源为我所用，制定吸引国外顶尖科研人员的优惠政策，按照我国产业发展需求，在全球范围内吸纳优秀人才。在人工智能、新材料等领域，加强与国外大型企业、研发机构等的合作，或采取并购等方式，获得关键核心技术。

第二节 人工智能发展趋势与产业化

“新兴产业百人会”在成都举办了主题为“人工智能发展趋势与产业化”论坛。此次论坛汇集了政府主管部门、地方政府、企业、金融投资机构、高校和科研院所、产业园区等各方代表和行业知名专家，深度解析了我国人工智能产业领域面临的新机遇与新挑战，为产业发展建言献策。在此基础上，赛迪智库规划研究所提出了未来我国人工智能产业发展的 4 点建议：建体系，自上而下加强统筹协调；享数据，提升数据质量与开放共享；补基础，补齐基础层软硬件短板；强人才，强化人才队伍造血能力。

一、人工智能发展总体趋势研判

（一）人工智能从生物学和技术两个维度不断取得新突破

作为工业和信息化部规划司原司长、电子信息产业发展研究专家，肖华在题为“对新一代人工智能的认识及思考”的演讲中认为，对人工智能应当从生物学和技术两个维度来理解。生物学的人工智能强调探索人脑结构功能及其运行机理，真正模拟人脑的思维方式、思维过程、决策方法；技术上的人工智能是以新一代信息技术、大数据、算法模型、超级计算能力等为基础。相比之下，欧洲强调生物学上的人工智能，美国则在技术层面的人工智能走在了前列。尽管方向不同，但殊途同归，将共同推动人工智能不断取得新突破。

（二）深度学习成为推动人工智能革命的核心驱动力

清华大学计算机系教授、博导邓志东在题为“深度学习是智能革命的核心”的演讲中，探讨了深度学习为人工智能带来的革命性进展。深度学习是智能革命的核心，智能革命将深刻改变我们这个时代。当前，弱人工智能的产业发展正处于爆发期，以大数据驱动的 Deep CNN 为代表的感知智能的成功，使机器在垂直细分领域初步获得了媲美人类水平的模式识别能力，这将成为认知智能发展的趋势。目前对人工智能的理解有数据智能和生物智能两种，深度卷积神经网络受脑科学知识启发的东西并不多，尽管工作原理不尽相同，但数据智能可能是目前人工智能媲美生物智能的唯一希望。

（三）人工智能应用于物理世界的案例将更为丰富

德国汉堡科学院院士、汉堡大学教授张建伟在题为“应用于物理世界的人工智能技术”的演讲中，介绍了丰富的人工智能技术应用于物理世界的案例。基于深度学习，机器模拟人类唱歌、写词、作曲都达到了一定程度，但在需要知识和想象力的特殊情况下，机器识别与人脑相比还有很大差距，还属于弱人工智能。尽管如此，人工智能技术对生产生活效率的提升有目共睹。在制造业，富士康、京东方的工厂基于连续学习技术，用内外部大数据整合的办法实现可自主学习的供应链，打通企业内部的 ERP，并与外部天气情况自动整合进行运作，进而减少库存提高盈利。将人工智能与医疗诊断结合，已可取代护士日常工作中一些比较危险和麻烦的工作。此外，人工智能在自动分拣、自动驾驶、被动行走等方面，均已实现市场化应用，应用于物理世界的案例也不断得到拓展和丰富。

（四）人工智能对经济的影响具有两面性

工业和信息化部科技司原巡视员卢希在题为“人工智能产业发展现状与趋势”的演讲中，介绍了人工智能对社会影响的两面性。一方面，人工智能作为一种赋能的技术，将与传统行业不断融合，进而更好地提升后者信息化、智能化水平，促进行业转型升级。面对新一代人工智能发展浪潮，必须提前布局、积极谋划，以充分发挥人工智能技术对经济社会的引领和变革作用。另一方面，人工智能也可能引发法律、就业、安全等方面的问题，需要前瞻性地思考，加强监管，最大限度地避免可能带来的负面影响。

二、人工智能“黑科技”的前沿应用

（一）VR与AI融合重塑“不可能”场景

数字王国总裁谢安在题为“数字王国：人工智能领域的应用——‘数字替身’与人工智能的融合”的演讲中表达了两个观点。一是虚拟人与 AI（人工智能）结合将是一个巨大商机。AI 作为 2017 年与 VR/AR 齐名的两大热门风口，可以帮助硬件变得更聪明，与 VR/AR 的结合绝对是可预见的。目前在美国有一个特别的现象，即 AI 与虚拟人结合的虚拟人交友十分受欢迎，商机巨大。二是以 VR 为切入点，不断重塑“不可能”场景。数字王国作为全球最大的 VR 制作公司，利用多年的大数据积累模型，可以在电影中多次呈现地标建筑毁灭的场景，也曾“复活”过邓丽君等明星的演出。总之，任何人只要坐到数字王国的系统里，扫描 3 个小时，“数字替身”就可以说本人从未说过的话，做从未做过的事情，重塑各种“不可能”的场景。

（二）会话式人工智能的应用市场将得到拓展

小 i 机器人总裁朱频频做了题为“会话式人工智能的广泛商业应用”的演讲。其观点有如下两点。一是人工智能技术将驱动产业颠覆性发展。人工智能技术给政府和企业提供了人工智能综合解决方案，核心价值有两点：替代人不愿意做的简单性、重复性的工作；提升效率。例如，中国建设银行使用小 i 客服机器人系统后，可以每天应对大约 300 万人次的会话，大大提升了会话回复的频率与节奏。二是会话式人工智能的多场景应用。小 i 目前是国内规模最大的人工智能商业化运用的公司，在智能客服、智能制造、智慧医疗等多个场景中都有应用，自然语言处理及理解、智能会话系统、语音识别和计算机视觉是会话式人工智能的几大核心技术。这些核心技术只有通过各种应用场景实现商业落地，形成巨大商业价值，同时产生真实有效的数据，不断地促进算法和知识的发展，形成会话式人工智能应用的真实循环过程，人工智能驱动的应用才能够不断发展，发挥更大的商业价值。

（三）人、事物的广泛智能互联带来巨大商业价值

SAP 战略创新与政府关系总监薛建敏做了题为“数字经济时代之企业智能”的演讲。他认为，人工智能技术会使企业价值得到巨大提升。人工智能给企业传统业务流程带来了革命性的挑战，SAP 为此提出了兼而得之的双模式。模式一是确保企业建立的业务流程能够顺畅运行，进而不断提高其运行效率和节约运营成本。模式二是通过感知市场、感知客户发生的变化，利用新技术快速捕捉新变化，进而创造新的成长机会，从而使人、事物与企业智能互联，与合作伙伴实现共生共赢。SAP 提出了数字创新系统，将机器学习、区块链、物联网、数据智能、现场实物及解决方案提供给客户、客户的合作伙伴，以及 SAP 的合作伙伴；同时将平台开放，所有伙伴都可在此基础上做客户需要的解决方案，数据和业务场景得到有机结合和创造性应用。在云计算大环境及客户定制化需求日益高涨的情况下，赋能合作伙伴，实现共生共赢。

三、我国人工智能产业落地亟待解决的问题

（一）基础研究与应用实践联系不紧密

我国人工智能科研机构研究与企业实践存在一定程度的脱离，企业往往陷入实践人才难求的境地，研发人员也难以与应用端的实践相结合。在研发方

面，我国人工智能研发主力集中于科研院所（国外主要集中于大企业），并且研究较为分散和封闭，经费导向碎片化，缺乏特色与自主创新。在应用领域，目前人工智能在智能助手、金融风控、安防、营销等应用领域有所落地，但大多数传统行业的业务需求与人工智能的前沿科技成果之间尚存在不小的距离。

（二）存在数据孤岛和数据碎片化现象

人工智能产业想要通过扩大数据集来提升对应用的支持程度往往会遇到很大困难。主要原因在于数据表示与语义的异构性、数据的开放性等方面。在异构性方面，由于许多行业的数据积累在数据标准规范上缺乏预先定义可广泛适用的元数据描述，其数据集远未达到可充分发挥人工智能技术潜能的程度。在开放性方面，一方面，一些企业从商业利益出发，限制了数据的共享与流转；另一方面，出于数据隐私、数据安全的考虑，对人工智能技术建立跨领域、跨行业模型提出了更为严格的政策、法规与监管方面的要求。

（三）缺乏顶尖级创新型资深人才

根据LinkedIn数据，2017年第一季度全球人工智能人才数量超过190万，其中美国拥有85万人以上，位列全球第一，中国仅拥有约5万人，位列全球第七。在人才结构方面，我国人工智能高端人才、中坚力量和基础人才之间的数量比例远没有达到最优，应用型人才居多，拥有实践能力的高级算法工程师、顶尖研究人员极为稀缺。相反，美国人工智能人才多集中于基础层和技术层。

四、相关启示

（一）建体系：自上而下加强统筹协调

针对人工智能领域的国家重大战略需求与经济社会发展需求，通过顶层体制机制协调，提升我国人工智能技术创新与产业化进程的速度和质量。可借鉴美国科研顶层统筹的经验，如美国国防高级研究计划局（DAPAR）、Google X实验室、洛斯·阿拉莫斯国家实验室等，创建中国的 DAPAR、中国的人工智能“洛斯·阿斯莫斯”国家实验室，以及类似 Google X 的协同创新中心。

（二）享数据：提升数据质量与开放共享

整合异构数据源，在多个数据源拥有者之间建立具有一致性的协议，并提供相应的接口（API）。加强数据质量管理，系统记录并跟踪数据质量，如增加对数据的溯源、处理历史、演化及更新等方面的标准研究。促进数据的开放共享，如着力成立国家或省市级大数据采集、清洗、存储和管理机构，并针对智能医疗、智能金融、智能写作等应用领域，开放共享一批公共大数据 API 接口。

（三）补基础：补齐基础层软硬件短板

环节越是靠近终端，其市场空间就越大，如智能手机、语音交互、虚拟/增强现实等终端设备对人工智能芯片的需求，正向着定制化方向发展，该领域的市场竞争呈现出多样化态势。建议围绕一些特定应用场景（如智能手机、无人机、智能驾驶、服务机器人等），从硬件实现角度颠覆性地突破非冯·诺依曼体制的类脑神经芯片（如深度卷积神经网络芯片等），开发人工智能定制芯片。

（四）强人才：增强人才队伍造血能力

由于人工智能技术具有辐射能力广、交叉融合能力强、应用潜力大等特点，局限于某学科或某领域的专业化教育可能并不适用，可考虑借助互联网让人工智能教育实现泛化（如借鉴国外大规模在线教育 Coursera 等），降低个体获得人工智能前沿技术的门槛。不同个体往往具有差异的知识结构和储备，不同知识与人工智能技术的交叉融合，能够最大限度地挖掘人工智能未来发展潜力。

第三节　绿色低碳技术前沿与产业模式探索

2018 年 1 月 14 日，新兴产业百人会联合深圳经济贸易和信息化委员会、中国电子信息产业发展研究院在深圳成功举办了主题为“新时代·新机遇，培育新动能”的“2018 未来产业深圳峰会”。作为峰会的分论坛之一，“绿科技”论坛重点聚焦“绿色低碳技术与产业”，汇集了行业主管部门、企业、高校和科研院所、金融机构、产业园区等方面的代表及专家共聚一堂，深度解析了我国绿色低碳产业面临的新挑战与新机遇，从“政产学研用金”各方面为我国绿色低碳产业发展建言献策。

一、绿色低碳技术前沿动态

（一）韩敏芳：固体氧化物燃料电池发电技术进入示范应用阶段

清华大学热能工程系教授、长江学者特聘教授韩敏芳做了题为“固体氧化物燃料电池材料、技术、产业进展”的演讲，对固体氧化物燃料电池材料、技术和产业进展做了详细介绍。一是固体氧化物燃料电池（SOFC）可以使用氢气、工业废氢及各种含碳燃料，与能源系统兼容，具有高效率（在所有燃料电池中效率最高）、低排放、低成本等优势。二是 SOFC 可以做模块化应用且应用范围广，包括便携式电源、分布式热电联供系统、高性能动力电源、大型发电站等。目前，美国、日本等发达国家 SOFC 技术已经由研究机构走向工业界，产品进入市场开发和示范应用阶段。三是我国政策大力支持燃料电池产业发展。2016 年被称为中国的燃料电池元年，中共中央、国务院印发的《国家创新驱动发展战略纲要》将新能源燃料电池列为引领产业变革的颠覆性技术。2016 年 4 月，国家发展改革委和能源局联合发布《能源技术革命创新行动计划（2016—2030 年）》，明确了氢能与燃料电池技术创新的战略方向：氢的制取 / 储运及加氢站、先进燃料电池、燃料电池分布式发电。四是 SOFC 产业链构建是打通材料、元件、电池堆模块、系统集成再到示范应用的过程，目前我国 SOFC 发电系统已经在上海、广东、山西等地区开展了示范运行，突破了国外对我国在这一领域的技术和产品封锁，神华、华能、大唐等大型能源企业已经在燃料电池产业布局。

（二）朱建彬：动力电池回收领域取得积极进展

天能集团副总裁朱建彬做了题为“绿色动力助推美丽中国”的演讲，介绍了在环保动力电池制造、废旧电池回收利用等领域的做法和经验。一是我国动力电池绝大多数是锂离子电池，废旧锂离子电池的电极材料、电解质进入环境中，将造成重金属污染、碱污染、氟污染和砷污染等。我国废旧电池回收和再利用技术与世界领先技术仍有较大差距，美国和欧洲国家的废旧电池回收利用率为 80%，中国只有 30%。我国很多电池处理不规范，危害非常大。二是废旧动力电池回收尚未形成完整的规范化体系，面临成本高、技术难的问题。如何采用配方合适的化学溶剂将有效成分提取或萃取出来，重新做成电池原材料加以利用是动力电池回收的核心技术，而配方往往是动力电池企业的商业机密，作为新能源汽车厂商以及第三方回收机构而言，难以掌握。三是天能集团已在浙江、河南、江苏等地区投资新建循环电池产业园，加大对废旧电池实现无害化处理力度，着力打造集电池制造、废旧电池回收、电池再利用再制造的封闭式绿色产业链，目的是实现产品全生命周期管理。

（三）胡延国：垃圾焚烧技术和装备达到国际先进水平

光大国际执行董事兼副总经理胡延国做了题为“科技引领，打造核心竞争力，为国家环境治理提供有效方案”的演讲，介绍了在绿色环保践行过程中的探索与创新。一是全方位打造自身的核心竞争力，摸索出一套“自主研发为主+引进技术+产学研合作”的技术发展路线，在烟气净化、渗滤液处理及自动化控制等方面形成了自主知识产权的核心技术。与浙江大学联合组建国内唯一一个垃圾焚烧技术与装备国家工程实验室，形成了日处理 300～850 吨系列化装备，实现全部关键核心设备自主制造，并获得欧盟“CE”产品认证。二是参与世界标准制定，获联合国欧洲经济委员会 PPP 中心邀请，牵头制定联合国全球固废变能源 PPP 标准；与美国哥伦比亚大学共同推进世界银行垃圾发电标准的制定；与住建部及各协会等编制《垃圾发电厂运行指标评价规范》等各种政策文件。三是实质性参与国际竞争，围绕“一带一路”倡议，实现环保技术、装备、管理、项目、人员、标准的全面输出，打造成为世界环保能源领域的“中国名片”。四是围绕互联网、大数据、人工智能、云计算等新发展趋势，不断提高设备的数字化、智能化与互联化水平。

二、绿色低碳产业模式探索

（一）陈峰：换电模式规模化推广的前提是实现电池标准化以及车体与电池分离

时空电动董事长兼 CEO 陈峰做了题为“换电模式——动力电池规模应用的全新探索”的演讲，介绍了在新能源汽车以换电模式进行动力补给领域的探索和经验。一是针对新能源汽车的动力补给方式，业界存在充电模式和换电模式两种争论。当前，充电模式的市场占有率较高，适用于私家车等低频次使用领域；换电模式的效率高，更适用于出租车、网约车等高频次使用领域。二是大范围推广换电模式的前提是实现电池的标准化以及车体与电池的分离。换电模式要求不同车型的新能源汽车使用标准化的动力电池，并且电池与车体本身可分离。时空电动自 2017 年 4 月推出“蓝色大道”计划，在杭州、苏州和长沙 3 个示范城市构建的移动电网基本成型，总换电能力可支撑近 6000 辆快车的运营。三是考虑到当前新能源汽车电池的充放电循环次数有限、折旧周期较短，加上政府逐渐减少对新能源汽车的补贴，未来换电模式的必要性将更为凸显。

（二）关嵘：借力产学研平台优势，助推新能源汽车企业技术难题攻关

中国开发区协会秘书长关嵘做了题为“推进开发区新能源汽车产业创新集聚、高端发展”的演讲，介绍了开发区发展新能源汽车产业的有效经验。一是我国开发区现已形成涵盖原材料供应、动力电池、整车控制器等关键零部件研发生产、整车设计制造，以及充电基础设施的配套建设在内的完整新能源汽车产业链，其中部分产业技术居于世界领先水平。二是大力开展产业链招商，加速打造涵盖整车研发与生产、核心零部件研制、智慧交通、车联网等多元化的产业生态发展格局。结合已经落户的整车和零部件企业的上下游需求，有针对性地对接零部件企业，做好“强链”与“补链”，重点吸引电池、电机、电控系统，以及传感器底盘、仪器仪表等关键零部件项目。拓展汽车金融、智能网联、分时租赁等后端环节服务业。三是充分借力园区内相关高校的产学研平台优势，通过技术对接洽谈会等多种形式，为新能源汽车企业的技术难题攻关提供强大支持。鼓励区内关键零部件企业设立国际中心和研发中心，更加关注科技产业孵化器中的新能源汽车产业及零部件技术研发相关入孵企业，给予其更多支持。注重拓展新能源汽车在开发区公共交通、公共用车、市政物流配送、出租车等领域的推广和应用。四是在新能源汽车企业的用地选址、规划审批、土地证办理、项目建设等方面开辟绿色通道，提供全方位服务。积极联络举办国际化、高规格的行业相关论坛活动，推广区内企业。积极宣传开发区对于新能源汽车产业的扶持政策和亲商服务，实现与具有实力的行业零部件企业的精准对接。

（三）孙敬锋：创新环境技术交流转移模式，为企业搭建环保合作交流平台

“一带一路”环境技术交流与转移中心主任孙敬锋做了题为“服务‘一带一路’，实现绿色共赢”的演讲，介绍了“一带一路”环境技术交流转移中心的职能与工作。一是环境风险是“一带一路”国际合作中主要考虑的风险，国家决定由环保部和深圳市政府联合成立“一带一路”环境技术交流转移中心，旨在为“一带一路”提供包括公共关系、政策法律标准、金融等全方位的环境保护服务，并通过对环境技术的“引进来、走出去”过程做强做大我国的环保

产业。二是借助我国环保部门与“一带一路”沿线65个国家环保部门的沟通联系机制，为企业搭建“1+65”“1+N”的环保合作交流平台。三是立足聚集颠覆性的技术，通过孵化器，加大环保产业核心技术转化，为我国和“一带一路”沿线国家服务。四是推动高端国际合作，培养一批为“一带一路”倡议提供服务的多层次高端人才。

三、相关启示

（一）突破关键核心技术，推动绿色低碳装备自主制造

一是加大创新力度，鼓励优势科研院校与企业紧密合作，通过原始创新、集成创新和“引进、消化、吸收、再创新”，突破节能锅炉窑炉、节能电机系统、余能回收利用等领域关键核心技术，提升国产新材料、模块集成、机电系统性能，推动关键核心设备自主制造。二是完善激励机制，对在产品性能、工艺技术方面有较大突破，产业关联度高、示范带动作用强的技术创新项目和产品给予相应奖励。三是建设节能技术和装备研发的专业孵化器，为中小企业提供公共技术服务、测试验证服务、中试服务、技术培训等专业服务。

（二）完善财税政策和市场机制，鼓励社会资本加大投入

一是鼓励绿色低碳企业融资多样化，为企业通过贷款、基金、债券、股票等提供政策便利。尽快落实 PPP（政府与社会资本合作）模式相关政策，推进排污权交易制度落地，创新第三方治理机制和实施方式，完善生态补偿制度等。二是完善科技投融资体系，鼓励公益性或社会资本进入成果转化和创新创业环节，建立针对各个环节的投资渠道，保障科技成果从研发、策划、孵化到产业化的资金供给。三是建立绿色信贷长效机制，提高中国绿色信贷模式效益，加强其与传统信贷相比的竞争优势，加大绿色金融产品创新，在国内银行建立起各类节能产品节能效果的后期跟踪和评测，体现绿色金融的环境效益。

（三）扩大对外开放水平，积极参与国际竞争与合作

一是针对当前绿色低碳技术研发周期长、多领域融合等特点，加强我国企业在国内与国际的专利布局，逐步形成具有自主知识产权的绿色低碳技术体系。二是研究制定绿色低碳产业对外进一步开放的政策措施，加大吸引外资力度，提升外资利用水平，引入国际竞争，推动绿色低碳产业在充分竞争中发展壮大。三是紧抓“一带一路”倡议的发展契机，加强政府、社会机构和行业领

域龙头企业间的沟通与合作，引导我国绿色低碳产品与技术“走出去”。同时，注重国外相关行业准入要求、市场需求、社会形态、政治生态等关键信息搜集，规避企业“走出去”风险。

第四节　数字经济发展的四大新趋势

移动互联网、物联网、人工智能、大数据、云计算等新技术的发展与融合，催生了数字经济新业态和新模式，数字创新的业务、产品、模式、服务层出不穷，成为引领新一轮经济增长和产业转型的重要引擎。本文分析数字经济发展呈现的“数据+、众包+、交互+、共享+”四大趋势和特点，对我国加快培育数字经济、壮大新动能，提早布局数据基础设施、加大共性技术研发、加速数字技术推广等，都具有重要意义。

一、数字经济发展呈现的四大新趋势

（一）“数据+”成为业务创新的基础支撑

数据资源是数字经济发展的核心基础，通过“数据+”提供新产品、新模式、新服务，实现产业转型升级。从产品创新看，融入数字化技术的新型产品方兴未艾，如可穿戴设备、无人机、智能汽车等；从模式创新看，基于数据打通产、销、用户等链条，催生个性化定制、云制造等新模式，培育出一大批新的经济增长点；从服务创新看，基于对产品和装备全生命周期的数据收集与管理，提供在线的、远程的增值服务，实现从制造向“制造+服务”的转型升级。纵观数据资源与产业融合的趋势，发展重心已逐渐由基础设施转向内容分析层、应用层。随着数据处理成本日趋下降，许多企业已主动应用各类大数据分析工具来解决生产成本管理、用户购买意愿、人力资源管理等问题，以数据资源为核心的产业生态日益蓬勃发展。

（二）“众包+”成为激发创新活力的重要引擎

众包已经成为产生创意资源的重要场景，可源源不断地产生技术创新新供给。众包研发是产生创意资源的有效途径之一，众包研发采取跨部门、跨学科、跨产业乃至跨领域的创新方式，众包竞赛采取即时发送分包、即时竞争的方式，绕开了传统的竞标、审核等过程，使整个创新过程更加灵活和高效，可快速促成不同知识和学科的碰撞和启发。例如，商汤科技、科大讯飞、旷视科

技等就是从图像识别、语音识别等众包竞赛中脱颖而出的企业。此外，让用户或供应商参与终端产品的研发创新，也是主要的创新源。例如，小米手机最初通过搭建用户—企业平台，建立论坛、微博、米聊等互联网和专门的企业—用户线下两种平台形式，让用户参与到产品设计、功能开发、测试、实物体验等各个环节，这种将用户的概念和要求转化为产品研发方案的方式，成为企业的重要创新来源。

（三）“交互+”成为提升用户体验的关键方向

用户体验是数字经济可持续的决胜关键，人机交互是用户体验的真实感知，能有效提升用户消费需求。智能语音方面，语音交互已经在汽车、智能家居等领域广泛应用。例如，科大讯飞与奔驰、宝马等汽车厂商合作开发带有语音识别功能的中控系统及前端装备，并已占据超过 1.3 亿辆汽车的终端语音入口。智能出行方面，那些结合特定区域、特定场景内的自动驾驶模式正被快速地推向市场，谷歌、Uber、特斯拉、百度等科技型企业，奔驰、奥迪、凯迪拉克、宝马、丰田等传统汽车企业积极投身自动驾驶领域。智能健康方面，借助 AI 进行健康管理，涉及用户及案例大数据、可穿戴设备、健康风险预测等。例如，苹果的可穿戴设备 AppleWatch 、健康数据平台 HealthKit、谷歌的 GoogleFit 等，基于可穿戴智能设备获取用户生理相关数据，并通过大数据平台进行分析。当前，人机交互技术领域已出现了许多诸如虚拟现实/增强现实、机器视觉等新型的人机交互方式，但受限于当前技术水平，仍未达到人与机器毫无障碍的交互水平，但这也成为未来数字经济争夺的前沿阵地。

（四）“共享+”成为创造新价值空间的有效途径

共享经济把时间维度加入产品消费周期，既让用户在短时间内能够聚集合适的（大量）资源，也让提供者得到更多价值，是数字经济实现创造更多价值的有效方式。在生产环节，用户对大数据的处理能力、计算资源的需求迅速增长，企业或机构需要购置更好的软硬件设备以满足用户高强度计算或大容量存储的需求，但设备会占用企业或机构的大量成本（如购置成本、场地成本及维护成本），而且对单个企业或机构而言，高强度的计算任务并不是时时刻刻都存在的，云共享模式成为解决这一问题的最佳方案。例如，阿里巴巴于 2017 年推出 ET 工业云大脑，通过分析工业生产中收集的数据，优化机器的产出和减少废品成本。江苏协鑫公司通过接入阿里 ET 工业云大脑，对上千个光伏切片的精密工艺参数进行优化，从而将良品率提升了 1%，一年内节省生产成本上亿元。在消费环节，共享模式已经融入我们的日常生活，我们看到共享经济使某些企业迅速成为行业的垄断者，同时加速某些行业的衰退或消失。如共享单车迅速改变了单车制造商以及卖单车的、修单车的等原有的产业生态。

二、启示及对策建议

数字经济展现出“数据+”“众包+”“交互+”“共享+”四大趋势特征。数据作为跨产业融合创新的黏合剂，需要泛在的数据采集和边缘计算、云分析能力等做支撑，“众包+”和“交互+”有赖于共性技术和公共平台的支撑，未来的行业会更多地共享模式重构市场，从而实现最终商业目标。因此，要做好以下工作。

一要加大数据基础设施建设。加大基础设施的配套，保障企业拥有高质量的供应链网络；针对数据孤岛和数据碎片化问题，可建立开放共享的大数据公共资源，在开放性方面解决企业出于商业利益限制数据共享和流转等问题；做好数据管理和网络安全等的技术储备，引导平台企业与公共部门加强征信等数据对接，建立政企互动的信息分享合作机制，建立完善的基于信任的监管体系。

二要加快关键共性技术研发，建立更多的数字经济公共服务平台。通过总结数字经济产业典型的技术融合方式、创新阵地、商业模式等，构建起企业、大学、研究机构、用户等联系更加紧密的协同创新网络平台，加快突破关键共性技术，在人工智能、区块链、智能语音等若干领域，促进数字技术在医疗、家电、交通、金融等更多行业的融合，催生和培育新兴产业，形成更多的新经济增长点。

三要提升技术成熟度，加快新技术的应用推广。推动数字经济发展，应用是根本，要协调各方力量共同投资，推动各方信息的相互协调，不断完善数字技术发展路线，加快数字技术、数字产品以共享模式加以推广应用；并且针对大部分技术仍然为大规模制造商所独享的现状，政府要在技术创新、技能教育、产业政策等方面，为中小企业享受数字技术的价值制定相关政策，加快企业数字转型，实现整个供应链在更广地区的数字技术应用。

第十二章

新兴产业发展模式

第一节　战略性新兴产业之“1+N”微笑曲线发展模式

从产业的发展历史来看，战略性新兴产业发展的关键是转变发展模式，营造出支持战略性新兴产业的发展体制与政策环境，改进扶持战略性新兴产业发展的方式和方法。这种发展模式是在长期发展的过程中通过摸索、试错等确定的能够最大限度地整合资源要素，并实现产业快速成长的一整套发展思路、路径和方法。纵观美国硅谷、日本筑波、中国中关村等地区的成功，几乎都遵循了微笑曲线的发展规律，可以概况为“1+N”微笑曲线模式。

一、“1+N”微笑曲线内涵

“1+N”微笑曲线发展模式是基于宏碁集团创办人施振荣先生的“微笑曲线”理论衍生而成的，该模式由一个“服务集中发展区”和“若干个生产基地”构成，并按照微笑曲线布局，形成了合理的区域分工。

作为“1”的服务集中发展区，是产业价值链的高端部分，处于微笑曲线的两端，主要包括价值链前端的研发、设计、标准、资本、产权、信息、人才和价值链后端的营销、会展、系统服务集成等。

作为“N”的生产基地，是价值链的低端部分，处于微笑曲线的中段，并且无一例外地从服务集中发展区分离，不断向制造成本相对较低的区域转移，呈现出流动性特征。

二、案例分析

美国硅谷和中国中关村的发展都是“1+N”微笑曲线发展模式的典型。它们在发展历程、动力机制和实施成效上都有相同和不同的地方，具体有以下几个方面。

（一）从发展历程看，两者都是从核心服务区逐渐转向“1+*N*”模式的

就美国硅谷来说，从20世纪50年代初斯坦福工业园区的建立起步，最初的生产基地位于硅谷之内，但很快向制造成本较低的区域转移。如今，经历了近70年的发展，硅谷已经形成了以美国硅谷区为核心、全球多个生产基地的分布格局。就中关村创新示范区来说，起源于20世纪80年代的“中关村电子一条街”，经过近40年的发展建设，中关村从最初的贸易、研发、博览等服务业率先发展起来，后来引入了部分生产基地，现在中关村的概念已经走出了传统中关村的范围，形成了“一区十六园”的格局。

（二）从动力机制看，成本要素、产业模块发展、协同网络构建是推动微笑曲线的核心要素

硅谷和中关村能够形成“1+*N*”模式的核心要素有几个主要方面：一是考虑到成本要素，逐步向成本低的区域转移；二是硅谷和中关村都是以电子信息产业、生物医药为主，利用主导产业特性推进模块化生产特征，使研发、服务机构与生产制造在区域上分离；三是两者都崇尚开放、包容与合作，坚持形成网络型的产业体系和企业组织结构，最大化地发挥产业组织中不同节点功能的理念。

（三）从实施成效看，两者形成了“1+*N*”模式下的各具代表性的发展路径

硅谷和中关村按照微笑曲线形成了以高附加值创新产业集中区为核心，以生产制造为主的多个生产基地的格局。但硅谷的创新源头来源于几个世界一流大学，创新主体以中小企业为主，构成产学研协作机制，企业能够快速及时地转化大学和科研单位的成果以及进行合作研究开发；中关村的创新源于政府强有力的导向，创新主体以大企业、大公司为核心，侧重于政产学协作机制，政府引导创新活动的方向，刺激企业和大学协同创新、保护创新成果和协调创新主体间的矛盾。

三、启示

（一）把握产业价值链的分解趋势，抢占产业高端领域

产业价值链分解的实质就是产业高端领域和低端领域不断分化的过程。对于企业来说，传统的企业战略选择是建立在可保持的竞争优势基础之上的，企业获得长期平均利润率的主要途径是不断巩固和发挥自己在原有领域中的竞争优势。与过去的环境相比，当今企业必须强调把握产业价值链的分解趋势，锁定产业的高端环节以及高端产业模块，通过高附加值环节的投入产出，保证企业不断领先发展。对于政府来说，尤其是经济发达地区的政府，产业促进首先必须通过对产业分解趋势有很好的把握，找准产业的高端环节和高端产业模块，从而制定先导性的产业政策，推动区域产业向高端领域发展。

（二）认识“1+*N*”产业空间转移规律，抓住产业发展机会

我国市场具有特殊性，发展潜力巨大，存在着大量的市场潜在需求和黏性信息，许多新兴产业通过国内市场就能够实现规模经济和产业的国际竞争优势，具备成就颠覆性创新培育的条件。企业和政府可充分借鉴“1+*N*”微笑曲线的产业转移规律，政府要充分认识这种趋势，通过进一步营造良好环境加速吸引全球的研发资源和产业的高端环节，提升我国产业的技术水平和整体产业水平；企业也要发挥本土的优势，通过开展各项合作积极利用国际高端资源，从而提升企业实力。

（三）厘清“1+*N*”模式发展条件，以良好的环境引导和促进商业模式创新

纵观硅谷、中关村等商业模式创新活跃的区域，它们最大的共同之处就是相似的产业模块发展和宽松而富有创造力的环境。对于新出现的商业模式，可能在刚刚起步时很难判断其能否成功，此时政府应当大胆放手，鼓励企业进行尝试，而对于具有显著发展前景的商业模式，必要时可以给予“特别通行证”，协助企业打通创新所需的相关环节。创新最重要的环节在于不断碰撞，政府应为创业者和有关各方提供更多碰撞的机会。

第二节　战略性新兴产业之军民两用结合发展模式

富国与强军，如车之两轮、鸟之双翼，缺一不可。战略性新兴产业具有明

显的军民通用的特点，关系到国家的经济命脉、国防安全及未来竞争优势。从产业经济学角度来看，加快转变经济发展方式是战略性新兴产业军民两用结合发展的现实需要，军民技术的两用性与互补性、技术标准与资产的通用性使得此模式成为发展战略性新兴产业的必然选择。

一、军民两用结合发展的内涵

战略性新兴产业军民两用结合发展模式，是指产业的发展面向民用和军用两类需求，依托民用资源和国防资源，服务民用和军用两个市场，以军民关联性强的高新技术产业群为核心，以完善配套的政策法规体系为保障的产业发展模式。有学者依据战略性新兴产业对国防科技工业的依赖性和专用性程度的高低，将战略性新兴产业的军民两用结合发展模式归纳为3种，即“依托型”、“互动型”和“嵌入型”。

（1）依托型发展模式。一般情况下，这种模式的产业呈现出行业壁垒、产业集中度及技术要求高，表现为对国防科技工业的依赖性极高，如核电产业。针对该模式的产业，其发展需要紧密依托以军工集团为主的模式。

（2）互动型发展模式。这种模式的产业呈现出早期发展具有高风险、高投入的特点，往往需要国家来推动，对国防科技工业具有较高依赖性，但同时军民通用性也很高，如航空航天、海洋工程装备等高端装备制造业。针对该模式的产业，一方面国防科技领域产生的先进科学技术可为军转民提供技术和人才积累；另一方面，国防技术在民用领域实现商业化后可带动广阔的市场需求和资金支持，反过来进一步促进国防科技研发，进而形成良性互动。

（3）嵌入型发展模式。这种模式的产业表现为，对国防科技工业依赖性较低，军用和民用需求一致性高，如新一代信息技术、新材料、生物技术、节能环保等产业。针对该模式的产业，在顶层设计上往往将军用和民用两种需求结合起来，将军用需求嵌入统一的国家产业发展规划中，避免技术重复开发。

二、案例分析

美国拥有当前世界上种类最齐全、产值最高的航空工业体系和航空制造商体系，能研发和制造最先进的航空产品，包括先进的战斗机、民航客机、飞机发动机、机载电子设备和分系统中的高科技先进零部件产品。美国拥有波音公司、洛克希德·马丁公司、雷神公司、联合技术公司等大型军民两用结合的航空航天企业集团，是名副其实的军民两用航空超级大国。美国航空工业的成功源于实行军民一体化的发展模式，其做法值得我国借鉴。

一是持续完善军民两用结合政策法规体系。美国是世界上最早将军民两用结合上升为国家战略的国家，其军民两用结合政策法规建设起步较早。1994年以来，美国政府先后颁布了《军民一体化的潜力评估》《采办改革：变革的命令》《两用技术：旨在获取负担得起的前沿技术的国防战略》《国防科学技术战略》等政策法规，美国的军民两用结合政策法规环境大大改善。

二是鼓励民间制造企业参与军事航空项目。波音公司在20世纪40—50年代为美国军方先后研制了B-47、B-52轰炸机、KC-135空中加油机等，积累了先进军机技术。利用军民两用技术的高度正相关和军品技术的溢出效应，波音公司最终研制出了在20世纪60年代垄断世界航空市场的波音707客机。据美国发布的报告显示，在波音707飞机的研制中，超过90%的军用技术成功向民用转移。世界上第一款宽体民用飞机——波音747客机的研制也是源于波音参与美国政府于20世纪60年代初支持的C-5A军用运输机计划。尽管最终美国军方并未采用波音的方案，但波音公司在C-5A方案论证工作中进行了大量结构分析和气动力风洞实验，在分析工作的基础上研制出了宽体客机波音747客机。波音747在世界最大客机的王位上坐了近40年时间，为波音公司带来了巨大的经济效益。

三是制定实施军民两用高度结合的航空计划。美国国家航空航天局（NASA）制定的绝大多数计划，如著名的阿波罗计划、星球大战计划、水星计划等，都着眼于军民结合，投入的航空科研经费中有90%有益美国民用航空工业的发展。从20世纪80年代实施的飞机节能计划、飞机噪声降低计划、超临界机翼计划、增升系统计划等重大航空科研项目的技术成果也可以看出，技术成果具有典型的军民两用特征，它既可以被军用飞机采用，也可以被民用飞机采用。

四是成立多层次的促进航空工业军民一体化的机构。在国家层面上，美国国会、总统国家科学技术委员会和总统科技政策局等颁布一系列推进军民结合的相关政策。在部级机构层面上，航空航天技术委员会负责军民两方最高管理机构国防部和NASA的协调与合作，搭建军民结合的桥梁及实施有利于军民结合的国防采办制度。在企业群层面上，70多家正式会员公司和120多家准会员公司成立的航空航天协会，它的建议对政府制定政策起到了导向作用。

三、启示

（一）从宏观层面将利用国防资源与利用民用资源结合起来

从国家层面统筹军地资源，国家颁布和制定法规政策，促进战略性新兴产业发展走军民两用结合道路。一方面建议国家出台相关的发展规划，另一方面在产业核心重点技术选择时要考虑军民两用技术研发、项目规划和产品应用，应通盘考虑军事要求和民用要求。

（二）从中观层面将区域创新体系的形成与军民两用结合统一起来

战略性新兴产业的军民两用结合发展要与区域经济相结合，积极开展相关产业园的试点工作，在基础较好、条件相对成熟的重点区域、重点地区、重点行业，鼓励开展先行先试，促进区域产业结构升级和转型。

（三）从微观层面将依托国防工业和依托民用工业连接起来

鼓励和支持军工企业与民用企业以产权为纽带，实现军民科技、技术、生产良性互动，高度融合。大型国有军工企业要整合集团间和集团内部资源，实现强强联合、优势互补。民营企业依托自身科技需求，探索军民两用结合途径，在战略、经营思路、核心业务等方面实现军民两用结合发展。

第三节　战略性新兴产业之产业集群发展模式

战略性新兴技术越来越复杂，技术创新活动呈现系统化、复杂化和网络化协作，新兴技术成果从转移、转化到产业化更加趋于复杂、跨领域、跨组织和不确定性，仅仅依靠单个企业自身资源很难独立完成全部技术创新和产业化，急需多个企业、科研和服务机构聚焦于某个领域并结合自身专业化分工优势打造产业集群生态系统，在相互信任和合作的学习氛围中促进技术创新和产业发展。

一、产业集群内涵

战略性新兴产业集群是指在一定地理范围内，与特定战略性新兴技术或产业相关的企业、科研机构和服务机构，通过互动与交流，共生形成的产业组织网络。战略性新兴产业集群代表着地区战略性新兴产业发展的最高竞争力，是区域技术创新和成果转化、产业化带动区域经济增长的重要战略支撑。战略性新兴产业集群的发展模式相对于传统的产业发展模式具有政策引导性、创新驱动性、网络化协作性、跨区域协调性四大特征；从发展模式上可以分为内生发展模式和外生发展模式。

（1）内生发展模式是指地理邻近的企业和科研机构基于本区域独特的产业专业化条件和特定历史文化，重点依靠企业自发创新和内生资本积累的推动，逐步实现技术创新成果的产业化和商业化，占领市场。该模式的核心要素是高度的专业化分工和高效率的企业互动。

（2）外生发展模式是指地理邻近的企业和科研机构依靠优越的地理位置、丰富的资源要素、高效的投融资服务、开放的市场经济等条件，吸引高新技术企业落户和投资、科研机构的技术创新和成果的转移转化，带动产业集群的形成、发展和壮大。该模式的核心要素是开放的市场和高效的服务。

二、案例分析

美国、德国和日本是工业强国的成功典范，是目前装备制造业最发达的国家，也是采用产业集群模式较典型的国家，它们在推进装备制造业产业集群发展的过程中存在很多共性特征和路径选择，具体如下。

（1）载体。装备制造业的生产组织方式呈现集群网络化特征。美、德、日等国装备制造业发展的最大特点是产业集群化。集群化作为一种生产组织方式，可以通过分工合作避免企业“大而全”导致的效率低下问题，有效降低企业的成本，同时通过分工细化提高中间产品的深加工和产品质量。美国的航天航空、卫星、轨道交通、智能装备等高端装备制造业，主要集中在东部各州。德国汽车制造业主要集中在慕尼黑、斯图加特等城市；电器制造业集中在德国南部地区；机器及装备制造业主要集中在斯图加特周边。日本制造业主要分布在沿太平洋临海工业带，其中装备制造业主要分布在京滨、阪神、中京等工业区。

（2）源泉。以技术创新为核心驱动力，同时具有完整的高水平产业链并以技术创新为核心的驱动力可以通过持续的技术升级形成长期的技术领先优势。美国政府致力于建设一个健全的、有效运行的国家创新体系，长期对基础科学研究进行大量的投入。日本则通过引进欧美先进技术，在消化吸收的基础上进行整合和创新，形成自身独特优势。德国在不断进行技术创新的同时，注重工业设计、产品制造、品牌塑造等配套服务和能力也为德国制造加分不少。

（3）支撑。拥有一批具有世界影响力的国际化大企业集团装备制造业作为资本和技术密集型的产业，只有大型企业才有能力进行大规模的技术研发投入，并在全球配置资源和开拓市场。美、德、日等在技术创新为核心的驱动之外，非常注重对国际化大企业的培育，并形成了一批具有世界影响力的国际化大企业集团。例如，美国的通用电气、通用汽车、波音公司等；德国的西门子、阿尔斯通、ABB 等；日本的丰田、日产、东芝等。国际化大企业在装备制造业的发展过程中起到了中流砥柱的作用，大企业有能力通过生产外包带动一大批中小企业发展，围绕大企业逐渐细化分工合作，形成完整的产业链和产业聚集区。

（4）保障。政府致力于构建完善的法制环境、市场环境和一流公共服务功能。美、德、日三国持续完善相关法律和产业发展政策，加强知识产权保护，为科技创新和技术驱动提供良好的制度环境和法制环境，持续提升政府的公共服务能力。例如，美国分别在 1954 年和 1981 年制定了相关的税收法律对企业用于技术研发的费用支出给予税收减免，另外，还通过提高企业固定资产折旧率的方法促进科技进步；德国在促进企业创新方面同样制定了相应计划，各种计划的目的都旨在促进企业创新，并促使高校、科研单位与企业展开合作；而日本在 20 世纪 70 年代对产业进行调整和转型升级时，更是提出了“科技立国”的战略。

三、启示

（一）政府引导和集群自组织发展相结合是战略性新兴产业集群发展的基本路径

地方政府要因地制宜选出有竞争优势的战略性新兴产业，进行产业政策、服务配套等硬环境和区域制度、创新文化等软环境建设。同时，在政府引导作用和市场资源配置决定性作用之间，地方政府应寻求集群内部成员基于共同协商原则组织开展集体行动的治理机制，实现战略性新兴产业集群的自组织发展。

（二）要素集聚和集群文化营造相结合是战略性新兴产业集群成长的关键

集群发展的重点支撑在于要素，要加速推动人才和资本的高度集聚，推动战略性新兴产业与服务业融合发展，加快信息基础设施和交通基础设施建设，为要素的自由、高效流动和信息资源的共享提供重要保障。同时，文化作为战略性新兴产业集群发展的“软件”，需要优化集群相互信任和相互合作的文化，营造鼓励创新、宽容失败的氛围，为集群的成长注入新鲜活力。

（三）开放包容与融合发展相结合是战略性新兴产业集群保持旺盛生命力的核心

一方面，要超越集群的地理边界和行政边界重合的思维，跳出特色产业集聚区单一打造战略性新兴产业集群的路径，打破条块分割，实现集群所在区域的协同发展。另一方面，要重视集群的交流与合作，对标国际知名的产业集群，积极开展国际交流合作，主动嵌入全球产业链、价值链、创新链，不断强化集群的本地化和国际化联系，时刻保持战略性新兴产业集群的旺盛生命力。

第四节　战略性新兴产业之产学研合作发展模式

战略性新兴产业是新兴科技和新兴产业的深度融合，是科技创新成果在产业领域的集中体现，而通过企业、高等院校及科研院所联合形成的产学研合作方式，就是推动战略性、前瞻性、突破性的技术转化为产品，进而形成产业和市场的“快速通道”。科学规律和历史经验都表明，产学研合作是培育和发展战略性新兴产业的“动力源”。

一、产学研合作内涵

战略性新兴产业的产学研合作模式，是以企业和科研机构为核心，发挥政府、中介服务机构、金融机构等多主体的作用，构建内外兼修的产学研合作网络。“内”是指建立良好的“产学研”机制，积极推进成果转化；“外”是吸引科研创新企业，建立内外源合作网络关系。其中，政府是资本市场的监管者，保证资本市场高效、有序发展；金融机构是资本主要供给者，为获得预期收益而选择有价值的高技术企业；中介服务机构是保证资本供需对接的纽带，是保证资本市场有效运转的“润滑剂”。根据各利益主体之间的紧密关系，从松散到紧密，可将产学研合作模式，分为成果转让模式、合作开发模式、人才培养模式、共建实体模式、科技园区模式、战略联盟模式 6 种类型。

二、案例分析

2013 年美国发布“国家制造创新网络计划”，作为振兴制造业的重要举措。该计划旨在建立由工业界和学术界合作的国家制造创新研究院，进而构建国家制造创新网络，推动“产（包括大中小企业）、学（包括大学、社区学院）、研（包括国家研究院所）、政”组成非营利的创新联盟并深度合作，提升美国制造业创新能力。

在资金支持方面，采用 PPP 模式，由非营利组织牵头实行公私合营，政府资金引导，带动各方配套资金。截至2016年11月，8个创新研究院获得政府承诺资金6亿美元，各大院所、企业、大学等的配套资金合计13亿美元。政府资金并不用于技术的商业化应用阶段，主要支持非商业化市场，以避免不同机构间的竞争，共同推动共性和基础技术研发。同时，为推动创新研究院加快培育独立运作能力，美国联邦政府制定了以 7 年为周期的投入和推出机制，规定了政府资金的明确权责和推出时限，资助水平随着研究院“造血”功能的提高而逐步降低。

在运行机制方面，各创新研究院在保证可持续发展战略（自收自支）的前提下，可以自行设定发展目标。先进制造项目管理办公室（AMNPO）作为国家制造创新网络的管理机构，向上协调和识别国会、国防部、能源部等政府部门的要求，同时对各创新研究院在技术研发上的分工进行协调，避免重复投入和过度竞争。每个创新研究院需每季度提交一份报告，包括研究院建设整体进展及具体项目进展等内容，以便政府部门评估是否实现预期目标。

在知识产权保护方面，创新研究院建立了完善的知识产权分配机制：一是成员单位间直接签署商业化知识产权合作协议；二是根据项目共同开发知识产权，根据投资多少按比例享受成果；三是通过激活原有知识产权，创造更大的商业价值。对于研究院内申请的每个项目，申请方都必须提交“项目知识产权管理计划”以接受研究院评审，计划材料中至少应包括关于知识产权生成、所有权和管理方面的内容。研究院严格依据各参与方级别进行知识产权的许可授权，同时各参与方对研究院项目知识产权的使用一般限于内部业务和研究。

在资源共享方面，高新技术研发和转化具有较高门槛，因此创新研究院协调各参与方资源，建立了项目协同推进机制，建立了昂贵仪器的使用、项目成本分担、技术路线确认、知识产权交易等方面的机制。特别是一些创新中心开放生产线，为中小企业尤其是初创企业提供小规模生产的机会，不仅使行业内中小企业免于承担高额研发成本，也极大地降低了技术转化门槛。

三、启示

（一）以市场主导政府引导为方向，提升科技成果转化率

一方面，充分激发企业作为创新主体的活力，加快推动企业成为技术需求的策动者、研发攻关的组织者及成果转化的主力军。加大知识产权保护力度，坚决维护创新者权益，让企业责无旁贷地投入创新活动。另一方面，通过政府

采购技术、产品或服务等方式，鼓励、培育和推动市场化应用。在弥补战略性新兴产业产品创新和推广应用初期的市场失灵的同时，为新产品的迭代完善提供试验场，促使企业通过应用效果反馈不断提高产品性能，加速新技术的商业化进程。

（二）以重大项目建设为抓手，加快产学研资源集聚

依托国家重大科技专项、国家重点研发计划等组织一批战略性新兴产业重大项目和重点工程，在技术决策、行业管理、市场开发等方面制定相应措施。支持技术前沿、应用前景广阔的战略性新兴产业项目。加强对重点领域、关键环节的支持，引导企业、高校院所、金融机构等各类主体参与到科技成果的研发、转化和商业化应用中来。

（三）以公共平台搭建为路径，推动资源要素开放共享

聚焦战略性新兴产业重点领域，建设一批创新平台，推动形成高校与科研院所持续关注原始创新并加强技术积累、创新性企业提出技术需求并加快应用创新、行业协会与联盟跟踪并把握技术与产业发展和需求趋势的产学研协同创新体系。建立战略性新兴产业研发应用对接平台，将增加投入、整合资源、释放活力的创新供给侧与产业发展和消费升级的市场需求侧紧密结合，建立企业科技攻关难题和市场需求信息与高校、科研院所创新资源之间的长效对接机制，以市场为导向推动新技术与新产品的研发应用。

（四）以体制机制创新为动力，激发各类主体创新活力

技术创新投入虽然与企业发展和盈利正相关，但对企业财务绩效的积极影响具有滞后性，加大创新投入有时反而会对企业以年度为周期的考核产生负面影响，导致企业创新、改革的积极性被挫伤。因此，要处理好短期效益和长期发展之间的关系，引导企业调整考核周期，建立更符合战略性新兴产业创新规律的管理和考核体系。同时，探索建立可量化、操作性强的创新容错机制，避免个人承担决策或操作失误风险，激发科研人员敢于冒风险、勇于尝试的创新精神。

展 望 篇

第十三章

2019 年战略性新兴产业发展形势展望

第一节　2019 年战略性新兴产业总体形势

一、产业规模进一步壮大

2018 年，美国、德国、日本都高度重视新兴产业发展，新兴产业呈现出快速增长态势。2019 年在全球各主要国家的战略引领、增加投入下，战略性新兴产业将继续保持高速增长。美国在人工智能、新材料、量子、新能源等领域，日本在智能机器人，德国在智能制造等领域加快布局。战略性新兴产业产业结构进一步高端化，科技含量和附加值进一步提高，产出效率进一步提高，技术创新能力和技术力量整合能力进一步提升。印度等新兴经济体也纷纷加入战略性新兴产业的竞争，全球战略性新兴产业规模将进一步提升。在产业转型方面，传统产业利用新技术加快转型，不断衍生出新兴产业。新兴产业与传统产业加速融合，进一步促进了战略性新兴产业的发展。

二、融合发展进一步加强

2018 年，很多新兴产业的技术发展都是多学科、多产业融合的产物，跨行业、跨学科的技术交叉对于新兴产业发展带来巨大的促进作用。2019 年融合发展趋势进一步加强，其中，信息技术将进一步发挥基础支撑作用，大数据、云计算、人工智能等向更多应用领域普及；同时，生物技术、能源技术、材料技术等多学科之间将更广泛地渗透、交叉、融合，进而引发新的技术变革和产业革命。同时，新兴产业之间、新兴产业与传统产业之间的融合将成为发展的主流，不同学科、不同行业之间的融合互补性持续增强，行业之间的界限将变得不再明确，将在大幅提升整体效率的同时提升产业的整体竞争力。

三、绿色发展进一步凸显

2018年随着全球气候变暖、资源能源紧张等问题，战略性新兴产业更加注重生态发展，推动可持续发展。2019年随着新能源、节能环保等技术的不断进步，战略性新兴产业更加注重绿色、健康、安全、可持续发展。绿色、低碳、生态等发展理念已经普及，并不断深入人心，在技术上，节能环保技术、新能源技术也将持续取得突破，利用更加高效、环保的方式寻求更大发展，这不仅仅是产业发展需要，更是全社会持续发展和健康生存的必然选择。越来越多的国家，包括发达国家和发展中国家，越来越重视绿色、健康、安全等可持续性问题。所以，能耗低、资源需求量少、更加高效、用地少的战略性新兴产业更能满足社会发展需要。

四、安全问题进一步重视

2018年人工智能成为各国竞争的焦点，各国政府必定会高度重视，强化规划引领，加大资金、人才、技术的投入。在人工智能技术取得巨大进步的同时，人工智能带来的社会、安全、伦理等一系列问题也将进一步凸显。2019年生物识别引发的伪造技术、人工智能仿真技术、网络攻击等给社会安全带来新挑战，围绕人工智能将展开深入讨论和研究。人工智能快速发展的同时也将影响现有的就业，增加对失业问题的担忧，特别是一些低水平重复劳动工作者将面临失业的风险，而随着人工智能技术水平的不断提高，更加复杂的工作也将逐渐被替代，引发更多就业者的担忧。同时，随着人工智能技术应用领域的不断扩展，人工智能的数据安全问题也将更加凸显，数据安全更加重要，用户数据、生物识别、智能驾驶等领域的安全问题将给社会带来更大挑战。

第二节 节能环保产业

一、节能环保产业将进入内涵式发展新阶段

从国家战略看，我国生态文明建设和生态环境保护工作的重要性提到了国家战略新高度。2018年《关于全面加强生态环境保护 坚决打好污染防治攻坚战的意见》《打赢蓝天保卫战三年行动计划》《中华人民共和国土壤污染防治法》

等法律法规、政策措施、行动计划密集出台；5月，全国生态环境保护大会在北京召开，习近平总书记出席会议并发表重要讲话，进一步提升了生态环境保护的重要性。随着我国特色社会主义进入新时代，人民对建设“美丽中国”、生态环境治理保护的诉求越来越高，对早期工业化进程造成的环境问题治理解决的需求，对消费方式向节能绿色高效转变的需求日益高涨。同时，日新月异的技术突破，使生产方式、消费方式从黑色高碳走向绿色低碳成为可能。在宏观战略导向、环保政策红利的驱动下，绿色发展模式和节能环保诉求将推动我国节能环保产业实现快速发展，我国节能环保产业将从快速发展阶段逐渐转向内涵式发展新阶段。

二、节能环保产业价格机制和金融市场将进一步完善

2018年7月，国家发展改革委发布了《关于创新和完善促进绿色发展价格机制的意见》，提出要实现动态调整城镇污水处理费，进行差别化征收企业污水排放费用，将费用与污水处理标准相协调，并建立健全费用机制。《意见》提出，要建立健全城镇污水处理服务费市场化形成机制，服务费用基本被城镇污水处理费覆盖，探索农村污水处理如何建立农户付费制度。在垃圾处理方面，要建立城镇生活垃圾处理、危险废物处置、合理盈利的固体废物处理等收费机制，探索农村如何建立垃圾处理收费制度[①]。我国节能环保领域的价格形成机制，将在此《意见》的实施过程中逐步实现动态调整、成本覆盖、适当盈利，农村污水处理垃圾处理收费进一步完善。在节能环保领域的金融市场领域，投资情况逐年向好，绿色基金成为国际绿色金融合作的新动力，绿色发展的合作重点也将逐渐转移到支持社会和国际资本设立各类民间绿色投资基金。改善生态环境的“一带一路”绿色投资也成为国际金融合作重点，亚洲基础设施投资银行、亚洲开发银行、金砖国家新开发银行、丝路基金、国际金融公司等机构在推动亚太金融合作、“一带一路”基础设施投资方面将更加青睐绿色投资，很多私募股权基金和创业投资基金也更加关注节能减碳、生态环保领域。

三、技术创新将进一步引领节能环保产业变革

近几年，大数据、云计算、工业互联网等新一代信息技术加速与节能环保

① 新华网：《发改委：创新和完善促进绿色发展价格机制》，http://www.xinhuanet.com/2018-07/03/c_1123069619.htm，2018年7月3日。

产业相互融合，加速节能环保产业变革，改善了环境治理效率，提升项目运营水平。一方面，节能环保产业领域的新技术、新模式正在推动节能环保产业焕然一新。新型改良材料已经实现节能环保领域的商业化，石墨烯膜应用于精确筛分离子、助力海水提纯；碳陶粒复合纳米材料应用于土壤环境污染治理；新型烟气制氢法用以高效率脱硫；核电子束辐照技术应用于工业废水治理顽疾方面；臭氧激光雷达系统用来监测大气环境治理等。另一方面，环境治理标准随着生态环境治理需求的不断提升而日趋严苛，从而倒逼和催生新的技术应用体系不断涌现。同时，在智慧产业和供应链的深度融合影响带动下，环境监测系统将向自动化、智能化方向发展，资源循环利用也将不断深入人们的生产生活。

第三节　新一代信息技术产业

一、信息技术产业热点技术逐渐走向成熟应用期

以大数据、物联网、机器学习和人工智能为代表的热点技术领域逐渐度过培育期，进入规模应用阶段。一是大数据开发与利用技术在国家和企业竞争层面占据重要位置，如物联网、云计算、车联网、手机等各种终端设备及传感器都是以数据为承载方式。同时，大数据已经渗透到各种行业，成为重要的生产要素，对广告、传媒、金融等行业产生巨大的影响。随着 5G 商用的到来，数据将会迎来爆发式的增长，如何快速获取、处理、分析、利用数据，从而提取信息的价值，也成为各行业企业提高竞争力的关键。二是物联网方面，IPv6 规模部署和下一代移动网络基础设施的建设，使物联网技术逐渐走向应用。远程医疗、智能电网、智慧城市、智能农业已经成为物联网技术的重要应用场景。三是机器学习和人工智能方面，人工智能等技术已经在模式识别、自动驾驶、智能机器人、语音识别等方面得到了广泛的应用。因此，信息技术的落地在电子政务、电子商务、网络文化、电子社区、远程教育和医疗、社会治理等领域的纵深化发展将有大作为。

二、信息技术为促进产业融合提供经济增长动力

信息技术的发展不再拘泥于计算机、通信设备、消费电子、软件、互联网等信息技术的相互渗透，而是体现出全产业的整体性融合。以互联网、通信、人工智能为主的企业冲击了传统的广告、零售、金融、手机制造、软件、影视等行业，促进了各行业的融合发展。信息技术和全行业的深度融合，不仅能够

有效解决传统行业发展的瓶颈，而且能够带来新的经济增长点并实现产业链的创新。随着物联网技术的发展，连接思想、连接人体、连接物体、连接环境的一系列创新，对传统行业将产生颠覆性的影响。信息技术的发展提供了资源使用和共享，使传统产业不再拘泥于价值链上下游的分工，而在于价值网络上的交互与协同。以 5G 商用和研发、云计算、大数据、IPv6 以及人工智能等新一代信息技术为代表的新的基础设施建设，为传统行业创新发展提供了机会，当一家企业无法完全利用其所拥有资源时，信息技术共享为其提供了莫大的便利。信息技术的发展还为传统行业开辟了新的业务种类，促进了成本节约、资源高效利用。信息技术产业和传统行业互相交融、互相促进，提供了新的经济增长动能，推动了产业的智能化改造，进一步降低了生产成本和迭代升级周期。借助面向全行业的信息技术，全国统一的大市场逐步形成，高效的流通体系使生产厂商的资源有效转化为利润，而不是形成浪费或者消耗在冗长的供应链中，最大限度地提高资源利用率，提供巨大的流通效率。

三、新一代信息技术结合传统制造业创新生产方式

信息技术在智能制造方面的应用未来将会有进一步的发展。第一，以 5G 网络、人工智能等技术为基础，可以将制造生产环节紧密整合为一个整体，推动制造业由以生产为中心转向以服务为中心的创新。在此基础上，个性化生产走上舞台，以满足个人客户对产品的个性化需求为目标，创造以用户体验为中心的大规模定制模式。第二，信息技术应用能够进一步解放劳动力。在生产过程中，信息技术的应用使得每件产品都被明确识别，所有细节均可控，自动生产成为普遍模式。第三，大数据和物联网技术的成熟创造了新的用户企业合作模式。信息技术应用创新了生产方式，改变了传统工作环境，使虚拟工作和移动工作场所成为现实，允许在诸多领域实现基于价值链的利益共享，降低生产成本。在传统制造业中，新一代信息技术的发展为其注入了活力。

第四节　生物产业

一、基因治疗浪潮来袭，产业发展需抢占先机

随着基因剪切、病毒载体等基础技术的完善，人们对疾病、组织认知水平的提升，基因治疗的安全性、有效性都开始走向成熟。先是 2017 年 10 月，Spark 公司的 Luxturna 上市，代表第一款真正意义上的基因药物终于登陆市

场，后是张锋、David Liu 以及 J. Keith Joung 3 位基因编辑领域顶级科学家联合成立了基因治疗研究公司 Beam Therapeutics，再后来张锋参与的另一家基因编辑公司 Editas Medicine 宣布获得批准进行 Leber 先天性黑蒙 10 型（LCA10）的临床试验。国际顶级智库 Jain PharmaBiotech 的《2018 全球基因治疗研究报告》显示，全球有超过183家公司正在从事基因治疗研究，数量是1995年的4倍多，并且有超过 2000 个临床项目。动脉网数据库显示，2018 年全球共有 17 家基因治疗企业获得融资，资本在该领域投下了17亿美元。尽管大部分投融资事件都发生在海外，但也可以看到礼来亚洲基金、IDG 等领先投资机构在国内悄悄展开了几轮布局。基因疗法早已在海外掀起潮流，这股浪潮势必也将快速席卷中国市场。《“十三五”国家战略性新兴产业发展规划》明确提出开发新型抗体和疫苗、基因治疗、细胞治疗等生物制品和制剂的重要性。据不完全统计，当前国内布局基因治疗领域的相关企业持续增长，从 2012 年的 70 余家增长至目前的 130 余家。我国生物技术企业在某些产品研发领域其实并不落后于美国，可以与之竞争，未来需要在基因治疗基础研究、药物审批和法律监管上提前谋划和重点支持。

二、资本市场越发活跃，创新产品将集中爆发

2018 年 11 月 20 日公布的《美国对中国的 301 调查报告》强调，中国政府在生物医药领域的战略重点与中国风投对海外生物技术公司的兴趣直接相关，并罕见地点名了 3 家中国风投机构。自 2018 年 8 月，港交所创新板生物第一股——歌礼制药上市以来，已有百济神州、华领、信达等 4 家创新公司在港交所上市，上海证券交易所设立科创板并试点注册制已经开始前期实施，这对于创新药、治疗手段来说无疑是好消息，生物技术领域资本市场将迎来大爆发。资本市场的发展将进一步推动创新产品或药物的面世。随着本土创新企业做大做强，中国医药产业发展主题由仿制切换到创新之后，药物创新成为支撑企业未来发展的核心动力，一时间各种新药研发项目纷纷上马。2018 年中国一类新药研发实现爆发式增长，新药申报临床数量、新药批准试验数量等增速均在 20%～30%，上市批准药物增速也实现了 40%的突破。2019 年是开花结果的重要一年，创新产品和创新药的上市成为各家本土创新药企各显神通的舞台，市场竞争也将愈演愈烈。

第五节　高端装备制造产业

一、智能制造将引领高端装备制造业发展方向

高端装备智能化是大势所趋。当前，以互联网、大数据、工业云、人工智能为代表的新一代信息技术加速向高端装备制造业渗透。在我国发布的《新一代人工智能发展规划》中，提出要围绕制造强国重大需求，推进智能制造关键技术装备，2018 年工信部和国防科工局联合印发《推进船舶总装建造智能化转型行动计划（2019—2021 年）》，推动船舶行业智能化发展。总体上，高端装备制造业将加速向“网络+”“智能+”方向发展。从生产制造过程看，依托工业互联网平台全流程可管可控的平台化制造模式越来越明显，生产企业可以根据用户的订单完成个性化的生产。从产品智能化来看，大量的传感器和信息控制系统应用于高端装备系统，产品越来越智能化，例如，未来高铁的智能化将是包括车辆本身以及高铁线路中的桥梁、线路、隧道等在内的车路一体化的系统智能化。

二、高端装备采用新材料比重将上升

随着复合新材料技术的突破，复合新材料将在高端装备中大规模使用。2018 年我国已经掌握高性能碳纤维复合材料构件高质、高效加工技术与装备，可以推断，2019 年我国在碳纤维复合材料应用推广方面将加速，例如，康得投资集团已经在江苏张家港布局航空复合材料产业基地，未来将为 CR929 宽体客机提供碳纤维复合材料的机身构件。铝合金与钢铁相比，具有比重低、耐腐蚀等优点，已经大量应用在飞机上，随着技术难点的突破，铝合金正向轨道交通、船舶等领域扩展，例如，2018 年首艘全铝合金双体高速风电运维船和全铝合金高速渔监公务船下水。鉴于碳纤维、铝合金等复合非金属材料和合金材料优异的复合新能，高端装备采用各种新材料成为未来发展的趋势。

三、高端装备领域将成为对外合作的重点

我国高端装备生产制造基础良好，与世界许多国家的高端装备产业存在互补性，合作前景广阔。同时，高端装备制造对于推动我国制造业高端化发展至关重要，我国也需要提升装备制造业的开放水平。2019 年在轨道交通装备领域，我国将依托既有的优势，借助“一带一路”倡议带来的战略机遇，积极布局海外市场；在航空领域，随着首架飞机从舟山 737 完工和交付中心进行交付，特别是国产商用大飞机进入批量生产阶段，与世界各国航空制造业合作将

更加深入；在卫星制造和应用领域，随着商用发射市场的开放以及北斗卫星系统部署完善，服务全球能力将进一步提升；在海工装备制造领域，合作将从整体制造向核心零部件制造领域延伸；智能装备产业将在“引进来”与“走出去”双向互动中获得提升。

第六节　新能源产业

一、从市场环境看，新能源产业正加速迈入追求国际合作与经济效益的新阶段

新能源正逐步成为世界各国关注的热点，新能源领域技术和装备的国际交流和合作将逐步加深。国际能源合作的重点领域将从以传统化石能源开采为主逐步向以低碳、清洁化为导向的能源经济产业链转变。“一带一路”倡议的提出，为我国参与国际能源合作提供了绝佳机会。特别是随着大数据、能源互联网、智能电网、智慧能源、人工智能等相关领域技术发展和创新成果的不断显现，未来新能源行业的技术产品、发展模式、产业业态都将发生重大变化。不断催生出的新业态、新模式，将推动新能源企业经营方式和盈利模式发生深刻改变。未来，新能源领域市场将逐步扩大，促进更多传统能源企业向新能源领域转型，吸引更多非能源企业跨界拓展新能源业务。为适应新能源发展趋势，新能源企业将加快培育新的业务增长点，提高自身的抗风险能力，业务领域将逐步从单一向多元综合转变。同时，弃风弃光现象的改善和利用小时数的不断提升，将提高相关项目的投资收益水平，进而提升新能源产业的盈利预期，整个行业将迎来快速发展。

二、从技术发展看，自主化、智能化将成为新能源产业主要技术发展方向

越来越多的新能源装备实现自主化、品牌化生产，智能电网、智慧运维服务迎来发展的春天。随着新一轮电力体制改革的深入推进，新能源装备制造业高效化、智能化，新能源发电多样化、分散化的趋势愈加明显。在太阳能光伏领域，低成本技术将成为行业的核心竞争力，储能技术将不断提升，“光伏+储能”的组合将成为主要的技术和应用方向。在风电领域，大功率、长叶片、高塔筒、智能化仍是风电技术发展的主要方向。海上风电技术的突破值得期待，或将带动我国海上风电市场的快速崛起，装机容量将再创新高，同时，低风速风电和分散式风电也将成为技术攻关和应用的重要主题。在核电领域，自主三代

压水堆随着规模化建设其技术将不断完善，依托示范工程，快堆、高温堆相关技术将实现突破，同时，先进核能系统与核燃料循环技术将不断进步。在氢能领域，氢能源动力汽车将成为拉动产业发展和技术突破的最重要领域。目前，全国多地都纷纷发布规划，发展氢能源动力汽车愿望强烈，氢能源动力汽车产业链上的燃料电池、催化剂、新型高效储氢系统等领域技术是未来的研发重点。

三、从生产成本看，未来新能源发电上网电价将不断下调，最终与传统燃煤发电上网电价趋同

不同类型的新能源发电的经济性有较大差异。从单位投资受益看，当前我国各类型新能源发电经济性最佳的为光伏发电，其他按从强到弱排序依次为地热发电、风力发电、生物质发电和太阳能光热发电。随着新能源领域技术的进步、成本更加低廉的新产品诞生、装机成本的不断下降，同时考虑到我国碳交易政策效应的加快释放，以及《关于积极推进风电、光伏发电无补贴平价上网有关工作的通知》的实施，从单位投资收益来看，未来新能源发电的成本将持续下降，经济性逐步提升，正不断向基于市场的完全商业化运营方向发展。在未来一段时期内，我国新能源各领域的经济性排序将发生变化：太阳能光伏发电、地热发电仍将是最经济的方式，生物质发电的经济性加快提升，其他依次为风能发电、煤炭和光热发电等。此外，在生产成本上，新能源相对于传统燃煤发电的市场竞争力将不断提升。

第七节　新材料产业

一、绿色化、高端化成为产业未来发展的主要方向

随着资源和环境约束的不断增强，以及国家对节能环保、医疗健康等的愈发重视，节能环保、新能源、生物医药等产业将保持快速发展，作为这些新兴产业的底层技术，新材料产业的先导性、支撑性作用将愈发明显。预计未来环保材料、生物医用材料、新型材料等绿色健康材料的市场需求将会保持快速增长，新材料产业绿色化发展将成为一种趋势。此外，随着我国经济结构调整和产业转型升级的稳步推进，带动电子信息、高端装备、生物医药等新兴产业发展的高端材料也将成为未来我国新材料产业发展的主要方向，包括高强轻质合金、高性能纤维和复合材料以及人造高端医用金属材料等。

二、开拓军民两用产品市场将成为产业发展的趋势

新材料产业将成为军民两用产品市场最具发展潜力的领域之一。从国家政策的角度看，发展新材料产业既是武器装备升级的需要，又可开拓广泛的民用市场。从技术研发与产业化的角度看，目前，我国在一些新材料领域已经取得了重大突破，如石墨烯、高性能碳纤维、玄武岩纤维、隐形超材料等。其中，部分材料已经实现了产业化。从市场需求的角度看，纳米材料、复合材料、磁性材料、超导材料等新材料在军用和民用领域都有巨大的市场需求。以玻璃纤维复合材料为例，因其重量比同等功能金属材料大大减轻，在军用领域，其几乎用于装甲车的各个部位；在民用领域，其广泛应用于飞机、舰船和体育器械等领域。未来随着军民两用产品市场深度发展，开拓相关市场将成为新材料产业发展的一大趋势。

三、多学科交叉在新材料创新中的作用进一步凸显

随着量子计算和人工智能在新材料研发中的加速应用，以及电子信息材料、纳米材料、生态环境材料和生物医用材料等新材料的不断发展，材料科学与信息科学、化学、物理学、生物学等多学科交叉融合的现象将进一步升级。以纳米材料为例，纳米科技由生物科学、物理化学和材料科学等多学科交叉组成，因此需要具有多学科背景的复合人才。2019 年新材料与其他高技术产业的交叉融合开创新局面，石墨烯、纳米材料、超导材料等颠覆性新材料的应用将进一步扩展。

四、国内市场未来增长空间不断扩大

作为全球最大的新兴经济体，我国的新材料产业正处于强劲发展阶段，具有广阔的市场空间。当前，我国新材料产业呈现出良好的发展态势，政策资金积极扶持，发展环境逐步优化，材料种类日益丰富，产业规模迅速扩大，虽然行业整体发展水平与国际先进水平存在较大差距，但加速追赶的态势明显，并且在石墨烯、动力锂电池等新材料领域已经走在国际前列。另外，我国在化工新材料、复合材料及半导体材料等领域也实现了“定点突破”，在诸多领域形成了对美日韩的追赶势头。据统计，2016 年，我国新材料产业的产值为 2.65 万亿元，根据工业和信息化部发布的《新材料产业发展指南》，“十三五”时期我国将重点围绕新材料产业供给侧结构性改革、产业转型、产业发展体系构建等方面，实现向制造强国的跨越。预计到 2025 年，我国新材料产业总产值将达 10 万亿元，年均增长 20%，市场前景广阔。

第八节 新能源汽车产业

一、产业仍将保持超50%的增长速度

2019年“双积分政策”正式进行考核，这是新能源汽车发展的重大利好政策措施，将在促进传统汽车企业降耗的同时，鼓励企业扩大新能源汽车产销规模。尽管新能源汽车补贴标准将逐步退坡，但2019年的退坡幅度保持平稳，新能源汽车生产企业还能够享受最后两年的补贴期。综合考虑，2019年新能源汽车生产的增速仍可达到50%以上，整个生产规模可达到180万～200万辆。

二、氢燃料电池汽车的研发力度将加大

在新能源汽车的技术路线上，我国的新能源汽车发展规划选择了纯电动作为主攻方向，但是氢燃料汽车的路线从未被放弃。与电动汽车相比，氢燃料电池汽车可以说是真正意义上的“零排放，无污染”载运工具，在国内外科学界、企业界一直备受重视。2018年12月，科技部原部长万钢称，“应及时把产业化重点向燃料电池汽车拓展”。2019年2月，财政部等4部委发布了新的调整完善新能源汽车推广应用财政补贴政策，对其他新能源汽车补贴进行了下调，但对氢燃料电池汽车的补贴未作变动。我国选择北京、上海、郑州、盐城、佛山作为氢燃料汽车的试点城市，2018年氢燃料汽车生产1619辆，同比增长27%。预计今后，氢燃料汽车的技术研发力度将持续加大，并在不远的将来实现量产，与电动汽车一起成为我国新能源汽车产业的重要一翼。

三、传统车企继续加快布局新能源汽车

传统汽车企业向新能源汽车转型发展的态势更为显著，各类社会资本也将新能源汽车作为投资重点。一些传统汽车生产企业转向新能源汽车生产。例如，2018年年底大众汽车宣布将在2026年推出最后一代燃油动力平台，并与江淮汽车成立合资公司，专门研发纯电动汽车；宝马汽车与长城汽车达成合作，进行MINI纯电动车的本土生产；北京奔驰汽车接管北汽绅宝汽车的顺义生产基地，用于生产奔驰电动车；福特汽车与众泰汽车组建新能源汽车合资公司，生产经济型纯电动乘用车。今后，传统燃料汽车生产企业的发展战略重心将会做出更大调整，对新能源汽车的投资将呈现逐步加大的趋势。

四、贸易摩擦对新能源汽车或有影响

中美贸易摩擦的谈判仍在继续，结局将会对中美经济发展产生重要影响。

由于我国的新能源汽车整车产销均局限于国内市场，贸易摩擦的影响主要波及新能源汽车零部件，特别是高端零部件。在我国汽车零部件的进口国中，日本和德国各占 1/4 的比例，美国约占 7%，中美贸易摩擦会对此产生有限的影响。但是，对比亚迪、江淮汽车等致力于国际化的新能源车企而言，美国是不可忽视的市场，贸易摩擦将会为其国际化进程带来不确定性。

第九节　数字创意产业

一、市场加速扩张，龙头圈地加剧

2019 年数字创意产业整体加速扩张的态势已经初步显现，春节档已经体现出我国新一年消费市场待挖掘空间广阔，鉴于中美贸易摩擦的影响，国产厂商和国产产品可能会迎来广阔发展空间。值得注意的是，国内各大资本巨头和互联网龙头在数字创意产业的圈地已经到了白热化阶段，资本角逐加剧一方面使得市场空前繁荣，另一方面也暗藏系统风险，值得有关部门和投资者谨慎对待。从市场供需关系看，目前我国高质量的数字创意产品供给仍然存在较大缺口，《流浪地球》出现多次观影等现象一方面显示了市场对优质产品的认可，另一方面也体现出类似的优质产品严重不足。当前我国的数字创意市场远未饱和，还处于遵从“萨伊定律”的初级市场值得追加投入、扩大优质供给。

二、细分应用铺开，产品质量提升

2019 年数字创意产业的行业细分更加分明，每一个行业的龙头企业基本确定，深耕行业价值提升产品质量成为数字创意领域企业的主要方向。一是智能设备加速融入日常生活，廉价化、实用化逐步加强，对医疗、军事、工业、农业等的提升作用不断增强。例如，在西藏、新疆、海南的一些偏远区域的远程医疗服务点将会逐渐普及，当地农牧民和边防官兵将会是第一批享受 AR/VR 技术远程医疗的人群。二是包括手机游戏在内的网络游戏将会创造优质供给，体验方式更为多样。随着《少女前线》等国内游戏精品产品的不断增多，我国世界游戏主体市场和高质量市场的优势不断扩展，VR 等游戏体验方式也将逐步推开。三是小说、漫画、短视频产业发展质量逐步提升。2018 年大资本在网络小说、漫画和短视频领域大量追加投资，在 2019 年进行转化，出现更多高质量的作品。

三、讲好中国故事，本土成为主流

2019 年的国内数字创意产业市场，本土化将成为主流。《流浪地球》《我不是药神》等专注中国人精神和物质世界发展的作品大获成功，《太吾绘卷》《修仙模拟器》等讲述中国仙侠风貌的电子游戏的风靡，引起资本市场在2019年对国内市场精神取向的重新定义。中国崛起和文化自信带来的民族思想的解放，新生代消费者独有的强烈自我意识，使得以往“以洋为纲”的追赶式数字创意产品生产原则日渐被市场抛弃，取而代之的是适合中国人审美、具有中国风韵、满足中国观众心理享受的中式IP。

后 记

为全面系统地研究和梳理我国新兴产业发展的基本情况和发展趋势，在工业和信息化部规划司的指导下，中国电子信息产业发展研究院编著完成《2018—2019 年中国战略性新兴产业发展蓝皮书》一书。

本书由卢山担任主编，乔标担任副主编。具体编写分工如下：前言（程楠）、第一章（王海龙、王曼）、第二章（陆平）、第三章（杨幸、邵立国）、第四章（曹茜芮、侯雪、陆平）、第五章（侯彦全、张舰）、第六章（岳维松、樊萌）、第七章（念沛豪、康萌越）、第八章（张昕嫱、朱杰、章静伟）、第九章（谢振忠、李杨）、第十章（陈笑天、徐凯舟）、第十一章（侯雪、陆平、魏强、曹茜芮）、第十二章（侯雪、陆平、魏强、曹茜芮）、第十三章（王海龙、杨幸、李锐杰、侯彦全、岳维松、念沛豪、朱杰、谢振忠、陈笑天）、后记（张洪国）。

本书在编写过程中，得到了工业和信息化部有关司局、地方工信部门各位领导，以及行业协会和企业专家的精心指导和大力支持，经中国科学院自动化研究所高苏广、吉林大学经济学院宋洋、北京机械工业自动化研究所有限公司尹丹云三位专家进行了审稿，在此深表感谢！

2019 年是新中国成立 70 周年，也是决胜全面建成小康社会关键之年。我们将继续围绕新兴产业发展的前瞻性、战略性、现实性问题开展深入研究，积极建言献策，为加快推进制造业高质量发展、建设制造强国贡献力量。

反侵权盗版声明